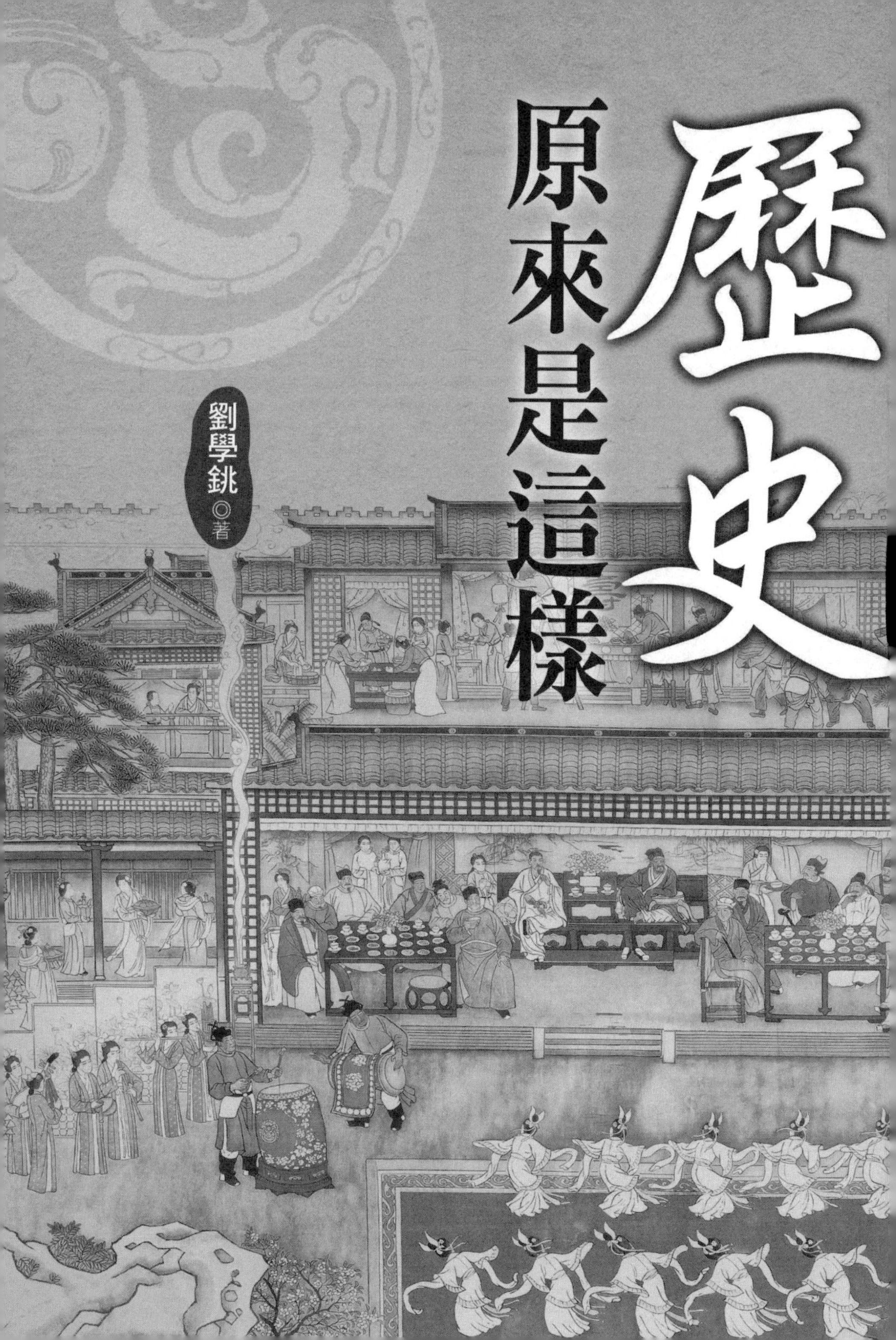
歷史
原來是這樣
劉學銚◎著

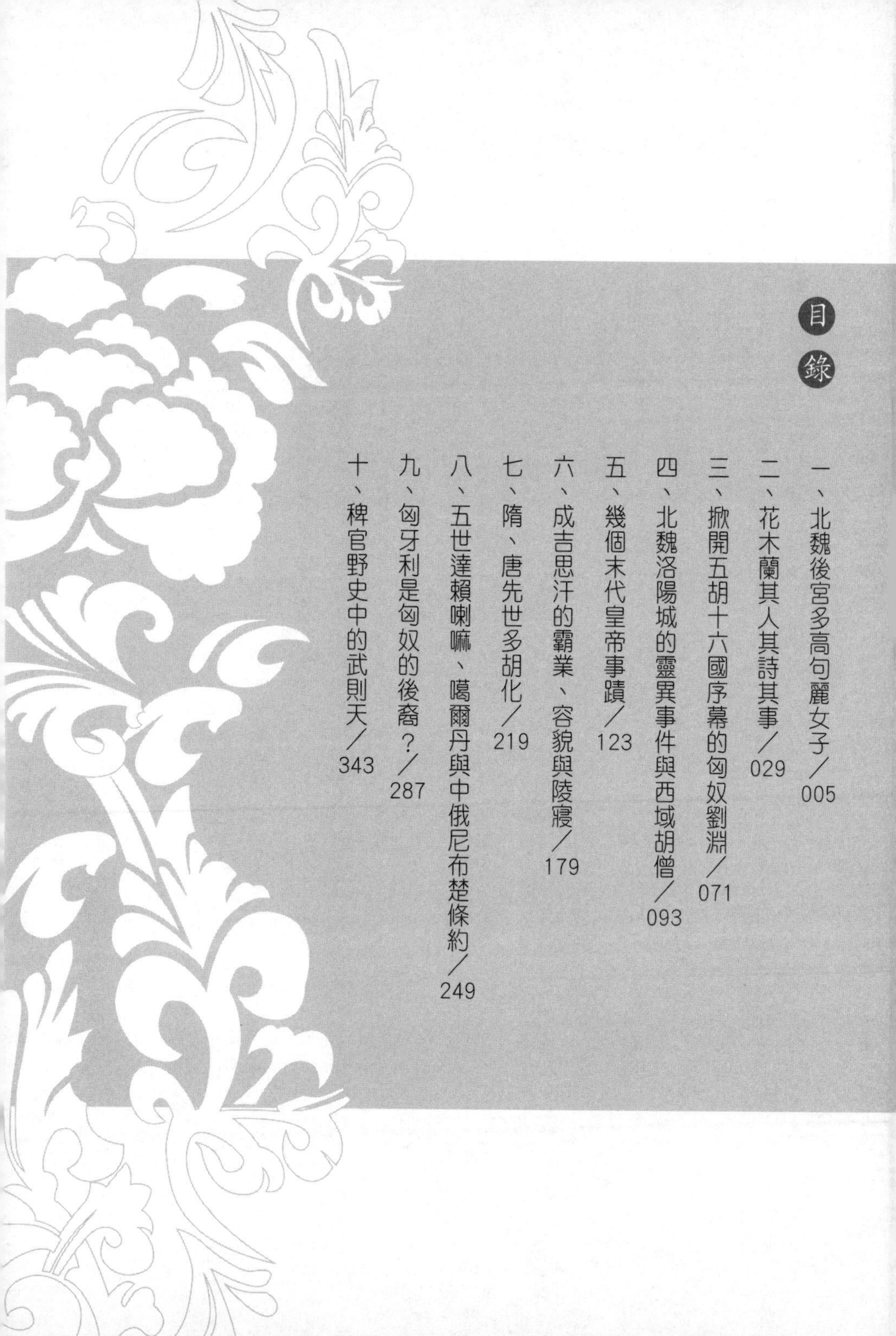

目錄

第一章 北魏後宮多高句麗女子

西元四世紀伊始（三〇四年），中國北方諸多胡族開始建立漢魏式政權。這裡所謂胡族，是為行文方便，把草原上許多游牧的非漢人各民族，泛稱之為胡族。因為「胡」這國譯音字不帶貶義，而且是匈奴族的自稱，其義為「人」，而且在字形上也沒有加上虫、豸、犬、牛……等不雅的偏旁，所以以「胡族」泛指非漢人各民族，比較中性，沒有歧視意味。在北魏太武帝拓跋燾攻滅匈奴赫連夏之前，「胡」幾乎專指匈奴而言。及至赫連夏滅亡後，「胡」字則指西域各民族，這對研讀隋、唐時的史料中提到的商胡或胡商、胡姬、酒家胡，都是指西域胡而言。這雖與本文主題無關，但卻與歷史上邊疆少數民族有關，西域胡對隋唐時代，乃至整個中國歷史文化都有密切的關聯。如是對「胡族」有所了解，絕對有助於對整個中國歷史文化的認識。

至於東北以及朝鮮半島乃至日本，習慣上稱之為東夷，本文主要敘述中國東北地區高句麗族與北魏後宮的關係。在切入主題之前，要先對北魏稍加敘述，北魏是鮮卑族拓跋部所建立，所謂南北朝就是指北魏及其後的東、西魏、北齊、北周與東晉、宋、齊、梁、陳的對峙。

鮮卑拓跋部源於今大興安嶺北段，今日內蒙古自治區呼倫貝爾市顎倫春自治旗阿里河市，在大興安嶺（古稱大鮮卑山）北段有一巨大石室（其實就是山洞），據說北魏太武帝太平真君四年（四四三年）時，有分布在上述地區的烏洛侯部遣使到魏都平城向北魏朝貢，提起烏洛侯地區有一個鮮卑拓跋部早期的「故居」，叫做「鮮卑石室」，北魏太武帝聽到這一訊息自是感到興奮，立即派謁者僕射庫六官❶、中書侍郎李敞等隨同烏洛侯使者前往大鮮卑山拜祭拓跋鮮卑先祖棲息的「鮮卑石室」。據魏收所撰《魏書》曾記載了庫六官、李敞一行曾經在拜祭「鮮卑石室」後，在石室的牆壁上「刊祝文於室之壁而還」，《魏書》還載記錄下全篇祝禱文。只是後來孝文帝拓跋宏❷遷都洛陽，並全面推行漢化，對於鮮卑拓跋部龍興大鮮卑石室一事，自然盡量避免提及。及至孝文帝龍馭上賓之後，北魏國力盛極而衰，北方六鎮已經有蠢蠢欲動之勢，稍後動亂四起，尤其分裂為東、西魏之後，內戰不已。此時西北地區的突厥族像閃電般崛起，東、西魏分別為其權臣高氏、宇文氏所篡，建立北齊、北周王朝，兩者爭相討好突厥，冀能得其助力以消滅對方。其後朝代歷經更迭，隋、唐之後，已經沒有人知道「鮮卑石室」究竟在哪裡，甚至有人懷疑根本沒有「鮮卑石室」，至於刊刻於石室壁上的祝文，也懷疑是魏收杜撰之作。

但是中國歷朝正史向來有很高的可信度，中外學者對《魏書》所載有關「鮮卑石室」及刊刻祝文一事，仍然相信確有其地、確有其事。在浩瀚的書海中耙梳整理，認為古之大鮮卑山就是今之大興安嶺，於是在考古學家多年努力之下，於西元一九八〇年七月三十日在大興安嶺北段阿里河市發現了這個「鮮卑石室」，只是當地人稱之為「嘎仙洞」，而且在石室的左邊（面向石室）也確有刊刻的一篇祝禱文，與《魏書》所載幾乎完全一致。其所以有少許出入者，實因太武帝時代崇尚道教（從其採用「太平真君」為年號，可知其崇尚道教），但之後諸帝及北齊等又極度崇佛，而且經北魏孝文帝全面漢化之後，原有草原游牧時期的名號（如可汗或作可寒、可敦等）都已不再使用。魏收（五〇七～五七二年）是北齊時人，上距太平真君命人拜祭「鮮卑石室」及刊刻祝文已經有一百多年，所以在用字遣詞上稍有出入，茲將兩者並列如次，讀者可加以比較。

---

❶ 謁者僕射是謁者台的長官，而謁者是引見賓客、贊導受事之官。謁者台是謁者辦公的處所，有點類似今天的外交部、或禮賓單位。庫六官是人名，顯然是鮮卑人。

❷ 因全面漢化，改鮮卑複音節的姓為單音節的漢姓，拓跋氏改姓元氏，所以有稱之為元宏者。

鮮卑石室所刊刻祝文

維太平真君四年癸未歲七月廿五日
天子臣燾使謁者僕射庫六官
中書侍郎李敞傳㝹用駿足一元大武
柔毛之牲敢昭告于
皇天之神啟辟之初佑我皇祖于彼土田
歷載億年聿來南遷應受多福
光宅中原惟祖惟父拓定四邊慶流
後胤延及沖人闡揚玄風增構崇堂剋
揃凶醜威暨四荒幽人忘遐稽首來王
始聞舊墟爰在彼方悠悠之懷希仰餘光王
業之興起自皇祖綿綿瓜瓞時惟多祜
歸以謝施推以配天子子孫孫福祿永
延薦于
皇皇帝天
皇皇后土以
皇祖先可寒配
皇妣先可敦配
尚饗
東作帥使念鑿

《魏書》所載祝文

天子燾謹遣敞等用駿足、一元大武敢昭告于皇天之靈。
自起闢之初，佑我皇祖，于彼土田。
歷載億年，聿來南遷。
惟祖惟父，光宅中原。
克翦凶醜，拓定四邊。
沖人纂業，德聲弗彰。
豈謂幽遐，稽首來王。
具知舊廟，弗毀弗亡。
悠悠之懷，希仰餘光。
王業之興，起自皇祖。
綿綿瓜瓞，時惟多祜。
敢以丕功，配饗于天。
子子孫孫，福祿永延。

鮮卑拓跋源起於大興安嶺北段，從鮮卑石室可以得到證實，按東北地區為東胡系，肅慎系兩大系民族肇始之地。其中肅慎系早在虞舜時就曾遣使貢方物，與中原華系民族關係密切，從而可知；至於東胡系，秦時匈奴頭曼單于（首見於文獻的匈奴單于）東曾受制於東胡，西則受月氏所制，及冒頓單于❶初立時，東胡尚恃其盛壯，向匈奴冒頓單于強索寶馬、美人，匈奴均予之。東胡再索兩國間棄地「甌脫」時，冒頓單于始動員全國之兵，伐東胡，大破之。東胡部落聯盟崩解，分裂為鮮卑與烏桓（或作烏丸），藏匿於大鮮山與烏桓山，暫時退出政治舞台，兩百多年後，東漢時始重新躍上政治舞台。

鮮卑是一龐大的民族，有許多部落，其中知名的有慕容部、段部、宇文部等，大致分布在大興安嶺南段（大興安嶺是一座大山脈，南北約有八百多公里），靠近遼河；拓跋部、乞伏部等部則分布於大興安嶺北段。分布在遼河附近的慕容部等，漸由游牧過渡到農業生活，與肅慎系的靺鞨（或作勿吉）、夫餘、貊濊等多有接觸，但是與中原少有接觸，因此在中文史料中所載不多。

及至漢武帝時（前一四一～前八十七年在位），對北方的匈奴不再行和親政策，而是以武力對抗，為了徹底解決匈奴「南下牧馬」問題（所謂「南下牧馬」，事實上就是南下掠奪），更推敲出必須結盟西域，以斷匈奴右臂❷。因而派張騫出使大月氏以「鑿空」西域，由是從匈奴手中奪得河西地區，先後設置了武威、張掖，酒泉及敦煌四郡；向東北地區，也就是東胡、肅慎兩系民族聚居地

---

❶ 冒頓，應讀作墨毒；單于，匈奴稱國家元首為單于。

❷ 在歷史上所謂左、右，是指背向地圖，頭北腳南，如此則西邊是右，東邊是左。所以匈奴左賢王在東，右賢王在西，斷匈奴右臂，是指斬斷匈奴向西域各綠洲國家掠取資源。

區開闢了樂浪、臨屯、玄菟及真番四郡，考其地望，約在今東北南部至朝鮮半島北部，其中玄菟郡絕大部分在鴨綠江之北。玄菟郡當時聚居的主體民族是肅慎系的夫餘族。

夫餘，據《爾雅・釋地》稱：「東北九夷之五為鳧臾。」而《字滙補》則稱：「鳧臾，東方國名，即夫餘也。」可見夫餘是今日鴨綠江以北地區的早住民族，屬中國古代眾多邊疆少數民族的一支，這是無可更易的史實。

夫餘主要是由貊人與濊人所組成❶，而貊濊之族更是中國東北地區的土著民族。但古史對此族記載不多，對出於夫餘族的朱蒙，其後建立高句麗地方性小政權，更是晚到北齊（五五〇~五七七年）魏收（五〇七~五七二年）撰《魏書》時，在《高句麗傳》中才有較詳細的記載。傳中稱：

> 高句麗者（**應讀為高勾麗**），出于夫餘，自言先祖朱蒙。朱蒙母河伯女，為夫餘王閉于室中，為日所照，引身避之，日影又逐。既而有孕，生一卵，大如五升。夫餘王棄之與犬，犬不食；棄之與豕（**豕，音史，俗稱豬，也作豨、彘**），豕又不食；棄之于路，牛馬避之；後棄之野，眾鳥以毛茹之（**茹，意為吃，或有餵育之意**）。夫餘王割剖之，不能破，遂還其母。其母以物裹之，置于暖處，有一男破殼而出。及其長也，字之曰朱蒙，其俗言「朱蒙」者，善射也。夫餘人以朱蒙非人所生，將有異志，請除之，王不聽，命之養馬。朱蒙每私試，知有善惡（**指馬之良劣**），駿者減食令瘦，駑者善養令肥。夫餘王以肥者自乘，以瘦者給朱蒙。後狩于田，以朱蒙善射，限之一矢。朱蒙雖矢少，殪獸甚多。夫餘之臣又謀殺之，朱蒙母陰知，告朱蒙曰：「國將害汝，以汝才略，宜遠適四方。」朱蒙乃與烏引、烏違等二人，棄夫餘，東南

走。中道遇一大水，欲濟無梁，夫餘人追之甚急。朱蒙告水曰：「我是日子，河伯外孫，今日逃走，追兵垂及，如何得濟？」於是魚鱉并浮，為之成橋，朱蒙得渡，魚鱉乃解，追騎不得渡。朱蒙遂至普述水，遇見三人，其一人著麻衣、一人著衲衣、一人著水藻衣，與朱蒙至紇升骨城，遂居焉，號曰高句麗，因以為氏焉。

這裡所說朱蒙渡河後，到紇升骨城，這個紇升骨城其地乃當今遼寧省本溪市桓仁滿族自治縣❷。可見之前的夫餘、或朱蒙之後的高句麗都在中國境內，至今在遼寧桓仁滿族個治縣還遺留有高句麗王城、王陵及貴族墓等歷史遺跡。證實高句麗人是中國境內土著民族夫餘的一支，而其所建立的高句麗國，也是中國歷史長河中許多地方性政權中的一個，其人是中國民族的一支，其事是中國史的一部分，這是鐵一般的史實，不容曲解。上文提到《魏書》有關高句麗源起的記載，稍後的《北史》、《隋書》、《周書》等對高句麗的記載，都與《魏書》所載大同小異。

高氏高句麗王朝盛時其勢力越鴨綠江，疆域及於朝鮮半島北部，更於西元四二七年❸遷都北朝鮮的平壤（今北韓首都）。這個地方性政權一直延續到西元六六九年（唐高宗乾封三年）被唐滅亡，高氏高句麗國才算走下歷史舞台。後來朝鮮半島另有高麗王朝的建立，一般史書常把高句麗簡化為

❶ 採孫進己《東北民族源流》一書第五章之說，該書係黑龍江人民出版社一九八七年出版。
❷ 譚其驤主編《中國歷史地圖集》第二冊，頁二十七~二十八，西漢幽州刺史部，係北京地圖出版社一九八二年出版，及《二〇一一年中華人民共和國行政區劃手冊》，北京中國地圖出版社，二〇一一年，頁三十六。
❸ 北魏太武帝拓跋燾始光四年，南朝宋文帝劉義隆元嘉四年。

高麗，於是就將高氏的高麗（**高句麗**）與王氏的高麗混為一談，這是很嚴重的混淆。因為高氏高麗（**高句麗**）是中國史的一部分，其人是中國人、其地是中國疆域；而王氏高麗是朝鮮人所建，充其量只能說其國長期以來都是中國的藩屬，而不宜將之納入中國史。

但是有許多人尤其南、北兩韓的人，不知道是缺乏歷史知識，還是刻意的將高氏高麗（**高句麗**）與王氏高麗混為一談，於是很荒謬的指稱中國東北地區（**指高句麗盛時的疆域**）是韓國（**含南、北兩韓**）的故土，這是很無知的一種看法。我們豈可因高氏高麗（**高句麗**）曾統治過北部朝鮮、有許多高句麗人（**夫餘**）移居北部朝鮮，就指稱高句麗故壤是屬於王氏朝鮮的。這情形如同中國秦、漢盛時，曾將今越南納入版圖設置郡縣，當然也有許多中國人遷入越南定居，時日一久自然融入越南人之中，越南豈可因此主張中國西南地區屬於越南。如果越南作此主張，不是無知，就是荒謬，不幸的是今天許多韓國人既無知又荒謬。

本文費了一些篇幅把高句麗與高麗的不同所在，加以說明，是因為本文主題是要敘述鮮卑拓跋氏所建的北魏，其後宮中的一些高句麗后妃，因此對高句麗稍加敘述，並非添足之舉。

前文提到東胡部落聯盟被匈奴冒頓單于擊破後，部落聯盟崩解，分裂為鮮卑與烏桓兩大部，向東藏匿於大鮮卑山與烏桓山。大鮮卑山就是今日的大興安嶺，南北長約八百多公里，鮮卑許多部落就棲息其間，暫時退出歷史舞台，當時是西元前三世紀末。

經過大約三個世紀，到了東漢桓帝劉志時（一四六～一六八年在位），此時鮮卑出了一個傑出的領袖叫檀石槐的，統一了鮮卑各部，大肆向外擴張，建立起鮮卑族空前的大「帝國」。把牙帳設在高柳北三百多里的彈汗山（其地約當今河北省張家口地區張北縣附近），其所控制的地域東西二萬多里，把「帝國」一分為東、中、西三大區塊，其東部就跟夫餘接壤，聲勢浩大，對東漢王朝構成莫大的威脅。東漢桓帝曾派使匈奴中郎將（此係官名，並非匈奴人）張奐率軍前往討伐檀石槐，然而無功而返。於是想以招撫方式，封檀石槐為王，再派使者帶著王的印信，去拜見檀石槐，更想與檀石槐和親，但檀石槐都不接受，可見他確一個硬漢。可是游牧政權都有一個特色，就是當英明偉大的領袖死亡後，他所締造的帝國，往往隨之崩裂，檀石槐死後，他的帝國也隨之瓦解。

在其西部三個大人中，有一個叫推寅的，就是後來建立拓跋部的「代」及稍後北魏的先人；而中部三個大人中，有一個是慕容部的酋長，慕容部後來向東發展成為諸胡列國「代」的前燕，以及幾個以「燕」為國號的政權。這裡所說的諸胡列國就是一般史書所稱的五胡十六國，由於當時不止有五胡，而所建立的政權也不止十六國，所以稱諸胡列國較為周延。

幾個以「燕」為號的政權，或多或少都與高句麗有所牽聯，尤其後燕（係慕容垂所建）傳到昭文帝慕容熙時，此人有一養子是高句麗人慕容雲。這個慕容熙胡作非為，竟為一個苻昭儀病死，如喪考妣，更披髮徒跣步行送葬，為國人所棄。在權臣馮跋操作下，擁立慕容雲為帝，同時恢復其高姓，這個高雲的「燕」侷處遼東一隅，史稱北燕，但不久就被馮跋所篡，仍以燕為國號，也有許多史書稱馮跋為北燕的始創者，其實是漏掉了高雲其人。

馮跋（四〇九～四三〇年在位）死後，由其弟馮弘奪得帝位，其時北魏太武帝拓跋燾正在開疆拓土大展鴻圖。北燕相對北魏而言，是個蕞爾小國，當拓跋燾攻打北燕遼東四郡時，馮弘只能擺低姿態向北魏求和，並以女兒嫁拓跋燾，立之為左昭儀。其時拓跋燾本可一舉攻滅北燕，只因西邊匈奴族的赫連夏（四〇七～四三一年）還沒有徹底解決，所以同意北燕的求和。馮弘的兩個兒子馮朗、馮邈早已看出北魏之向外擴張已是勢不可當，而北燕的衰敗滅亡也已指日可待，因此都降於北魏。拓跋燾拜馮朗為秦、雍二州刺史，封為西城郡公；拜馮邈為車騎大將軍，領護東夷校尉、幽、平二州牧，封遼西王。果然不久北魏就攻滅北燕，馮弘逃到高句麗，初時還得到高句麗王高璉的禮遇，但馮弘似乎「不知夢裡身是客」，依然以北燕帝王身分頤指氣使，這讓高璉大感不悅，就將馮弘遷往偏遠地區。而北魏拓跋燾又遣使高句麗索討馮弘，高璉基於國家尊嚴，硬是不給，北魏於是施加壓力，高璉乃將馮弘一夥十幾個人都殺了❶，以此向北魏交差，北燕從此消失了。但馮朗、馮邈在北魏卻風光一時，這與其姊或妹是拓跋燾的左昭儀❷頗有關係。

眾所周知，在北方的柔然始終是北魏的致命威脅，或許馮邈對北魏有所不滿，也可能他想恢復北燕王朝，於是勾結柔然。結果事機不密，被北魏朝廷察覺，馮邈逃往柔然，馮朗被殺，其子在保姆保護下逃往吐谷渾，馮朗與高句麗女子王氏所生的女兒馮氏沒入宮廷為奴。不過這個小馮氏沒入北魏宮廷後，並沒有真的為奴，反而受到她姑母馮左昭儀的呵護與教養，時為太武帝拓跋燾太平真君三年（四四二年）。

在敘述這個馮朗與高句麗妻子所生的小馮氏之前，應先就馮跋一族稍作說明，讓我們了解中國自古以來就是多民族互相混融的事實。馮跋，字文起，小名乞直伐，顯然是鮮卑語的音譯，其意已不可考。史傳稱他原籍長樂信都（今河北冀州市），先祖叫畢萬，畢萬的子孫有食采邑於馮鄉的，於是就以馮為姓。其祖馮和，當西晉永嘉之亂時，避居上黨（今山西省長治市長子縣），其父馮安曾仕於鮮卑慕容永的西燕（三八四～三九四年），西燕亡後，徙居龍城。儘管馮氏（其實是畢氏）一族自稱是長樂信都漢人，但實際上早已鮮卑化了，從馮跋小字乞直伐，就可知其鮮卑化的程度。由於北燕與高句麗接壤，所以馮朗娶高句麗女子為妻，就一點不覺得意外了，這個漢人與高句麗女子所生的小馮氏就是後來北魏史上有名的文明馮太后。

現在且看這個具有一半高句麗血統的馮氏如何影響北魏朝廷：小馮氏入宮後，受到她姑母馮左昭儀的照顧與教養，當北魏太武帝正平二年（四五二年），拓跋燾被他自己所寵信的宦官宗愛弒殺，後來皇帝之位傳到其孫拓跋濬手中，是為文成帝，在馮左昭儀的安排下，小馮氏被文成帝選為貴人。馮貴人天生黠慧，小心翼翼的周旋於後宮的鬥爭中，深得文成帝的喜愛，就在文成帝太安二年（四五六年）被立為皇后。北魏有一項很不人道的規定，就是后妃生子如被立為太子，其生母就要被迫自殺，這就是所謂「立子殺母」，據說這是為預防外戚干政。馮皇后沒有生育，但一位姓李的貴人生下一子叫拓跋弘，被立為太子，李貴人因而被賜死。

文成帝在其和平六年（四六五年）龍馭上賓，由拓跋弘嗣立，是為獻文帝，馮皇后被尊為太后。由於獻文帝年紀還小，朝廷大小事務都被太原王乙弗渾（或作乙渾）所把持，引起文武大臣不滿，馮太后運用手段殺了乙弗渾，自己臨朝聽政，裁決國家大事。到了獻文帝皇興元年（四六七年），獻文帝年滿十五歲，馮太后還政於拓跋弘。但是一旦嘗到權力滋味後，豈肯輕易交出，何況馮太后在執政時私行不檢，與朝中大臣有了私情，獻文帝自是不悅，彼此間有相當的心結。不過馮太后雖有面首，但並未荒廢朝政，而且賞罰分明，著有政績，朝中大臣仍然依附馮太后。獻文帝在

❶《魏書》卷九七《海夷馮跋傳附弟文通傳》。

❷ 在後宮的地位僅次於皇后、貴妃、妃。

不得志的情況下，只親政了四年，於其皇興五年（四七一年）以十八歲的年紀禪位其子拓跋宏，自己當起太上皇，專事對外征戰，史傳上稱：「迫於太后，傳位太子。」❶

這個太子拓跋宏就是歷史上有名的北魏孝文帝，只是他嗣位時才五歲，自然政秉又落入馮太皇太后之手，這位具有一半高句麗血統的太皇太后，卻是孝文帝實行全面漢化的幕後推手。在她全力推動下實行了均田制、三長制等措施，提升了北魏的國力，她死後孝文帝在她所奠定的良好基礎上，把北魏聲勢帶上頂峰。孝文帝薨後，其廟號為高祖。按高祖、高帝這種廟號，通常只謚給開國君王，孝文帝能享有這個廟號，與他的豐功偉績有關，而這些豐功偉績多半都是有一半高句麗血統的馮太皇太后所打下的基礎。

北魏時，曾有很多高句麗人主動的或被動的遷居到中原來，這些到中原的高句麗人多以高為姓。但渤海高氏是豪門大族，渤海與高句麗相距不遠，因此來到中原的高句麗高氏往往稱其地望為渤海，以拉抬自己的郡望。也有一些未必是高句麗人，但姓高，也多自稱族出渤海，如北魏季世的高歡一族，分明已經鮮卑化極深，仍然自稱祖籍渤海蓨縣可見中國人對郡望自古以來就極為重視。❷既有許多高句麗高氏進入中原，且多自稱族出渤海，可見其自願融入中原漢人之中。由此可見，所謂「漢人」乃是許多民族在不同時期與中原華夏或早期漢人❸混融，漢人的內涵隨不同時代而益顯多元。而融入漢人中的各民族，對中國的經濟、文化、政治也都做出巨大的貢獻，這一點是我們研究民族問題不可忽略之處。

北魏孝文帝拓跋宏❹是歷史上一位很出色的皇帝，他的昭皇后高氏，一般史書雖未指明是高句麗人，但據相關史料考證，這位孝文帝昭皇后高氏應是高句麗人，且看《魏書》卷十三《皇后列傳・

孝文昭皇后高氏列傳》所載：

> 孝文昭皇后高氏，司徒公（高）肇之妹也，父（高）颺，母蓋氏，凡四男三女，皆生於東夷。高祖（**指孝文帝**）初，乃舉室西歸，達龍城鎮。鎮表后德色婉艷，任充宮掖。及至，文明太后（**即馮太皇太后**）親幸北部曹，見后姿貌，奇之，遂入掖庭，時年十三。

這裡只說昭皇后兄弟姊妹七人都是生於東夷，但是沒有明確指出東夷的哪裡。又指出孝文帝初（四七一～四九九年在位），其父高颺舉家西遷歸附北魏，定居龍城鎮。龍城鎮地原為北燕國都❺，其東即為高句麗，如《魏書》所稱孝文帝昭皇后兄妹皆生於「東夷」，此處東夷應是指高句麗而言。只因其兄高肇係北魏高官，而東魏又為高洋一族所把持，東魏卒為高洋所篡，建立北齊，高歡

---

❶《魏書・天象志三》。

❷郡望與堂號，可參考拙撰《郡望堂號古已有，鮮少有人知來由》一文，該文輯入《國史裡的旮旯》，台北唐山出版社，二〇一四年，頁二〇一～二二五。

❸秦漢時期的漢人已包含華夏、東夷、百越及荊吳四大系民族。

❹全面推行漢化後，其中有一項為改胡姓，也就是把鮮卑複音節的部落姓，改為單音節的漢姓，並以皇室拓跋氏改為元氏作為示範，因此許多史書稱孝文帝為元宏。

❺其地約當今遼寧省朝陽市境，史傳指其「舉室西歸，達龍城鎮」，可見其原來所居的東夷，顯然在北燕國境之東，北燕的疆域據史傳所載及今人譚其驤所主編的《中國歷史地圖集》所載北燕疆域東未超過今遼寧省瀋陽市（《地圖集》第四冊、東晉十六國、南北朝時期，頁十五～十六）。

一族雖自稱渤海蓨縣人，但以其鮮卑化情況判斷，其是為漢人不無疑問。《魏書》作者魏收為北齊時人，有意為高颺一家的族源含糊是很有可能的。我們再看《魏書》卷八三《外戚傳下・高肇傳》如何記載：

高肇，前綴文，文昭皇太后之兄也。自云本渤海蓨人，五世祖顧晉永嘉中避亂入高麗（按即高句麗）。

按渤海高氏是豪門大族，而高肇只是「自云渤海蓨人」，這句話很有推敲的餘地。高肇果真是渤海高氏，魏收大可直書其為渤海蓨人，不必加上「自云」兩字，可見其是否為渤海蓨人，大有疑問。再者上引史料中稱「五世祖顧晉永嘉中避亂入高麗」，這裡的高麗是高句麗的簡稱，按高肇是北魏孝文帝時人，其五世祖因避晉永嘉之亂，而到高句麗。按一般以三十年為一世，五世大約一百五十年，而晉懷帝永嘉共七年（三〇七～三一三年）永嘉中大約為三一〇年前後，孝文帝生於四六七年，上距永嘉中大致為一百五、六十年。雖合於一般世代的算法，但古代北方胡族大多早婚、早生子，如北魏拓跋晃生文成帝拓跋濬時，是虛歲十三歲；文成帝生獻文帝拓跋弘時，也只有十四歲；獻文帝生孝文帝時，只有十三足歲。如果以此例比，則高肇的五世祖不應該早到晉永嘉年間，顯然魏收的「五世祖顧晉永嘉中避亂入高（句）麗」這句話也未盡可信，不無為高肇諱的用意。如果再一進步分析，晉永嘉亂時，中原確有許多漢人逃往遼東一帶，只是當時遼東一帶以鮮卑慕容部為盛，慕容廆禮遇漢人，他為安置來歸的漢人，特設立僑郡、僑縣；譬如自青州來歸之漢人，則在遼東設營丘郡❶，使來歸漢人無離鄉背井之慼。設若高肇五世祖果為避晉永嘉之亂而逃往遼東一帶，也應該是投奔鮮卑慕容廆❷，怎會越過慕容部而到高（句）麗？可見《魏書》所稱：「高肇……五世祖……避亂入高麗」的說法，有不合理之處。

渤海高氏是名門世族，在北朝擁有極高地位，其中高湖、高允叔侄尤為顯赫如《魏書‧高湖傳》所載：

> 高敬侯❸才鑒明遠見機而作，身名俱劭，世載人英，天所贊也。

同書《高允傳》卷，末有撰者魏收之讚語稱：

> 依仁游藝，執義守哲，其司空高允乎？……宜其光寵四世，終享百齡。有魏以來，斯人而已。

高湖歷仕北魏道武帝、明元帝拓跋嗣，太武帝三朝，高允則繼高湖之後出仕，歷太武帝、文成帝、獻文帝以至孝文帝四朝，名重一時，對故舊都極盡照顧，即使有些族屬已經相當疏遠，高允也

❶ 按青州為古九州之一，而營丘在青州。
❷ 其後人建有燕政權，史稱前燕為諸列國之一。
❸ 高湖於北魏道武帝拓跋珪時封為東阿侯，死後諡曰敬，故魏收書之為高敬侯。

是關懷備至，如《魏書・高聰傳》載有：

高聰，字僧智，本勃（同渤）海蓨人，曾祖軌，隨慕容徙青州，因居北海之劇縣，父法昂，……早卒。（高）聰生而喪母，祖母王撫育之。（北魏）大軍攻克東陽，（高）聰徙入平城（**今山西省大同市，為北魏國都**），與蔣少游為雲中兵戶，窘困無所不至。族祖（高）允視之若孫，大加賙給（**賙，音周；救濟、救助之意**）。（高）聰涉獵經史，頗有文才，（高）允嘉之，數稱其美，言之朝廷，云：「青州蔣少游與從孫（高）僧智，雖為孤弱，然皆有文情。」由是與少游同拜中書博士。

從這段史料可看出高允對同鄉、同族即使是疏族，都會加以照顧。再看《魏書・高遵傳》，高遵也是渤海蓨人，與高允的族緣關係也已經很疏遠了。高遵之母可能出身微賤，當其父滄水太守高濟死後，嫡出的兄長高矯就常欺侮高遵，致使無法立足故鄉，只好遠赴平城投靠從祖兄中書令高允。這裡所謂「從祖」雖說是同一祖先，但關係已經很遠了，只是因為同一祖先，高允仍是加以照顧，為高遵謀了個樂浪王侍郎的官。從而渤海蓨人高氏，但凡在位居高官者，對同族人都會加以庇護照顧，如同朝為官的渤海高氏，更是時相往來互濟互助，以形成宗門的一股力量。關於這一點，曾仕於北齊、北周、隋三朝的顏之推（五三一～五九一年）曾在其所著《家訓》（**後世則稱之為《顏氏家訓》**）一書中指出：

凡宗親世數，有從父、有從祖，有族祖。江南風俗，自茲已往，高秩者，通呼為尊，同昭穆者，雖百世猶稱兄弟；若對他人稱之，皆云族人。河北士人（渤海也在河北範圍之內），雖三二十世，猶呼為從伯、從叔。

可見中國人宗親觀念極深，也就是俗語所說的「血濃於水」。依據史傳所載，渤海高允是在孝文帝太和十一年（四八七年）才去世，而高肇一家已經從高句麗西歸十多年了。照道理說，高肇既「自云本渤海蓨人」，理應與高允有所往來，也該互相照應，但經細讀《魏書》這兩人的列傳，高肇在其妹嫁入宮廷之前，這兩個高氏家族可以說是素無往來。如果再檢看《魏書》所載，郡望為渤海蓨縣的高湖、高遵、高佑等人與高肇發跡前❶也無來往記錄。而其妹之所以被選入宮，與文明太皇太后馮氏見其「姿貌，奇之，遂入掖庭」有關。而馮太皇太后本身就具有一半的高句麗血統，所以看高肇之妹「姿貌，奇之」，也就是特別順眼，所以將之選入宮中。這點雖然只是依據「情況證據」加以推測，但在情理上是站得住的，設若當馮太皇太后看這位高氏不順眼，當然就沒有「遂入掖庭」，更不會有立之皇后這件事了。

由於高氏入宮可能頗為受寵，所以其兄高肇便開始在北魏政壇發光發熱，但是高肇本身在北魏政壇是孤單的，據《魏書．高肇傳》所載高肇的情況是：

❶ 其發跡是緣於其妹嫁孝文帝之後，以國舅身分遂在政壇發光。

> （高）肇既無親族，頗結朋黨。

北魏朝廷多的是渤海蓨縣高氏望族，高肇怎麼會「既無親族」？顯然高肇的自云渤蓨人，是出於一種攀附望郡自抬身價的說法。其實這種攀附望郡的心理，是一種很普遍的現象，試看普天之下凡姓劉的莫不以彭城為其郡望；凡姓李的也都自稱族源起於隴西郡，高肇之自云渤海蓨人，也就不足為怪了。高肇一旦顯達，當然要急於「頗結朋黨」，以充實羽翼。從以上所敘述應該很清楚高肇一族根本不是渤海人而是高句麗人。

如果再進一步分析，就更能確定高肇一族是高句麗人，按中國境內各民族對喪葬及祖先墳地一向極重視，如為宦外地死後暫葬外地，其後代子孫總要設法將之遷葬祖塋，這個習俗幾千年來都未曾改變。現在且看高肇自其妹入宮為皇后後，高肇飛黃騰達，據《魏書・高肇傳》載，其父高颺追贈為左光祿大夫、賜爵渤海公，謚曰「敬」；封其母蓋氏為清河郡君。朝廷之所以追贈高颺為渤海公、封其母為清河郡君，顯然是根據高肇自稱其為渤海人（**或稱其母蓋氏出自清河郡**）有關，然而高肇始終未將其父母歸葬故土，這與傳統習俗有違。且看《魏書・高肇傳》所載：

> （高肇）父兄封贈雖久，竟不改瘞（**音異，埋葬之意**）。三年（**五一四年**）乃詔令遷葬。（高）肇不自臨赴，唯遣其兄子（高）猛改服詣代，遷葬於鄉（**指渤海蓨縣**），時人以（高）肇無識，哂而不責也。

高肇不願將父母遷葬渤海，實因他根本不是渤海蓨人，而是高（句）麗人。只因他自稱渤海高氏，朝廷尊重歸葬祖塋的傳統，令他遷葬故鄉渤海。他在心不甘情不願且朝命不可違的情況，只得遵命遷葬渤海，但他竟不親自主理其事，而是其兒子高猛主理遷葬事宜，當時一般人笑他知識不足，而不加怪罪。其實高肇哪裡是「無識」，因為他根本不是渤海高氏，而是高（句）麗高氏，他的祖塋在高句麗，不在渤海。這是很重要的一項論據，如是其妹是不折不扣的高句麗人。

如果要再找進一步的論據，還可以從《魏書・高肇傳》所附其弟《高顯傳》中找到更確切的論據，《高顯傳》稱：

（高）肇弟顯，侍中、高（句）麗國大中正，早卒。

高（句）麗國的典章制度，多襲自中原王朝，從上引史料可知高顯曾任高（句）麗國的「大中正」。按「大中正」官名，北魏時州中正多稱大中正，而中正乃是三國曹魏掌考察州郡人才的官，其後晉、南北朝、隋都沿置，至唐始廢❶。而且例由本州郡之官員出任，高顯之得為高（句）麗國大中正，正證明其為高句麗人無疑。北魏先有具一半高句麗血統的馮太皇太后，繼有全高句麗血統的孝文帝昭皇后高氏，朝廷中如此，民間想必更多鮮卑人、漢人與高句麗人聯姻。這說明在中國歷史長河中，各民族互相混融的情況極為普遍，這沒有誰「化」了「誰」的問題，而是互相融合，形成

---

❶ 徐連達主編之《中國歷代官制大詞典》，廣東教育出版社，二〇〇二年，頁六十四、一九四。

今日的中國民族。

這裡用中國民族一詞，而不用大家已耳熟的中華民族，有必要加以說明。按「中華民族」一詞，或云始於孫中山先生所創，中山先生於一八九五年（清德宗光緒二十一年）在香港設立興中會，入會誓詞為「驅逐韃虜，恢復中華，創立合眾政府。」顯然中華民族一詞源於此一誓詞，如果就誓詞句意看，「中華」與「韃虜」是一組敵對的稱謂。且再往深一層看，自古以來中華或華夏和夷狄，就是一組對立的名詞，「夷狄」泛指非漢人❶而言，所謂「夷狄」不是炎黃之胄，這是不爭之實。如以政治力強其為中華民族，無異強迫其數典忘祖，試問身為「夷狄」之胄的國內邊疆地區各少數民族，能甘心接受嗎？此所以歷代中央力量強大時，邊疆地區多能處於安定狀態，但一旦中央力量衰微時，邊疆地區立即動盪不安，揆諸往史可以覆按。

但如稱中國民族則可避開此一困擾，蓋中國是國內各民族所共同擁有，所有各民族完全立於平等地位，承認各民族都有源遠流長的歷史淵源。當今世界幾乎找不到單一民族的國家，多民族組成一個國家已是常態。如美國不僅是多民族，更是多種族組成的國家，無論黃種、白種、黑種、混種民族都稱之為美國人。因此把中國境內各民族統稱之為中國人或中國民族，就不會有華夏、夷狄的問題，這一種作法對消弭民族隔閡當有助益，而對外國人的分化，也會產生有效的抵制作用。所以以中國民族取代中華民族，既較中性各邊疆地區民族接受度會高些，久之中國民族的國族意識就能建立起來，讀者方家未省以為然否？

再回過來看高肇之妹雖被選入掖庭，可能很受孝文帝的寵愛，但是在她生前孝文帝並沒有給她較高的名號，貴人是她死後追贈的，而昭皇后更是她所生兒元恪當上皇帝之後才追尊的。這其中很大的一個原因，可能馮太皇太后及孝文帝根本很清楚高肇一族是高（句）麗人，這也是一項很重要的旁證。這個昭皇后在孝文帝遷都洛陽後不久，後宮也從平城南徙，高氏隨同南下，但在途經汲郡共縣（地當今河南省新鄉市輝縣市附近）時被人害死，其後葬於洛陽北郊邙山。當時這位高（句）麗高氏在後宮並沒有什麼顯赫名位，所以她的陵墓並沒有什麼特別引人注意之處，何況孝文帝遷都之後忙於建設、忙於推行全面漢化運動，對於高氏之死《魏書》並未多所著墨。孝文帝薨後，北魏盛極而衰，不到四十年就分裂為東、西魏，無論孝文帝或高氏的陵墓，隨著時間的推移，都埋入荒煙蔓草中。

一千五百多年後，也就是一九三九年（民國二十八年），郭玉堂先生於其所著《洛陽出土石刻時地記》❷一書，記載了洛陽北郊邙山出土的一塊北魏墓誌石的位置，而這塊墓誌經考證，居然就是這位被宣武帝追謚為昭皇后的墓誌。從中得知這位高（句）麗高氏的名諱是照容，也就是說她的姓名是高照容。

北魏宣武帝元恪即位後，追謚其生母高照容昭皇后。實際上當時的宣武帝政權旁落，由孝文帝遺命的六個輔政大臣所把持，宣武帝為要奪回權柄，於是重用外戚其舅高肇。高肇因而權傾一時高肇早期也確實相當幹練頗獲好評，著有政聲。《魏書．高肇傳》稱：

---

❶ 漢人自認是華夏、諸夏或中華，是炎黃之冑。但事實上自秦漢以來，所謂漢人已經是許多民族的混合體，華夏的元素越到晚近含量越少。

❷ 大華出版社石印本。

及（高肇）在位居要，留心百揆，孜孜無倦，世咸謂之為能。

然而權力使人腐化、能力引人妒忌，當高肇權勢日益高漲，與他為敵的人也日見增多。他又把其弟高偃（也是昭皇后高照容之弟）的女兒嫁給宣武帝為貴嬪，北魏後宮就有了第二個純高句麗女子，在這歷史上極為罕見。

文末再度強調高句麗與後來的王氏高麗，完全是兩回事，為使讀者增強此一印象，再簡略地將高句麗歷史加以敘述：高句麗，在歷史上或稱高驪、高麗。漢元帝劉奭建昭二年（西元前三十七年），西漢境內玄菟郡高句麗縣❶出現了一支夫餘族朱蒙所率領的一批流亡者，與當地一些其他土著民族聯合，建立了屬於高句麗縣管轄的地方性小政治組織，類如部落組織，朱蒙遂成為這個部落的酋長，由於位在高句麗縣境，遂稱之為高句麗。

「朱蒙」在夫餘語中是「善射」之意，不是姓名。歷史有一個習慣，對康國的人，指其姓康、米國的人姓米……高句麗的人，自然就以高為姓。

高句麗當時只是部落式的「酋長國」，漢朝根本不當回事，王莽時曾派兵重創高句麗，在王莽新始建國元年（西元九年），將高句麗王貶為高句麗侯。之後又徵調高句麗軍隊從征匈奴，可是長期屯駐並未出戰，高句麗軍隊不耐久屯於是出現逃亡潮，並殺死新朝的遼西太守，王莽乃出兵擊高句麗，誘殺高句麗侯高騶。只是王莽政權很快就崩潰了，之後天下大亂，劉秀建立東漢，初期忙於平定內部，這就給高句麗一個復甦崛起的機會，不但恢復高句麗王的名號，更兼併周圍一些邊疆少數民族，逐漸走向具國家規模的政權。

時序進入東漢季世，地方割據形成君弱臣強之勢，之後三國鼎立、魏晉之際，北方諸胡族漸凝聚成為一股力量。西晉八王亂後，匈奴劉淵率先建立漢魏式政權，從此掀起北方諸胡族紛紛建立政權的序幕，形成諸胡列國，北方最後為鮮卑拓跋氏之北魏所統一。晉室南渡後偏安江左，之後蛻化為宋、齊、梁、陳，是所謂南朝；北魏享祚百多年後分裂為東、西魏，再蛻化為北齊、北周，是謂北朝，形成南北對峙局勢。南、北雙方都無力統一全國，在此空隙下，更給予高句麗發展的空間。雖日趨強大，但對中原南北各王朝仍維持稱臣納貢關係，但其勢力已跨越鴨綠江進入朝鮮半島，其國都初在紇升骨城，後徙國內城，最後都於北韓平壤。紇升骨城地當今遼寧省本溪市桓仁滿族自治縣；國內城則在今吉林省通化市下之集安市，從其國都之遷移，可見其力量一直向東南移動，最後都於今北韓平壤。我們可以說高句麗力量進入朝鮮半島，統治了北島上的朝鮮族（高麗人），絕不是朝鮮族擁有高句麗，其中道理不待辯而自明。

隋煬帝楊廣與唐太宗李世民都曾討伐高（句）麗，但都無功而返。直到唐高宗李治乾封三年（六六八年）始將高（句）麗滅亡，總計自西元前三十七年至西元六六八年，高句麗政權存在七個世紀之久。最後還要再度提醒高句麗與朝鮮的高麗是完全不同的兩個政治體，絕不可混為一談。

---

❶ 其地當今遼寧省撫順市新賓滿族自治縣。

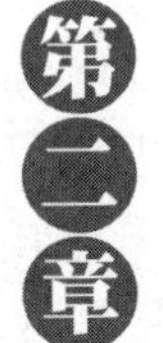

第二章 花木蘭其人其詩其事

花木蘭幾乎是家戶喻曉的巾幗英雄，曾經被拍成電影、編成戲劇，還被外國製作成動畫，轟動一時，向世人訴說中國古代有這麼一位奇女子。易服男裝代父從軍，立功沙場，巾幗不讓鬚眉更勝鬚眉。《木蘭詩》就是頌揚這位奇女子的作品，膾炙人口傳唱千古，之前中學國文教科書都收錄了這篇文學精品。《木蘭詩》不僅立意正確，而且文辭優美，其中若干詞句透露出某個時代的特有背景，乃至一些政治制度、社會習俗，已經超越文學的表現。然而歷史上果真有這麼一位奇女子嗎？如果有，她是漢人還是胡族❶？歷來有各種不同說法，而《木蘭詩》這篇傳唱千古的詩作是原創？還是經過後代文人潤飾的「加工」作品，向來也多有爭論，本文擬就有關資料加以耙梳整理，對花木蘭其人、其詩、其事作較深入的敘述。

花木蘭，傳說中是一位年輕貌美的女孩，但絕不是嬌生慣養弱不禁風的女子，而是能提槍上馬、馳騁沙疆的奇女子。由於她父老弟幼，但國家戰爭需要徵兵以保國衛家，她擔心年邁的父親無法再上沙場，而弟弟年紀還小也難當重任，幾經考慮，決定女扮男裝代父出征。於是買齊各項裝備，毅然投入疆場，轉戰各地。歷經東西奔波，遍嘗風雪冰霜，西起黃河邊，東到黑山頭，追逐敵蹤至於燕山，馳騁沙場歷時十年，立下汗馬功勞，終於班師回朝。天子高坐明堂之上，逐個論功行賞，花木蘭以戰功卓著，破例一連升了十二級，要拜她為尚書郎。但是花木蘭離家已久，心繫年邁的父母，更不想留戀爾虞我詐的官場，一心只想趕回家望見爹娘，天子也不便勉強，便以傳遞公文的明駝以及幾個軍中的伙伴護送木蘭回家。木蘭回家後舉家歡騰，弟弟見姊姊回來，趕忙把刀磨利以便宰豬殺羊，準備擺宴迎接姊姊以及隨同而來的賓客，花家此時是一片歡樂氣象。花木蘭回到之前自己的閨房，脫下戰袍換下女子的衣裳，依照時下的流行好好打扮一番，梳理好雙鬢、再貼上花黃，出得閨門。伙伴一見莫不大吃一驚，同伙作戰十幾年，居然不知道花木蘭是女孩，這是傳說中花木蘭故事的梗概。

文人據此寫下傳唱千古的《木蘭詩》，但也有稱之為《木蘭歌》（如《文苑英華》歌行征戎門），各別的詞句也有少許出入，此處如宋人郭茂倩所編《樂府詩集》的《木蘭詩》為準，全文如下：

唧唧復唧唧，木蘭當戶織。不聞機杼聲，惟聞女嘆息。問女何所思？問女何所憶？女亦無所思，女亦無所憶。昨夜見軍帖，可汗大點兵。軍書十二卷，卷卷有爺名。阿爺無大兒，木蘭無長兄。願為市鞍馬，從此替爺征。東市買駿馬，西市買鞍韉，南市買轡頭，北市買長鞭。旦辭爺娘去，暮宿黃河邊，不聞爺娘喚女聲，但聞黃河流水鳴濺濺。但辭黃河去，暮至黑山頭；不聞爺娘喚女聲，但聞燕山胡騎聲啾啾。萬里赴戎機，關山度若飛。朔氣傳金柝，寒光照鐵衣。將軍百戰死，壯士十年歸。歸來見天子，天子坐明堂。策勳十二轉，賞賜百千強。可汗問所欲，「木蘭不用尚書郎；願借明駝千里足，送兒還故鄉。」爺娘聞女來，出郭相扶將。阿姊聞妹來，當戶理紅妝；小弟聞姊來，磨刀霍霍向豬羊。開我東閣門，坐我西閣床；脫我戰時袍，著我舊時裳；當窗理雲鬢，對鏡貼花黃。出門見火伴，火伴皆驚惶，「同行十二年，不知木蘭是女郎。」雄兔腳撲朔，雌兔眼迷離；雙兔傍地走，安能辨我是雄雌？

❶ 這裡把凡是非漢人者，一律稱之為胡族，因為「胡」字較為中性，這個詞是匈奴單于致書漢廷時稱：「南有大漢，北有強胡，胡者，天之驕子也。」不像一般史書稱邊疆少數民族時，多加上虫、豕、牛、犬……等偏旁，如蠻、貊、狄、蜀……等，不但帶有貶義，且具歧視性，此處把漢人以外的各邊疆民族統稱之為胡族，較為合適。

除了上文提到《樂府詩集》、《文苑英華》錄有《木蘭詩》（或作《木蘭歌》、《木蘭辭》）外，逯欽立所輯《先秦漢魏南北朝詩、梁詩》卷二十九也錄有《木蘭詩》，就這樣《木蘭詩》一直流傳至今。但是對究竟有否花木蘭其人、其事，向有不同說法。即使認定確有其人，且對其事蹟的說法雖大同小異，但對花木蘭的族里地望，各家說法有極大的出入；或者雖也認為確有其人，但可能是胡族。

蓋自西元四世紀初（三〇四年）匈奴劉淵建立漢魏式政權定國號為「漢」之後，從此掀起北方諸胡族建立漢魏式政權的風潮，只是劉淵的「漢」政權，到了他族子劉曜篡位後，改國號為趙。可是劉淵的一個大將羯族石勒不服，起而建立國家，國號也叫「趙」。後代史家為了區隔這兩個趙，就把劉曜的趙稱前趙，石勒的趙稱後趙，可是這麼一來劉淵的「漢」就不見了。何況前趙是篡漢而建立的，如果只稱前趙，對劉淵而言，頗不公平，而且劉淵是北方胡族建立漢魏政權的「創始者」，因此當代學者為了求實存真，把匈奴族劉氏所建立的漢或前趙，合稱之為「漢趙」。這是相當合情適性的做法，很值得肯定、推廣。一個政權或一個朝代，其國號不必拘泥於只用一個字，兩個字甚至三、四個字也未嘗不可，如高昌、吐谷渾等是。

按匈奴單于原姓攣鞮氏，何以到魏晉時變為姓劉氏？這裡要稍作說明，漢高帝劉邦曾親率三十萬大軍北上伐匈奴，結果反被匈奴冒頓單于圍於白登（今山西省大同市附近），幾不得解脫，後用陳平「奇計」，冒頓單于才解開包圍圈一角，劉邦始得脫困。至於「奇計」內容究竟為何？《史記》說是秘不得知，但從之後漢對匈奴的做法，可以推測所謂「奇計」，不外是：和親、歲給匈奴一大筆米、酒、繒帛。所謂和親，就是漢朝以良家子為公主，嫁匈奴單于。自漢高帝，歷惠帝、呂后、文景對匈奴都行和親政策，以換取漢、匈間的和平。到漢武帝劉徹時，國力充沛，而劉徹胸懷壯志、豪氣干雲，認為以和親換取和平，是屈辱外交，於是改採武力討伐政策，終漢武帝一生，都是討伐匈奴，匈奴從此衰弱。之後匈奴內訌，分裂為南北兩部，南匈奴呼韓邪單于南下附漢，再求和親，漢元帝劉奭以後宮女子王嬙為昭君公主嫁之，這就是有名的「昭君和番」故事。

漢朝與南匈奴合作，北匈奴不敵逃往西域，後來也被漢西域都護甘延壽及其副手陳湯率西域戍卒及各屬國兵攻入北匈奴郅支單于所駐近康居（今中亞撒馬爾罕）的郅支城，斬殺郅支，傳首長安，懸首藁街（**多是外國使者、商賈居住地區**），用以宣示「犯強漢者，雖遠必誅」，北匈奴亡。

呼韓邪單于及其後人原本與西漢和睦相處，不料王莽篡漢建立「新」政權後，對西域各屬、匈奴、東北地區各邊疆民族政權，威福自作、倒行逆施，於是都起而叛新。匈奴經過幾十年的休養生息，無論人畜都大量增加，復又役使西域各綠洲國家，再度成為草原上一大強國，乃成為東漢最大邊患。

歷史事件雖不會有規律的循環出現，但卻經常不規律的重複出現。東漢光武帝劉秀之後，匈奴內部又分裂為二，南單于又附漢，依長城駐牧，北單于逃往漠北，派班超經營西域。東漢和帝劉肇永元元年（八十九年）派竇憲率大軍討伐北單于，北單于大敗逃往西域不知所終，竇憲命中護軍班固於燕然山（今外蒙古杭愛山）刻石記功，就是有名的《燕然山銘》。

南單于所轄之眾附漢，沿長城一帶駐牧，其地多有可耕者，且其地既有漢人，也有烏桓、鮮卑、丁零等各民族混雜其間，匈奴的生活模式已有所改變。東漢末世曹操當權，為追擊袁紹餘眾，發大軍伐烏桓，大勝，烏桓遂弱。又將匈奴分為五部，多分布於今山西省，形同編民，匈奴之勢益弱，其單于一支自認自漢高祖時就與漢家公主和親（**其實都非真公主**），可視同漢帝的外甥，於是多改為劉氏，如劉豹、劉淵、劉衛辰等。劉衛辰之子劉勃勃，後來建立夏政權，稱皇帝，覺得隨母姓劉不妥，自然「系為天子，是為徽赫，實與天連」❶，所以改姓赫連。「赫連」是漢語，不是匈奴語，一直到唐朝還有人姓赫連。

從上簡略的敘述，當可了解東漢季世匈奴力量衰弱後，自認原單于後裔的，多改姓劉氏，非單于後裔多改漢姓，如喬、郭、張……等。赫連夏被北魏太武帝拓跋燾滅亡後，匈奴之名不再見諸文獻，原來專指匈奴的「胡」字，也轉而用以指西域各民族，匈奴已融入鮮卑、漢人之中。經北魏孝文帝拓跋宏推行全面漢化後，把匈奴、氐、羯、鮮卑、羌、漢人等各民族糅成隋、唐時的唐人。民族融合是不可逆的歷史趨勢，狹隘的民族意識，終將被歷史淘汰，任何抱殘守缺都將無濟於事。

在諸胡列國及北朝時代❷，北方草原許多游牧胡族進入華北地區，也有許多進入今內蒙古自治區。如敕勒民族（**或作鐵勒，南方則多稱之為高車**）曾大量駐牧於今內蒙古西部地區，大約東起呼和浩特、西至包頭一帶，由於大量的敕勒人進駐，而有「敕勒川」之稱。試看北朝樂府《敕勒川》，雖然經過兩度翻譯❸，且看《敕勒川》何其精簡、寫實、雄壯，全文僅二十七字如下：

敕勒川，陰山下；
天似穹廬，籠罩四野，
天蒼蒼，野茫茫，
風吹草低見牛羊。

短短二十七字，把一片草原牧野風光，躍然於文字之間。在那個時代，在諸胡列國或北朝統治下的漢人，或多或少、被動或主動，都採納了些北方胡族的文化；同樣的北方胡族雖居於統治者地位，但被統治的漢人在人數上佔絕對優勢，胡族迫於現實的需要，也或多或少的接受了漢文化。這不是誰「化」了誰，而是自然的混融，形成內涵多元充滿新鮮氣息的新的中國文化。假設沒有諸胡列國至北朝長達二個半世紀以上的民族混融❹，就不會隋唐璀燦文明的出現。

所以在諸胡列國、北朝的近三個世紀中，北中國的人民都具有胡、漢混融的文化與習俗，這是現實使然。所以花木蘭無論是胡族、還是漢人，在那一種的時空背景下，都具有胡漢混融的性格。甚至晚到唐初，還充滿了胡族的氣息，據《新唐書》記載，唐太宗李世民所立的第一個太子李承乾，幾乎完全突厥化了。因此要談花木蘭必須先有這種背景認識，如是對《木蘭詩》中的若干語彙才能有所了解，本文擬從以下幾個面向對花木蘭其人、其詩、其事加以探討。

一、花木蘭其人的時空推測

假設確有花木蘭其人，那麼她應該是什麼時代的人？從《木蘭詩》中「可汗大點兵」這句文字

---

❶《晉書・載記》。

❷ 北朝指鮮卑拓跋部所建的魏，其後分裂為東、西魏，以及宇文部的北周、鮮卑化高氏的北齊。

❸ 初由敕勒語譯為鮮卑語，再由鮮卑語譯為漢語。按敕勒族與日後的突厥、回紇等有其血緣關係。

❹ 自西元三〇四年匈奴劉淵建立漢政權，至西元五八一年隋文帝楊堅建國，前後共二百七十八年。

推測，她生活的時代應不會早於北魏初期。「可汗」這個稱號，一般史書都說是柔然族（**或作茹茹、蠕蠕**）首領郁久閭社崙（四〇二～四一〇年在位）所創，他於四〇二年自稱「豆代可汗」（**或作丘豆代、丘豆伐者**），以取代之前北方胡族首領「單于」的稱號。在這之前諸胡列國時代，胡族君王，或稱皇帝或稱王，但另置單于，多由其預定繼承人擔任，其治事之所稱「單于台」或「燕台」，管理境內包括建國者在內的各胡族。各胡族仍維持其血緣性的部落組織，以「落」為計算單位（**每落等於每戶、每家；通常一落以五人計**），至於境內的漢人，則歸州、郡、縣列為編民，統於內史，經左、右司隸，最後統於帝王。

自從柔然社崙稱可汗後，可能「可汗」這個名號在當時比單于更響亮，與柔然為敵的北魏（**或作拓跋魏、元魏或後魏**），在派人致祭其先祖始源地「鮮卑石室」時，在石室壁上所刊刻的祭禱文末尾也用「皇祖先可寒配」，「可寒」自係「可汗」之同音諧譯❶，從而我們可以斷定花木蘭生存的時代必然晚於西元五世紀初，也就是北朝初期以後，至於《木蘭詩》的創作顯然要更晚許多年。

按《木蘭詩》初見於宋人郭茂倩所輯錄的《樂府詩集》，列為「梁鼓角橫吹曲」，只稱是「古辭」，又稱歌辭有《木蘭》一曲，不知起於何時。又引《古今樂錄》稱：木蘭不知名，浙江西道觀察使御中丞韋元甫續附入。並稱韋元甫得其詩於民間，蓋韋元甫既得其詩於民間，即擬作一首附入，所以《古今樂錄》稱「元甫續附入」句❷。

現在且看韋元甫其人，他是唐代宗李豫大曆（七六六～七七九年）時人，據稱其人少修謹，敏於學行，初任白馬尉，以吏術知名，精於簡牘。深得探訪使韋陟器重，奏充支使，累遷蘇州刺史、浙江西道團練觀察等使，大曆初，徵拜尚書右丞，大曆中出為淮南節度使，旋卒。稱《木蘭詩》得於民間，應屬可信。是則《木蘭詩》之在民間流傳必然早於八世紀中葉，但是李白、杜甫等人都未提到任何有關《木蘭詩》的訊息，這是頗為怪異之事。韋元甫既得此詩，自己也和了一首名之曰《木蘭歌》，茲引錄如下：

木蘭抱杼嗟，借問復為誰，欲聞所慼慼，感激彊其顏。老天隸兵籍，氣力日衰耗，豈足萬里行？有子復尚少，胡沙沒馬足，朔風裂人膚。老父舊羸病，何以彊自扶？木蘭代父去，秣馬備戎行。易卻紈綺裳，洗卻鉛粉妝。馳馬赴軍幕，慷慨攜干將。朝屯雪山下，暮宿青海傍。夜襲燕支虜，更攜于闐羌。將軍得勝歸，士卒還故鄉。父母見木蘭，喜極成悲傷。木蘭能承父母顏，卻卸巾鞲理絲簧（**鞲，音溝；意為革製之袖套，用以束衣袖，射箭或操作時用之。**）昔為烈士雄，今為嬌子容。親戚持酒賀父母，始知生女與男同。門前舊軍都，十年共崎嶇，本結弟兄交，死戰誓不渝。今者見木蘭，言聲雖是顏貌殊，驚愕不敢前，歎息徒嗟吁。世有臣子心，能知木蘭節，忠孝兩不渝，千古之名焉可滅！（引自《全唐詩》，北京中華書局，一九六〇年，第九冊，頁三〇五五）

韋元甫這首《木蘭歌》可以與其得自民間的《木蘭詩》比照對讀，很容易發現韋元甫歌中全屬

---

❶ 按北魏係在太武帝拓跋燾太平真君三年（四四二年）時，派李敞等到大鮮卑山致祭鮮卑先人曾經棲息過的「鮮卑石室」，詳情可參看本書《北魏後宮多高句麗女子》一文。

❷ 姚大榮《木蘭從軍時地表微》一文，文載《東方雜誌》第二十二卷第二號，頁八十二。

唐代的用語。而其得民間的《木蘭詩》，雖也出現若干隋唐始有詞彙，但卻用了北朝初期始出現的「可汗」一詞，或者還出現了可能源自北方胡族語彙的漢字音譯，如「撲朔」、「迷離」（下文會有敘述）。

歷史主張《木蘭詩》中所指稱的木蘭確有其人，但其人為何有憑空臆測者、有若有所據者，現且分別敘述如下：

1.憑空臆測者

按《木蘭詩》出現的年代介於西元五世紀到八世紀之間，前後大約三個半世紀。眾所周知，民間傳說經過的時間越久，質變的成分越大。如《孟姜女哭倒萬里長城》這個民間傳說故事，其原型是春秋時齊國的杞良（其時約為西元前五四九年），在攻打莒國的戰爭中，杞良戰死，當時齊國已有方城，齊君就在方城之外向杞良之妻弔唁，杞良妻拒絕在郊外接受弔唁，齊君只好改在室內弔唁，故事原型就這麼簡單❶。沒想到經過幾個世紀後，居然變成孟姜女把萬里長城給哭倒了，可見流傳越久，訛傳越多。甚至大唐「詩聖」杜甫（七一二~七七〇年）《草堂》一詩中，有仿用《木蘭詩》的筆法如：

> 昔我去草堂，蠻夷塞成都。今我歸草堂，成都適無虞。……舊犬喜我歸，低徊入衣裾。鄰舍喜我歸，酤酒攜胡蘆。大官喜我來，遣騎問所須。城郭喜我來，賓客隘村墟。……（《全唐詩》第七冊，頁二三二七）

此詩上引各句章法與《木蘭詩》何其相似，可見在中唐以前《木蘭詩》已在民間流傳；元稹（七七九～八三一年）的《估客樂》一詩也有如下的詩句：

估客無住著，有利身則行。出門求火伴，入戶辭父兄。……（《全唐詩》第十二冊，頁四六一一）

也有《木蘭詩》的影子。花木蘭果真確有其人，其行徑堪為忠孝楷模，因此許多地方都想將木蘭其人列為地方先聖，俾便同沾忠孝兩全之光，如湖北黃州黃岡縣有木蘭廟，顯然把木蘭認為是黃州黃岡人。唐杜牧（八〇三～八五二年）為黃州刺史時，曾作《木蘭廟詩》：

彎弓征戰作男兒，夢裡曾驚與畫眉。
幾度思歸還把酒，拂雲堆上祝明妃。

《太平寰宇記》也稱黃州黃岡縣有木蘭山、木蘭鄉、木蘭廟，直把木蘭當成黃州黃岡人。《明一統志》，則更進一步指出：黃州府木蘭廟，在木蘭山下，有忠烈廟，廟後有家，相傳為木蘭將

❶ 有關孟姜女哭倒萬長城故事，可參看拙撰《萬里長城史話多》一文，該文輯入《旮旯裡的國史》一書，台北南天書出版，二〇一二年出版一刷，二〇一五年再版。

軍，蓋朱氏女代父西征者。這裡給木蘭一個「朱」姓，在明代自以朱姓為大。又有說保定府（在河北省）有孝烈將軍廟，在完縣東（完縣，今河北省保定市）。按完縣，明時始置，或云孝烈將軍就是木蘭，嘗代父戍守於此，唐時封為孝烈將軍❶。《直隸完縣志》指：木蘭墓在完縣東，有元時太子贊善❷劉廷直所撰墓碑，稱木蘭為完縣人。而《倘湖樵書》又更進一步稱孝烈將軍隋煬帝時人（六〇四～六一八年）姓魏氏，本處子，亳之譙人，這下木蘭一變為今河北人，再變為河南亳之譙人，而且連姓也變為「魏」氏。

同樣是《明一統志》歸德府烈女，木蘭隋宋州人，姓魏氏，恭帝楊侑時，發兵禦戎，木蘭有智勇，代父出征，歷年一紀閱十有八載，人莫識之。凱還，天子嘉其功，除尚書不受，懇奏省親，及歸，釋戎服，衣舊裳，同仁者駭之。遂以事聞於朝，召赴闕，欲納之宮中，木蘭曰，臣無媲君之禮，遂自盡，帝驚憫，贈將軍，謚孝烈❸。這《明一統志》一半抄《木蘭詩》、一半杜撰，既稱隋恭帝楊侑時（六一七～六一八年）因禦戎代父出征，歷年一紀閱十有八載，按隋恭帝前後在位不及兩年，十八年後已經是唐太宗李世民時代，何來「欲納之宮中」情事，其事純為杜撰。

更妙的是，《大清一統志》、《江南通志、穎州、烈女》所載與《明一統志》幾乎一模一樣。清代盛行考據之學，撰《一統志》者豈有不知隋恭帝在位不及兩年之事，執筆烈女傳者，何不用心一至於此。不過各地之爭相把木蘭列為當地之人，揆之其目的是在為讚頌木蘭，但都屬憑空臆測者，毫無可信度。

2.若有所據者

持這種說法者，以姚大榮於其所撰《木蘭從軍時地表微》一文最具代表，姚氏根據《木蘭詩》中的「可汗大點兵」及「天子坐明堂」這兩句，認為同時具有可汗及天子名號者，只有隋末中原群雄並起，且都北面稱臣於突厥。其中梁師都被突厥封為「大度毗伽可汗」，又稱其為「解事天子」，所以據之認定木蘭是梁師都時代的人（六一七~六二八年），其代父從軍也是發生在這一時期。

按隋時以離間方式，扶植突厥啟民可汗（**唐時為避唐太宗李世民的名諱，改稱為啟人可汗**），經過隋文帝楊堅及隋煬帝楊廣兩代豢養之後，二十幾年沒有戰爭，人畜大增，實力轉強，啟民可汗死後，由其長子嗣之，是為始畢可汗。此時已是隋煬帝末年，各地豪傑紛紛割據地自立，天下一片混亂，但都北面結好於突厥，向之稱臣納貢，並接受突厥的封號，據《隋書‧突厥傳》載：

> 隋末（**中原**）亂離，中國人歸之（**指突厥**）者無數，突厥遂大強盛，勢凌中夏，……薛舉、竇建德、王世充、劉武周、梁師都、李軌、高開道之徒雖僭尊號，皆北面（**向突厥**）稱臣，受其可汗之號。使者往來，相望於道也。

---

❶ 姚大榮《木蘭從軍時地表微》。

❷ 按贊善為東宮之官，唐時太子宮有左右春坊，各置贊善大夫，其職責為對太子輔贊諍議，使有善德，元世祖忽必烈至元以後，去「大夫」二字，簡稱贊善，至元共三十一年，一二六四~一二九四年。

❸ 姚大榮前引文。

如梁師都受封為大度毗伽可汗，並稱之為解事天子；劉武周受封為定楊可汗❶；上谷人王須拔反，自稱漫天王，國號燕，其後兵敗逃入突厥，始畢封之為南面可汗；勝州人郭子和奪據州城，始畢以之為平楊天子；離石胡劉季真與劉六兒舉兵為亂❷，劉季真自稱突利可汗❸，想必是得到突厥認可；隋五原太守張長遜見天下大亂，遂附於突厥，與莫賀咄設❹結為兄弟以自固，突厥封之為割利特勤❺。

從而可見隋末天下之亂象，凡稱兵起義者，莫不北向結好於突厥，即使是創建唐朝的李淵（**時為隋太原留守**）也不例外。只因李淵後來創建了偉大的唐朝，撰史者為了為賢者諱，所以兩《唐書》的《高祖本紀》都不載李淵曾向突厥稱臣之事。但撰史者為了忠於史實，在《李靖傳》中則提到李淵曾向突厥稱臣之事，這也算是一種「曲筆」，舊《唐書．李靖傳》有如下的記載：

> 太宗（**李世民**）初聞（李）靖破頡利，大悅，謂侍臣曰：「朕聞主憂臣辱，主辱臣死。往者國家草創，太上皇❻以百姓之故，稱臣於突厥，朕未嘗不痛心疾首，志滅匈奴（**在此指突厥而言**），坐不安席、食不甘味，今者暫動偏師，無往不捷，單于款塞❼，恥其雪乎！」

史傳所載如屬無訛，則唐高祖李淵確實曾向突厥稱臣。

在此必須把《唐書》作一說明，《唐書》始修自後晉高祖石敬瑭天福五年（九四〇年）二月，成於後晉出帝石重貴開運二年（九四五年），前後歷時五年多，全書凡二百卷，計本紀二十卷、列傳一百五十卷、書記三十卷，共約有一百九十萬字。紀事始於唐高祖李淵武德元年（六一八年），至哀帝昭宗李曄天祐四年（九〇七年），凡十四世、二十一主，頭尾二百九十年。按後晉趙瑩、張昭遠、賈緯、趙熙等撰修此書時，絕不可能預知後代有人會另修唐代史事，而將書名定為「舊」《唐書》。且劉昫上表奏呈書時也題為《唐書》，其書名為《唐書》殆無疑義。

但宋代歐陽修（一〇〇七～一〇七二年）、宋祁等另撰唐朝史事署名《新唐書》，或由於宋朝自認為是全國性王朝❽、或以歐陽修文名較高，《新唐書》問世後，《唐書》遂湮沒無聞。但在民間仍有流傳且歷世不絕，至明代中葉，始由文人蒐輯刻印，但冠上「舊」字，清乾隆時（一七三六～一七九五年在位）將之與正史並列，今人多稱之為《舊唐書》。

這種稱謂或書寫方式極為不妥，試想原書本署《唐書》，明代刊刻之後擅改為《舊唐書》，這是對原作者的不尊重，也嚴重侵犯「著作權」。自清代至今均沿用此極不妥之書名，原撰著者泉下有知，豈能甘心？何況《新五代史》、《新元史》問世後，也未將《五代史》、《元史》更名為《舊五代史》、《舊元史》，何獨對《唐書》如此？因此筆者主張必欲「舊」之，也只能作舊《唐

❶ 平定隋朝楊氏之可汗，可見始畢可汗有相當程度的漢人思維，深諳以華制華之道。
❷ 稱離石胡，又姓劉氏，想必是匈奴之族。
❸ 《資治通鑒》、《唐紀、武德三年》，按武德係唐高祖李淵年號，共九年，六一八～六二六年，其三年為六二〇年。
❹ 此人為始畢之弟，設係突厥官名，可帶兵，非可汗子弟，不得為設，此人即後來之頡利可汗。
❺ 特勤也突厥官名，見《冊府元龜》卷一六四。
❻ 指唐高祖李淵，玄武門之變後立世民為太子，半年後禪位太子，故稱太上皇。
❼ 單于，指頡利可汗而言，此係借西漢時南匈奴呼韓邪單于款塞附漢故事。
❽ 事實上不是，當時燕雲一帶及東北地區有契丹族所建的遼朝，陝、甘、寧、青地區有党項羌所建的西夏，論實力都不在宋朝之下，甚至還有過之。

書》，當然最好仍是用《唐書》原名，此雖題外，卻極為重要，特書己見如上。

從上所敘可見隋末中原豪傑向突厥稱臣受封，乃是一種普遍現象。梁師都原本是隋朔方軍官，隋末殺朔方郡丞唐宗，據郡反，自稱大丞相，向突厥稱臣，「（突厥）始畢可汗遺以狼頭纛❶，號為大度毗伽可汗。（梁）師都乃引突厥居河南之地❷攻破鹽川郡。」❸可見梁師都的勢力範圍大約在雕陰、宏化、延安等郡，建國號為梁，考其地望，大致在黃河西套、沿黃河一帶，但也及於今陝北一帶。梁師都稱帝事在隋恭帝楊侑義寧元年（六一七年，義寧共二年），至唐太宗貞觀二年（六二八年）被其從父梁洛仁所殺（**從父，同族長一輩**），梁洛仁降唐，「梁」亡，前後十二年。

梁師都建元立號之後（建元永隆，共十二年，六一七～六二八年），以子為質於突厥始畢可汗，可能由於梁師都善於奉承始畢可汗，故始畢可汗稱梁師都為「解事天子」。這情形就像突厥初興時銳不可當，時北齊、北周（北齊五五〇～五七七年，北周五五九～五八一年）爭相結好奉承突厥，饋贈物品，不絕於途。突厥他鉢可汗在躊躇滿志之餘說：「但使我在南兩個兒孝順（**指北齊、北周**），何愁無物邪。」❹梁師都之奉承突厥始畢可汗，或類似北齊、北周，所以始畢可汗稱之為「解事天子」。

在唐高祖李淵武德至唐太宗李世民貞觀年間（當為六一八～六二六年之間），梁師都多次引突厥兵入寇唐沿邊州郡，使突厥獲得不少人畜及財物，因而時時庇助梁師都。當時突厥正盛，東北的契丹、室韋等部族都向突厥稱臣納貢。稍後突厥情勢稍降，契丹轉而向唐朝納貢，適始畢可汗卒，由其弟莫賀咄設嗣立，是為頡利可汗（**梁師都曾與之結為兄弟**）。頡利可汗認為對突厥而言，契丹的份量比梁師都重要，於是遣使向唐太宗建議，以梁師都換契丹，也就是說放棄對梁師都的支持，換取唐朝拒絕契丹的納貢稱臣（等於迫使契丹再向突厥俯首稱臣）。至於頡利可汗之前曾與梁師都結為兄弟的情誼，在面對政治利益時，就一文不值了。但是這個建議，唐太宗卻不以為然，唐太宗對突厥使者說：

「契丹與突厥異類，今來歸附，何故索之？（梁）師都中國之人，盜我土地，暴我百姓，突厥受而庇之，我興兵致討，輒來救之，彼如魚游釜中，何患不為我有。」

這段話回絕了突厥想以梁師都換契丹的想法，當然契丹也就沒有歸附突厥。根據這一史實，姚大榮就將之與《木蘭詩》中相關詩句做了比對，認為確有其人，而且其人是隋末唐初梁師都割據下的人民，姚氏的認定也算是有所據，且看姚氏如何對其認定做出解說。

姚氏認為梁師都割據朔方一帶地方，歷時十二年，而木蘭戍邊也約略同之，詩句中有「同行十二年，不知木蘭是女郎」；詩句中有「朝辭爺娘去，暮宿黃河邊」，從地望看梁師都所控制的朔方郡❺，其西、北兩面有黃河流過，從朔方郡治到黃河邊，約為一日行程，尚屬合理。又以詩句中

---

❶ 北方草原諸草原游牧民族，幾皆崇拜狼，甚至有以狼為圖騰者。纛，大旗。

❷ 河，指黃河，河南之地，指今河套之南。

❸ 《唐書．梁師都傳》。

❹ 《隋書．突厥傳》。

❺ 其地約當今內蒙古自治區鄂爾多斯市，二〇〇一年之前為內蒙古伊克昭盟。漢武帝劉徹元朔二年（西元前一二七年）收復河南地，置朔方郡。

「旦辭黃河去，暮至黑山頭，不聞爺娘喚女聲，但聞燕山胡騎聲啾啾」，姚氏對這四句雖然沒有指出明確的地點，但姚氏以梁師都所轄境域考之，始終都是以朔方郡為中心，雖一度擁有雕陰、宏化、延安等郡❶，但不久即叛去歸唐，仍以朔方為中心，鄂爾多斯高原居其中，黃河於其西境北流，然後再折而向東，之間形成黃河三套，姚氏考證木蘭家居塞上，今邊牆之外，河套之西，其代父從軍，是由套外東渡入套，再越套東出，續趨而北，姚氏認為梁師都所防者，乃是契丹，姚氏在文中又自注當時契丹在梁師都之北，今內蒙古東四盟之地❷，又稱在古北口外有燕山，所以詩句中有「燕山胡騎」。另據《乾隆府廳州縣志》所載黑山即殺虎山，此山蒙古語稱阿巴漢喀喇山，其意就是黑山，這麼一來就與詩句中的「旦辭黃河去，暮至黑山頭」吻合了，看來似乎頗有道理。

接著看姚氏以詩句中有「歸來見天子，天子坐明堂」，姚氏認定梁師都所據之地為朔方郡。其地在諸胡列國時，匈奴族的赫連勃勃（四〇七～四二五年在位）據之建國號為夏，建都城曰統萬（取**君臨天下、統馭萬邦之意**）。統萬城就在朔方郡內，既大又極堅固，一直到宋代（北宋，九六〇～一一二七年）始以人力強行將之摧毀。此城在朔方稍北、黑水之南，且城牆有首見之馬面❸，姚氏認為統萬城內應有明堂，如是則「天子坐明堂」句也有了著落。

至於「策勳十二轉」，姚氏說這是隋代始有之制，所謂十二轉是指十二等，但隋代只有十一轉，分別是：上柱國、柱國、上大將軍、大將軍、上開府儀同三司、開府儀同三司、上儀同三司、儀同三司、大都督、帥都督、都督，以功勳逐次轉升；唐因隋制，但增加為十二等（**即十二轉**），唐代從十二轉上柱國逐次降一轉分別為柱國、上護軍、護軍、上輕車都尉、輕車都尉、上騎都尉、騎都尉、驍騎尉、飛騎尉、雲騎尉、武騎尉；姚氏認為梁師都與唐高祖同時代，借用唐策勳制度並非不可能。此外，姚氏還對「對鏡貼花黃」等句也有所解說，認為「花黃」乃是北周以後始有的婦女妝飾，但都是北朝婦女，南朝婦女則無此種化妝方式，因此木蘭絕對是北方人。

3.姚氏之說，未必可信

上項為姚大榮《木蘭從軍時地表微》一文之大概情形，因為梁師都既有可汗之號，又有天子之名，所以認定木蘭是隋末唐初梁師都統治區內的人民。從詩句中的黃河、黑山、燕山等地名，考定木蘭代父從軍是從黃河套外，渡河入套，從此經黑山一路向東以至燕山；其所征戰的對象「胡騎」，就是契丹；而後把天子所坐的明堂設定在統萬城內。這種分析初看四平八穩地頗貼切，並且盡量扣緊詩句，姚氏也信心十足的說：「故知此可汗為大度毗伽可汗，此天子為解事天子，捨梁師都無以易也。」然而姚氏之說仍然留下頗多有待商榷的空間，且看：

一、有天子之稱，又有可汗之號者，不是只有梁師都一人。唐太宗其為天子，固不待言，貞觀四年（六三〇年）李靖大破突厥擒獲頡利可汗後，四夷君長上李世民為天可汗，所以有可汗之號、

---

❶ 此三郡約當後代陝西榆林、延安二府，保德一州及甘肅慶陽府。

❷ 姚氏撰此文時，內蒙習慣上有所謂東四盟、西二盟之說。所謂東四盟指：哲里木盟、昭烏達盟、卓索圖盟及錫林郭勒盟，約與民國時代的遼北省、熱河省及察哈爾省北部在同一地區；至於西二盟則指：烏蘭察布盟及伊克昭盟，與民國時代的綏遠省在同一地區。中共建國後，裁撤遼北、熱河、察哈爾、綏遠各省建置，設立內蒙古自治區。但曾多次變更內蒙古自治區範圍，盟的建置也多所更易，可參看北京星球地圖出版社二〇一一年出版之《內蒙古自治區地圖冊》，此處不作詳細比對，以節篇幅。

❸ 關於馬面之設置，目的是使城牆不會有死角，詳情請參看沈括所撰《夢溪筆談》，此處不贅。

天子之名者，不必然非梁師都不可。

二、把木蘭代父從軍征戰的胡騎設定為契丹，未必安適。蓋契丹興起於松漠之間，晚到十世紀時初期，耶律阿保機才統一契丹各部，於西元九一六年始強大稱帝，在此前三百年，契丹力量能否到達後日內蒙古的東四盟，大有疑問。在七世紀初的隋末唐初，契丹充其量只能在松漠一帶活動，絕不可能到達除後日哲里木盟以外的內蒙古地區，因此木蘭征戰的對象不可能是契丹。

三、姚文一再說明梁師都的主要轄區在朔方郡，雖一度擁有雕陰、延安、宏化等郡，但不久叛去師唐，而朔方郡以鄂爾多斯高原為主，在內蒙古西部，當時（隋末）在梁師都的北面有張長遜、東北面有劉武周、楊政道、高開道等地方割據勢力❶，梁師道並未與契丹接壤，不可能發生衝突。更不必說梁師都的軍隊如何能越過張長遜等地方割據勢力圈，所以可以肯定的說，梁師都的征戰對象絕不是契丹。

四、姚文以「旦辭黃河去，暮至黑山頭，不聞爺娘喚女聲，但聞燕山胡騎聲啾啾」中的燕山在古北口外，而黑山就是蒙語中的阿巴漢喀喇山，也即殺虎山，在殺虎口東北九十里。打開地圖一看便知從黃河口到殺虎口，絕朝暮可達，更不可能遠在古北口外的「胡騎聲啾啾」了。何況古北口在今北京市密雲縣東北，而密雲縣又位於北京市的東北部，燕山既在古北口外，試問梁師都的軍隊如何能聽到燕山胡騎啾啾之聲？

五、認為統萬城內有明堂，姚文將「天子坐明堂」的明堂設定在統萬城內，不過統萬城廢墟在今陝西省榆林市靖邊縣北，雖緊臨內蒙古鄂爾多斯市烏審旗，卻不屬於古朔方郡❷，也不見任何文獻證明統萬城在梁師都統轄地區之內。退一步說，即使統萬城屬梁師都統轄，統萬城內是否有明堂，還是一大問題。按所謂明堂，指古代帝王宣明政教之地，凡朝會、祭祀、慶賞、選士、養老、教學等大典都在此舉行。其後宮室漸備，另在近郊東南建明堂，以存古制。關於古代明堂之說，歷代禮家眾說紛云，漢高誘、蔡邕、晉紀瞻皆以明堂、清廟、太廟、太室、太學、辟雍為一事，似較可信。唐武則天曾在宮中建明堂，後毀於火，但武則天上距赫連勃勃已有二百多年，統萬城內應無明堂，既無明堂，天子如何坐明堂？

六、姚文認為「策勳十二轉」是梁師都比照唐初的功獎制度，但是我們看前文所敘無論隋代的十一轉或唐代的十二轉，都是武職，木蘭縱然功勞再大，也不可能連升十二級。不過文學作品有時不免有誇大之處，用以展現張力，就如唐代有邊塞詩人之譽的岑參（七一五～七七〇年），在以熱海❸為題的詩中，就吟出了以下的詩句：

> 側聞陰山胡兒語，西頭熱海水如煮，海上眾鳥不敢飛，中有鯉魚長且肥。……（詩題為《熱海行送崔侍御還京》，全詩頗長，僅錄以上四句，見《全唐詩》第六冊頁二〇五一）

試想熱海之水果真熱到「水如煮」的地步，怎麼可能其中還有鯉魚長且肥？只因熱海附近的

---

❶ 詳細分布圖可參看薛宗正所著《突厥史》，北京中國社會科學出版社，一九九二年，頁二〇三。

❷ 關於統萬城詳可參看筆者所撰《固若金湯統萬城》一文，該文輯入《旮旯裡的國史》一書，台北南天書局，二〇一二年初版，二〇一五年重行出版，頁一〇三～一二〇。

❸ 即今新疆維吾爾自治西邊境外的伊塞克湖，在突厥——維吾爾語中「伊塞克」意為熱。

河流湖泊各季都會冰凍，只有熱海不結冰，所以稱熱海，岑參之作純屬文學誇張筆法。就文學而言，美感重於質感，不過《木蘭詩》所引「策勳十二轉」句，就文學誇張性連升十二級這點，可以不討論，但「十二轉」之制是始創於唐代，至少證明《木蘭詩》「定稿」於唐初。再看所謂十二轉都是武官，但接有詩句「木蘭不用尚書郎」，按尚書郎是不折不扣的文官，屬尚書省或尚書台，又稱曹郎。據蔡質《漢儀》稱：「尚書郎，初從三署詣台初，初入台稱守尚書郎中，歲滿稱尚書郎，三年稱侍郎。」再看唐杜佑《通典、職官、吏部、尚書》郎中條下注稱：「漢魏以來，尚書屬或有侍郎，或有郎中，或曰尚書郎，或曰某曹郎，……皆令郎中之任。」尚書是文官，尚書令是二品，尚書令之下還有尚書左、右丞是四品，之下才是尚書郎，其位階必然低於四品，很可能是六品。而「策勳十二轉」第十二轉上柱國也是正二品，「策勳十二轉」與「木蘭不用尚書郎」，這兩句基本上是矛盾的。很可能《木蘭詩》流傳民間經過多少人的潤飾，為了讀起來對稱，或者為了語氣鏗鏘，而定型為目前的這兩句，這在文學上不足為病，但如據之以為信史，就不合適了。姚氏之作，如果以吹毛求疵方式處理，當可以舉出許多可商榷之處，不過本文意不在挑剔，而在探討，對姚氏之作的商榷，就此打住。

二、《木蘭詩》是否具原創性

宋人郭茂倩《樂府詩集》所收錄的《木蘭詩》是否具原創性，還是經過後代文人潤飾過的加工品，歷年多有人探討，但無疑是經過後代文人潤飾加工。除了上段提到的「策勳十二轉」、「木蘭不用尚書郎」的矛盾外，而且極可能定稿於唐代。據近人劉大杰於其所著《中國文學發達史》一書中認為《木蘭詩》定稿於唐代。所持理由有以下三點❶：

一、《樂府詩集》有唐人韋元甫擬作的《木蘭辭》一篇（《全唐詩》作《木蘭歌》，全文曾引錄於前文），並在解題中稱：「按歌辭有木蘭一曲，不知起於何代也。」後人因而懷疑《木蘭詩》也是出自韋元甫手筆。

二、歌中的「策勳十二轉」為唐代官制，而「明駝」也為唐代的驛制。

三、「萬里赴戎機」以下四句，似唐人詩格。

這三點看法有相當的道理，劉大杰先生只說《木蘭詩》成於唐代，並沒有是唐人所創作。可能的情況是：北方民間早有流傳女子代父從軍的故事，而且已醞釀成歌謠在社會流傳，只是歌辭不夠典雅、更稱不上優美，甚至有幾句借用北朝樂府中現成的句子。隋、唐文人覺得故事的原型不僅感人，而且具有忠孝的正面意義，於是加以潤飾，最後定型於唐代，何以見得？且看：

1.《木蘭詩》開頭六句為：

唧唧復唧唧，木蘭當戶織；
不聞機杼聲，唯聞女嘆息。

---

❶ 該書係台北中華書局一九六三年出版，所列三點理由見頁二五四～二五五，又當時由於特殊政治環境，該書未列出作者姓名。

問女何所思，問女何所憶。

這六句「開場白」，簡潔了當，極像北方人朗爽性格，不過翻開郭茂倩《樂府詩集》所錄《折楊柳枝歌》，就會發現《木蘭詩》借用了《折楊柳枝歌》中若干詩句，現在把《折楊柳枝歌》全文抄錄如下，以為對照：

門前一株棗，歲歲不知老，阿婆不嫁女，那得孫兒抱。
敕敕何力力，女子臨窗織，不聞機杼聲，只聞女嘆息。
問女何所思，問女何所憶，阿婆許嫁女，今年無消息。

仔細品味一下，兩者有其相似甚至相同之處，要說《木蘭詩》沒有採摘北方歌謠，其誰能信。就憑《木蘭詩》這開頭六句，我們可以說其原創性不高，這一點應該可以成立，不過縱或如此《木蘭詩》的原型在北朝還是存在的，或許有人以為女子孱弱，豈能提槍上馬、馳騁疆場？這種刻板印象，放在南方女子身上，或許沒錯，但用在北朝時，就不正確了；按自諸胡列國以來，北方動亂頻仍，可以說兵連禍結，幾乎無歲無之，人民不堪其苦，著姓豪族家大業大人口也多，為了自保，莫不築塢堡、設護衛以自求多福。一般平民或小戶人家，也多依附塢堡，以求苟安於亂世，因此北方豪門大族人家子女幾乎都善於騎射。

史傳上就記載了北魏孝文帝拓跋宏時❶，於其太和中❷，有廣平人李波（廣平屬相州，其地當今河北省邯鄲市雞澤縣東南），是強宗大族，他的妹妹李雍容，當然是大家閨秀。照傳統刻板的看法，這位李雍容小姐形於外的是針黹女紅相當出色，形於內的必然是知書達禮進退有據，而且還應該是大門不出二門不邁的閨閣女子，然而這位李家小妹非但沒有深居簡出，更是精於騎射，有百步穿楊的功力。當時社會上以這麼一首歌謠來讚頌這位李家小妹和北方婦女：

李家小妹字雍容，褰（褰，音牽，揭起之意）裳逐馬如卷蓬，左射右射必疊雙，婦女尚如此，男子安可逢！（《魏書》卷五十三《李孝伯附從子安世傳》）

從上引可見北方女子馳騁沙場，執干戈以保家衛國，並非不可能之事，所以後世才有真實版的秦良玉和傳說版的楊門女將。

2.接著看「昨夜見軍帖，可汗大點兵」這兩句：

按以「帖」作為一種文書的形式，應是始於唐代。現在且看「帖」的原意，《說文解字》：「帛，書署也」，段注：「署，今人所謂籤也，木曰檢，帛曰帖。」帖，顯然不是指文書的形式，而是指帛書的標籤；另《釋名、釋牀帳》則指「帖」為「牀前帷

❶ 孝文帝遷都洛陽推行漢化後，才改拓跋氏為元氏，此時尚未推行漢化，仍應稱拓跋宏。
❷ 太和共二十三年，四七七~四九九年，太和中應為四八八年。推行全面漢化，事在太和十八、十九年。

也」，帖的本意是安帖、標籤，帖於帛書、牀前帷帖於牀，所以逕稱為帖❶，這是魏晉南北朝以前對「帖」字的認知；在宋陳彭年等奉詔重修《切韻》以廣其內容，書成稱《大宋重修廣韻》，一般只以《廣韻》稱之，此書中對「帖」的解釋是：「券帖，又稱牀前帷。」券，又作文卷，與帖字連用，卷或券帖，從此才具有文書之意。這是隋、唐時對「帖」賦予文書的解釋；「軍帖」這個詞彙，就是指軍方的文書。所以可以肯定的說，《木蘭詩》最後加工潤飾完成，不會早於唐代。

大陸知名學者唐長孺先生研究吐魯番❷出土文書中見到許多件以「帖」為名的文書，如《唐西州蒲昌縣下赤亭烽帖為覓失馳駒事》、《唐西州高昌縣下圍頭帖為追送銅匠造送供客器事》❸等。可見以「帖」作為一種文書形式，不會早於唐代，由「昨夜見軍帖」這一句，可以證實《木蘭詩》的最後定稿不會早於唐代。

接著「昨夜見軍帖」的「可汗大點兵」句，關於「可汗」一詞的由來，前文已有敘述，於此不贅。至於「點兵」一詞，也是唐代始有的用語，其意是徵兵入伍，唐代有「詩聖」之稱的杜甫，在他的《新安吏》一詩中用了點兵一詞，且看此詩全文：

> 客行新安道，喧呼聞點兵。借問新安吏，縣小更無丁。府帖昨夜下，次選中男行。中男絕短小，何以守王城？肥男有母送，瘦男獨伶俜。白水暮東流，青山猶哭聲。莫自使眼枯，收汝淚縱橫。眼枯即見骨，天地終無情。我軍取相州，日夕望其平。豈意賊難料，歸軍星散營。就糧近故壘，練卒依舊京。掘壕不到水，牧馬役亦輕。況乃王師順，撫養甚分明。送行勿泣血，僕射如父兄。（《全唐詩》第七冊，頁二二八二～二二八三）

從這首《新安吏》可看出唐代徵兵情形，第二句就出現了「點兵」一詞，接著「府帖昨夜下，次選中男行」，句中的「中男」就是指排行中間的男丁徵召入伍當兵，前一句的「府帖」是說官府的公文，也呼應了「帖」作為一種公文的形式，是唐代才有的事。再進一步看「點兵」的確是唐代的用語，《唐律疏義》卷六《擅興律點衛士不平條》載有：

> 揀點衛士（**征人也同**），取捨不平者，一人杖七十，三人加一等，罪止徒三年。

這裡的「揀點」，有時也作「簡點」，而「簡」是選拔之意，所以本條的意思是說：在男丁中選取衛士（**也即府兵**）或征人（**不是衛士的一般兵士**），如有取捨不公平的話，依此法條懲處，可見「點」或「點兵」這個詞，也是始於唐代。且再看《貞觀政要》卷二《直諫貞觀》一年條載有：

> 簡點使右僕射封德彝等，並欲中男十八已上，簡點入軍，敕三四出（**魏**）徵執奏，以為不可……

---

❶ 唐長孺《木蘭詩補證》一文，此文輯入唐著《山居存稿》續編，北京中華書局，二〇一一年，該文列頁一一二～一二一。

❷ 今新疆吐魯番地區，古稱高昌，唐太宗時攻滅高昌麴氏王朝，改置為西州，關於高昌古國詳情，可參看拙撰《西域東端高昌古國》一文，此文輯入劉著《正視紛爭下的新疆問題》一書，台北致知學術出版社，二〇一四年，頁一～三十二。

❸ 唐著《山居存稿》續編。

這裡的「簡點」明白的是指徵兵，所以「點兵」一詞確是唐代的用語。

3.「願借明駝千里足，送兒還故鄉」

這裡「明駝」有的版本作「鳴駝」，這是不正確的。按「明駝」是唐代特有的一種驛站制度，唐代自從攻滅東突厥汗國❶，威服西突厥汗國（在今新疆及中亞一帶）之後，疆域之廣袤，前所未有，為聯繫全國各地，乃有驛站制度的建立。而東、西突厥兩汗國都在草原沙漠地區，駱駝就成最好的交通運輸工具，駱駝品種除眾所習知的單、雙之外，還有一種小蹄駱駝，就叫「明駝」，既能快速奔馳，又能長途跋涉。其所以稱為「明駝」者，據唐人段成式於其所著《酉陽雜俎》❷一書中稱：

> 駝，性羞。《木蘭篇》：明駝千里足，明字多誤作鳴字。駝臥腹不貼地，屈足漏明，則行千里。

在上項引文中，段成式提到《木蘭篇》就是《木蘭詩》，可見《木蘭詩》在九世紀時，已經在唐代社會裡流傳。所謂「漏明」，是說這種駱駝臥下來時，牠的腹部不會貼到地上（因屈足），光線可以從中透過，所以稱「漏明」，也叫「明駝」，並明白指出稱「鳴駝」是錯誤的。由於明駝奔馳既快，又具耐力，因此唐代驛站配置明駝，並規定非邊塞軍事要務，不得擅用明駝，這是唐代始創的制度，之前無論諸胡列國或南北朝，都沒有這種驛站制度，當然沒有「明駝」這個詞彙。木蘭因為立下汗馬功勞，又懇辭「策勳十二轉」及「尚書郎」，且離家又已十二年，此時可以說歸心似箭，所以請求特准使用驛站的明駝，讓她可以早回到家。

4.再看「當窗理雲鬢，對鏡貼花黃」這兩句

前一句是很普通只是梳理頭髮，由於女子頭髮多如雲，鬢者，鬢角也，並沒有什麼特別之處；下一句「對鏡貼花黃」，則要做進一步說明，這裡的「花黃」或作花鈿，是女子臉部的一種化妝術，以金黃色的紙剪成星、月、花、鳥等形狀，貼在額頭上，或者在額上塗點黃色圓點以為妝飾❸。不同時代，女子的化妝方式都不一樣，在古代帝王專制時代，有時政府還會干涉女人的化妝方式，如宇文定❹於其所著《穀山筆塵》中就指出：

> 古時婦人之飾，率用黛粉，粉以傅面，黛以填額畫眉，周天元時❺禁民間婦人不得施粉黛，自非宮人，皆黃眉黑妝。（此處係轉引自姚大榮《木蘭從軍時地表微》）

❶唐時以其在唐之北面，故多稱之為北突厥汗國。

❷段成式（八〇〇～八六三年），唐山東臨淄鄒平人，所著《酉陽雜俎》屬筆記類，其中頗多可供參考者。此書輯入《唐五代筆記小說大觀》上海古籍出版社，二〇〇〇年。

❸《辭海》，台北東華書局，一九九二年，頁四〇二九。

❹宇文定當係北周或更晚時人，從姓氏看應為鮮卑族。

❺周，係指鮮卑宇文氏之北周，但北周無天元年號，當係天和之誤。天和係北周高祖宇文邕年號，共七年，五六六～五七二年。

從此項文獻明白看出北周時曾明令禁止民間婦人不得施粉黛，當然也就沒有貼花黃這回事，所以木蘭不可能是北周時人，應晚於北周，或《木蘭詩》絕對定稿於北周以後，否則不可能出現「對鏡貼花黃」這種詩句。按唐代是個胡化的社會❶，貼花黃這種婦女化妝方式，很可能就是從西域傳入中土，如是則更確定《木蘭詩》是經過唐代文人「加工」、「潤飾」後的作品。

5.「出門見火伴，火伴皆驚惶」

這兩句裡的「火伴」，有必要加以解釋，按「火」是日常生活的必需「品」，但卻未必是戰鬥的必需品，戰場多在野外，士兵必須埋鍋造飯，因而也離不開火，但軍人造飯非單獨各自造飯，而是合幾個人共同做飯，幾人共火，故稱「火伴」，據《新唐書》卷五十《兵志》敘述府兵編制時，有如下一段記載：

> 府兵之制，起自西魏❷、後周（**即宇文氏之北周**），而備於隋，唐興因之。……士以三百人為團，團有校尉，五十人為隊，隊有正，十人為火，火有長……

從上引史料很清楚看出「火」是府兵制下的最基層單位，也是行軍時最低一級的編制，據敦煌所出的王梵志的詩，有關「火」的記載，全詩如下：

> 十六作夫役，二十充府兵。磧里向前走，衣甲困須擎，白日趁食地，每夜悉知更。鐵鉢淹

乾飯，同火共分諍。長頭饑欲旺，肚似破窮坑。（轉引自唐長孺《木蘭詩補證》，此文輯入唐氏《山居存稿》續編，頁一二〇）

從此可見「火」既是生活組織，也是戰鬥單位，因此「火」也是唐代府兵制才有的詞彙，充其量也只能往上推個五、六十年的西魏、北周。所以木蘭即使確有其人，也不會早於北朝晚期，而《木蘭詩》更是經過唐代文人「加工」後才定稿的，所以《木蘭詩》沒有原創性，雖然如此，但其所呈現文學之美，絕不因此而有分毫減色。縱然最後定稿於唐代，距今也已一千多年，試問當今世上有幾個國家或民族，能完整的拿出一千多年前的文學作品？就憑這一點，作為一個中國人應感到驕傲。

三、結論——細看《木蘭詩》

我們今天看到的《木蘭詩》雖然是經過許多文人的「加工」，最後定稿於唐代，距其原型有些出入，但其中仍然遺存不少北方草原游牧民族豪邁朗爽的息氣，其間或還保留了幾個北方草原游牧

❶ 或可為西域化的社會。關於唐代胡化或西域化情形，可參看葛承雍《唐韻胡音與外來文明》，北京中華書局，二〇〇六年；另美，Edward Schafer 著、吳玉貴譯《唐代的外來文明》陝西師範大學出版社，二〇〇五年，其中頁二七五更附有貼花黃之圖片。另筆者曾撰有《隋唐盛世胡風熾》一文，文載《中國邊政》季刊一六一期，台北中國邊政協會，二〇〇五年三月，此文後輯入劉著《從古籍看中亞與中國關係史》一書，台北知書房出版社，二〇〇九年，頁一四一～一五八。

❷ 雖云西魏，實際上是大權均操於宇文氏之手，如稱北周似更為貼切。

民族語詞的漢字音譯。前文提到《木蘭詩》起首六句，和北朝時代的《折楊柳枝歌》中，描述北國少女待嫁的心情是：「阿婆不嫁女，那得孫兒抱」、「阿婆許嫁女，今年無消息」，這是何等的直白、豪爽；換作是南方漢人女子，即使已是心急如焚，但絕不會宣之於口。一則直白、豪爽；一則含蓄、扭捏，形成了強烈的對比。《木蘭詩》起首六句，就直接借用了《折楊柳枝歌》中的六句，可見《木蘭詩》產生背景是北方，而且承襲了北國豪邁的韻味。

現在先從「木蘭」這個辭看，如果只以漢字的角度看，當然充滿了女性化的意味，但是如果能從更寬、更廣的角度看，把「木蘭」看成是北方胡族語詞的漢字音譯，則會發現別有天地。北中國草原沙漠地區乾旱缺水，因而特別重視河流，似乎阿爾泰語系各民族（**包括匈奴、鮮卑、柔然……蒙古等**）都稱河流為「沐漣」、「穆連」……，這些詞只是漢字音譯胡語，當然也可以譯為「穆陵」、「木蘭」等。至今東北地區還有一條河稱為「西喇沐漣」，漢語稱潢河，蓋蒙語稱黃為「西喇」，河為「沐漣」，本可譯為黃河，但為與源於青海的黃河有以區隔，乃稱之為潢河。如果從讀音上看，無論沐漣、穆陵、木蘭……（**其意皆為河**），在草原上是很受珍視的，諸胡列國北朝時，胡族男子取名穆陵、木蘭者並非少見，如果不要望文義，「木蘭」一詞並不必然女性化。按世界上不同民族或國家，雖然有數十百種文字，但如從文字結構看，只有表意或稱視覺文字與表音或稱聽覺文字兩種。漢文就是表意或視覺文字❶，很容易使人望文生義，所以很自然的就把「木蘭」給女性化了，既然「木蘭」是一位女性，總得有個姓吧！上文引諸家討論《木蘭詩》的諸學界先進，雖然各有精湛的論述，但幾乎都沒有提到木蘭的姓氏，或雖曾提到，稱其姓木，並指其為端木子的後人，如上文所引姚大榮先生之作，在起首《導言》部份就稱：

《木蘭詩》舉世傳誦，其人也婦孺皆知，……定木蘭為隋末唐初人，……木其姓，蘭其名，蓋木本先賢端木子之後，避雠改稱木。漢武開邊置郡，援《周禮》調人之制，定避雠移鄉之法，徙以實邊，故木蘭世居塞上。

或者指木蘭姓朱、姓魏等，但世所流傳的木蘭故事，又指稱其姓花，但此說學界鮮少有人提及，此處姑試作一解，確否，則有待各界先進指正。

按草原沙漠地方，水極其珍貴，因此有人取名木蘭（沐連、穆陵……等）。在漢人對漢字望文生義的習慣，「木蘭」是花，而草原地帶花也不多，姑娘每多取「花」為名。即使今日內、外蒙古還有許多女性取名「齊齊格」，這是蒙古語其意為花。而這個習慣如果往前推，西漢時匈奴單于的妻子稱「閼氏」，讀音為焉支；而祁連口，有一座支脈稱焉支山，山上長一種紅色小花，就稱焉支，顯然山是因花而得名。匈奴女子把焉支（紅色小花）的汁塗抹在面頰，以添增嬌艷姿色，類似今日的腮紅，這種化妝術傳到漢地後，把焉支汁液粉狀化，取名胭脂，作為漢人婦女不可或缺的「基本款」化妝品，一直流傳到現代西方腮紅這種舶來品東傳，胭脂才退出東方女性化妝品市場。閼氏、焉支、胭脂三者讀音完全相同，在草原上「花」既嬌艷又珍貴，把「第一夫人」取名為「花」（閼氏↓焉花）應該是極其自然之事，美與花幾乎成了同義字。匈奴對焉支、焉支山極為重

❶ 此處稱漢字，而不稱中文者，以中國境內尚有維吾爾、哈薩克、蒙古、藏、滿……等民族，都創制有足以使用、且記錄極多文獻資料的文字，都是中文的一種，如把漢文稱中文，等於將維、哈、蒙、藏、滿……等排除在中文之外，對促進民族融合、凝聚民族意識都不利。

視，漢武帝命霍去病擊匈奴，奪得河西之地（祁連山、焉支山都在河西、祁連山水豐草美，是上好的牧場），匈奴每過河西往往歎息而歌曰：

失我祁連山，使我六畜不蕃息，
失我焉支山，使我婦女無顏色。（《漢書．匈奴傳》）

失去一座生長焉支花的山，會使匈奴婦女暗然失色，可見草原游牧民族對花的重視，漢人既然把木蘭當作一種花，那麼讓木蘭姓花，也就順理成章，當然這種看法純然是筆者師心自用之見，並未找到有力的證據來支持此一看法。同樣的，也難找到相關文獻對此說予以駁斥，姑留此說，以待讀者自行斟酌。

在北朝（**北魏、北齊、北周**）或許確曾出現過一位代父從軍的女子，只是對其人其事都不詳，只好木蘭其名而花其姓。初傳者便借用北朝原已在傳誦的《折楊柳枝歌》中的「唧唧復唧唧……」幾句為開首，好事者逐次加以補充，慢慢形成民間的歌謠。中國人原本就喜歡編撰、傳誦歌謠，縱然晚到當代，大陸還一度流行各種形式的《順口溜》，《木蘭詩》就這樣傳誦開來。

其初期歌辭可能不夠雅緻，隋、唐文人興致一來就加以潤飾，潤飾者未必都能有博通古今的社會背景，也就不免把現成的典章制度都在潤飾的過程中給加了進去，如「點兵」、「軍帖」、「明駝」、「火伴」、「策勳」……所以最後定稿（**韋元甫得自民間者**）的《木蘭詩》，既有北朝樂府的詞句、韻味，又有唐代典章制度的名稱，而且某些詩句簡直就與唐詩無差，如劉大杰所指「萬里赴戎機，關山度若飛，朔氣傳金柝，寒光照鐵衣」，完全是唐人的詩格，凡此都足以證明《木蘭詩》定稿於唐代。

但這些都不影響北朝時有一女子代父從軍的事實，而且這位女子絕非南方人，而是塞外，何以見得？且看「願借明駝千里足，送兒還故鄉。」分明木蘭的家是在草原地帶，這一點姚大榮認為木蘭是住在河套之西，近是至於說木蘭是黃州、保定、歸德……等地的，完全不可信。木蘭家既在塞外草原地帶，就極可能胡族女子，因為在《木蘭詩》中留下兩個北方胡族的語彙——「撲朔」、「迷離」。

前一個「撲朔」目前還難得其解，後一個「迷離」，則可以確定其為北方胡語的漢字音譯。

在做進一步說明之前，必須先把漢語的特性酌為說明，漢語在語言學上屬漢藏語系漢語語族，在語言結構上為孤立語型❶。唯其是孤立語型，所以無論詞類，都只能有一個音（字），如果必須以兩個或兩個以上的音（字），才能表達其含義的，那必定是外來語的漢字音譯，如吃的「枇杷」、彈的「琵琶」、「石榴」、「菠稜」❷、「葡萄」、「秋千」、「旮旯」、「沙其瑪」、「馬達」、「沙發」、「胭脂」……可以說是多到不勝枚舉。大陸曾有學者把古往今來的外來語編成一本《漢語外來語詞典》❸，收錄經考證確為外來語者多達二千條，厚達四百多頁，可以想看見漢語有多少外

❶ Isolating Language type，可參看岑麒祥編著、岑運強注《語言學概要》，北京世界圖書公司，二〇〇八年，頁二〇七。

❷ 今日閩南語仍讀為菠稜，但普通語已簡化為菠菜。

❸ 此詞典有高名凱、麥永乾、史有為等編，香港商務印書館，一九八五年。

來語。

回過頭來看「撲、朔、迷、離」這四個字，從個別來看，都沒有「模糊不清、難辨真偽」之意，但只要一說「撲朔」或「迷離」，大家都明白所指為何，因此這兩個詞應該是諸胡列國南北朝時北方胡族語言的漢字音譯，時日一久，就成為古已有之的漢語了。「撲朔」這個詞，目前因文獻與筆者能力兩皆不足，還無法說得清楚；但「迷離」這個詞，則有些線索，循此線索加以推敲，可以認定其為鮮卑語。何以見得？且看《晉書、西戎、吐谷渾傳》（**吐谷渾，讀音吐浴渾**）載有：

其男子通服長裙帽或戴冪羅。

在此要先把吐谷渾稍作說明，西晉時❶遼東鮮卑族慕容部酋長洛若瓌（**音瑰，意也同**），有嫡、庶二子（**當然還有其他兒子，只是史傳未載其名**），吐谷渾係長子，但為庶出，慕容廆居次，但為嫡出，兄弟各領部眾分地而牧，某次因部屬鬥馬失和，於是吐谷渾率其所部七百家（**一說一千七百家**）西徙，到今青海、甘肅、寧夏一帶駐牧，並威服當地的土著各民族部落❷形成一股政治力量。至吐谷渾之孫建立政權，就以其祖「吐谷渾」為政權名稱（**當時還不夠資格稱為國家**）。此一政權統治階層雖是鮮卑慕容部，但被統治的人民，絕大多數是氐、羌各族，吐谷渾後來逐漸發展成為國家。但當時北中國諸胡列國林立，初期為前秦氐族苻堅所統一，吐谷渾乃向苻秦稱臣納貢，西元三八三年苻堅敗於淝水之戰，北方諸胡族又紛紛起而建立國家，吐谷渾擇其相鄰而強者依附之。及鮮卑拓跋部崛起建立魏國（**史稱北魏、拓跋魏、後魏或元魏**），又向北魏俯首稱臣，及北周時亦然。隋代北周而立，隋煬帝曾大伐吐谷渾，雖大勝而未能之，至唐時且與之和親，後滅於吐蕃（今之西藏）。吐谷渾能夠依偎於各強權之間，苟延三百多年，可見具有極強之韌性。

上引《晉書》稱吐谷渾男子「服長裙帽，或載冪羅」，是指帽沿四周圍以半透明紗布，這是長裙帽，如果只在帽子前沿加上半透明的紗布，就叫冪羅。其所以要在帽沿垂以半透明的紗布，主要目的一則是不讓別人看清其面貌，再則也有避迎面而來的風沙的作用。我們再進一步看舊《唐書・輿服志》對冪羅的解釋：

> 武德（唐高祖李淵年號）、貞觀（唐太宗李世民年號）之時，官人騎馬者，依齊❸、隋舊制，多著冪羅，雖發自戎夷，而全身障蔽，不欲途路窺之。

可見到了唐代冪羅的主要功能是「不欲途路窺之」，就是不讓人看清楚。「冪羅」這兩字太難寫，於是簡化為音同的「迷離」，至於原本還有避風沙的功能，到唐代「迷離」已經不具此義了。「迷離」兩字必須連在一起用，才有「模糊不清」之義，如果分開用，無論「迷」或「離」都不具「模糊不清」的意思。更何況的漢語的詞，往往上下互解，如「華麗」，華者麗也；「抬舉」，抬

---

❶ 二六五～三一六年，但三〇四年，匈奴劉淵已起而建立漢魏式政權，建國號為「漢」。掀起北方諸胡族建立漢魏式政權的序幕，進入諸胡列國或一般史書所稱的五胡十六國時代。

❷ 按當地多為氐、羌各族，部落林立，各自為政，故力量弱小。

❸ 指北齊，按北齊係高洋所建，高氏一族雖自稱係渤海蓨人，但已徹底鮮卑化，高歡號令軍隊皆以鮮卑語。而隋則係承襲鮮卑宇文氏之北周。

者舉也；「運動」，運者動也；……然「迷離」則不可能是上下互解，所以可以很肯定的說「迷離」是外來語的音譯，而且是鮮卑語。也從而可知《木蘭詩》的原型應該是在北朝，而木蘭其人也極可能是漢化的胡人，在諸胡列國北朝的二百多年裡，漢人胡化或胡人漢化，都是極平常的事，君不見《顏氏家訓》有下面這麼一段話：

> 齊朝（**齊，指高氏的北齊**）有一士夫嘗謂吾曰：「我有一兒，年已十七，頗曉書疏，教其鮮卑語及彈琵琶，稍欲通解，以此伏事公卿，無不寵愛，亦要事也。」

這是一時的，部分人的語言胡化。通常語言是比人頭的，漢人在人數上佔絕對多數，再加上漢語有漢文搭配，而北方諸胡族都沒有創制文字，要記錄本民族事情，如指揮軍隊時胡語號令，都是借用漢音譯胡語號。又如想把漢文經典作品如《孝經》等，讓胡族也能知其含義，也一樣就經典含義以胡語讀出，再用漢字音譯，必須認得漢字又懂胡語，才能用這樣的「教材」來教胡人。現在還能找到以漢字音譯胡語的書，應該明初製作的《元朝秘史》，唯其是以漢字音譯蒙古語，怕人看不懂，所以又加上意譯。

至於服飾，則是漢人全盤胡化，自從北魏之後，鮮卑服就成為中國主要的服飾，關於這一部份可參看宋人沈括《夢溪筆談》以及朱熹門下弟子所輯錄的《朱子語錄》，此處就不再詳引。所以我們可以說胡、漢都彼此吸納對方的文化習俗語言，因此《木蘭詩》才會出現「撲朔」、「迷離」這種漢字音譯胡語的情形。也因此本文認為木蘭應該是北魏時期鮮卑族女子，我們可以從《木蘭詩》

句中去探索，詩中有「將軍百戰死，壯士十年歸」句，按諸胡列國的國祚都很短，很難有十年、十二年那麼長時間的戰爭，只有北魏享祚一百五十年。而且終北魏之世，一直與柔然、高車作戰，而且北魏後期契丹崛起，也經常與契丹作戰。

今人萬繩楠先生根據《木蘭詩》中的「旦辭黃河去，暮宿黑山頭，不聞爺娘喚女聲，但聞燕山胡騎聲啾啾。」這幾句，結合文史互相發明，認為是北魏與東北庫莫奚的戰爭❶。更明白的指出詩句中的「燕山胡騎」指的就是分布在燕山的奚人；按奚是東胡的一支，原居遼水上游，柳城西北，漢初東胡為匈奴所破，退保烏桓山（或作烏丸山）稱烏桓（丸），退保大鮮卑山者，稱鮮卑。其中烏桓在北魏時自號庫莫奚，隋、唐時稱奚，萬氏之說是否正確，仍有待更多證據證實。不過奚在北魏時的實力，應經不起北魏奮力一擊，北魏果真要討伐奚，根本用不到十年，不過文學作品裡的數字、方位，有時是為了字句工整，未必合於事實。五柳先生的「採菊東籬下，悠然見南山」何其工整，但是否真有東籬與南山，就無須深究了，《木蘭詩》裡的一些地名、山名也應作如是觀。不必太過泥於詩句，前面分析姚大榮的文章時，曾說到：「旦辭黃河去，暮至黑山頭」不會「但聞燕山胡騎聲啾啾」，但詩句如此作，會使人讀來有「文暢似流水，氣壯如山河」的感覺。更何況兩軍相對，總有相當距離，縱然胡騎發出啾啾之聲，木蘭也不可能聽到，但提筆為文，就必須如此寫，才會活潑生動。

就文學立場看，北人的作品鏗鏘有力短小精幹，如前文引到的《敕勒川》僅僅七句就讓草原景

---

❶ 萬繩楠《魏．晉南北朝文化史》，台北昭明出版社，二〇〇〇年，頁二〇二。

色、牧野風光躍然紙上，可惜只有二十七字，令人意猶未盡。但《木蘭詩》共有五十五句，從織機前的尋常女子，到決心代父從軍，添購戰馬從此奔向疆場，轉戰各地建立奇功，凱旋之後婉拒官職賞賜，只求借用驛站的明駝，立刻返家拜見爹娘，回家之後舉家歡騰，此時木蘭恢復女兒身，同行的戰友莫不大為驚惶。可以說故事完整，可與《孔雀東南飛》並稱南北雙璧。

讀《木蘭詩》可能要以更高、廣的角度來看，會看到更多的面向。詩中木蘭為了要出征，於是「東市買駿馬，西市買鞍韉，南市買轡頭，北市買長鞭」，這完全是唐長安城的布局，相同的行業集中在同一區塊，而同一區塊之中，再作細分，如半個多世紀以前的台北市，還保留這種格局，書店文具業多集中在重慶南路、南北貨批發商則多在迪化街、綢布莊多在衡陽街、博愛路一帶。而這種布局，很可能始於北魏，孝文帝遷都洛陽後，重新建設規劃洛陽城，似乎就是按照這種方式布局，對各方來歸者，依來歸者的地理方位，在洛陽城南夾御道有四夷館。注意，北魏雖然是鮮卑族所建，可是建國既久，自認就是中國，視四周少數民族為夷、為胡、為虜，所以木蘭雖是鮮卑女子，依然可以指居燕山者為胡騎。北魏所建四夷館，對南朝漢人❶來歸者，集中在金陵館，名其地方為歸正里；日本、高麗等東北地區來歸者，集中在扶桑館，名其地方為慕化里；大漠一帶各民族來歸者，集中在燕然館，名其地方為歸德里；西域諸國來歸者，集中在崦嵫館，名其地方為慕義里，而三年後都各賜宅第。又如殯殮業多集中在準財里❷。且莫以為來降者都處之簡居陋屋，其實不然，如南朝齊建安王蕭寶寅投奔北魏，受封會稽公，築宅於歸正里，後進爵齊王，且尚南陽公主，其所居當屬豪宅無疑。像這種城市布局，唐長安多仿效之，從上引木蘭在東、西、南、北四市買駿馬及所需配件，呈現了唐長安城的布局。

綜上言之，在北魏時，有一女子代父從軍，在民間傳為佳話，編為歌謠，只是詞句俚俗不雅，甚至有直接抄襲現成的歌謠（「北朝樂府」乃是後代才有的詞彙），但是主題正確、故事感人，後代文人遂次予以潤飾，最後定稿於唐代，流傳至今，其文學價值之高，不容置疑。

❶ 時稱吳人，稱南朝則曰島夷。

❷ 陽衒之《洛陽伽藍記》，台北華正書局，頁一六〇。

第三章 掀開五胡十六國序幕的匈奴劉淵

此處標題是沿用一般文獻習用的「五胡十六國」，如就史論事，當時（三〇四年）中國北方除匈奴、羯、鮮卑、氐、羌這五個胡族之外，還有敕勒、高車、稽胡、沮渠等胡族。如論建政權者，也不止十六國，如拓跋氏之代、冉閔之魏、翟之中山、慕容氏之西燕、氐族李氏成漢等，都不在十六國之內。因此稱諸胡列國較為符合實情，但由於以往所有文獻都用「五胡十六國」這個詞彙，所以此也姑以之下標。

以往稱五胡十六國（**正名定稱應為諸胡國**）時期，往往只以「五胡亂華」稱諸胡列國時期。「五胡亂華」這個詞彙不僅不正確，更充滿了大漢族沙文主義，試問古往今來可有任何律法規定中國大地只能由漢人命王稱帝？

如果由非漢人的胡族建元立號，就稱之為「亂華」，這種霸道的說詞，但願從今以後不再出現。我們且從另一個面向看，土地絕對先人類存在，試問從古到今可曾有一個人、一個族群、一個民族到這世上時，帶來寸土尺地？事實上連一顆泥沙都不曾帶來，我們只說人是屬於土地的，而土地從不屬人，這是任誰都無法駁倒的硬道理。不能說漢人分布在黃河、長江流域，因此江河一帶地方就屬於漢人，土地是不動的，而人是會遷徙移動的，遷移到那裡，就屬於那個地方的人。

如果我們肯換個角度看，所謂華夏或諸夏，或許在春秋以前確實存在，譬如春秋時齊桓、晉文喊出「尊王攘夷」口號時，所攘的「夷」是指南方的楚，當時的情勢，可說是南北對抗。可是到了戰國時，西方的秦日趨強大，有吞併「天下」之勢，於是包括楚國在內的東方六國，聯合以抗秦，可說是東西對抗，而此際華夏、東夷、荊吳、百越四大系民族，已逐漸混融成為秦統一天下後的秦人。秦祚短暫，漢代秦興，所謂漢人已包括上述的四大系的民族，之後漢人的內涵隨著時代的推移，其內涵益為多元。所以基本上所謂漢人，就是歷史上許多民族混融後的新族群，而這種混融，至今仍在默默中運作。試問漢人一再堅持自己是炎黃之胄，又有幾分證據能證自己是華夏（亦即中華）之裔。

中國大地自遠古以至今日都是許多民族共同生息之地，中國是各民族共同擁有，不是某一個民族所能獨享的，只有在這種認知之下，談歷史上非漢人的各民族建立政權才有意義。自秦始皇統一天下（西元前二二一年）至清宣統宣布退位（一九一二年）的二千一百三十三年中，都是帝制時代。我們如果稍加分析，以創建政權者的民族背景來看，大致可以分為四種類型：漢人、胡族、漢化的胡族及胡化的漢人，茲分別敘述如下：

一、由漢人所創建的政權：秦、兩漢、三國、兩晉、南朝（宋、齊、梁、陳）、前涼、西涼、後梁、後周、前蜀、吳越、南漢、吳、閩、後蜀、南唐、北漢、荊南、楚（以上為十國）、兩宋、明。

二、由胡族所創建的政權：成漢、漢（或作前趙，今人有正確以漢趙稱之）、後趙、前燕、代、前秦、後秦、後燕、南燕、西燕、西秦、後涼、北涼、南涼、夏（赫連）、吐谷渾、北魏、東、西魏、北周、契丹、西夏、金、元、清（柔然、高車汗國、吐蕃王朝尚未列入）。

三、由胡化漢人所創建的政權：北燕、魏（冉閔）、北齊、隋、唐。

四、漢化胡族統治的政權：北魏孝文帝推行全面漢化的太和十七至二十三年（四九三～四九九年）、乾嘉之後的清朝（一七九五～一九一一年）。

如果把以上四種類加以歸納，將一、四歸為一組，二、三歸為另一組。一、四這一組可以視為漢人所創政權或漢化胡族帝王統治時期；二、三這一組則可視胡族或胡化漢人統治時期。就政權數字而言，這兩組可說是旗鼓相當、難分軒輊，但如就各政權累積統計年代來看，胡族或胡化漢人這一組的統治年代，幾乎是漢人或漢化胡族的一倍。這個統治年代的資料很容易查到，此處不加贅列。從而可知，一部中國歷史實是由古往今來各個民族所共同建構而成，每一個民族都對歷史在不同面向做出貢獻，在中國歷史長河中都是不可或缺的一個段落、一個環節，如果能以此為基礎，相信不會再有「五胡亂華」這種思維。

在以往二千一百三十三年的帝制時代，皇帝的責任是要做到民富國強。民在國之前，這也正是傳統所謂「民為貴、社稷次之，君為輕」的政治理想。只要能為人民謀福祉、使人民安居樂業，使國家不受外敵欺凌，這就是一個好帝王，至於他的民族背景根本就不是重點。我們且看正史所載氐族前秦苻堅治理下關隴一帶情況：

關隴清晏，百姓豐樂，自長安至于諸州（**前秦都長安**），皆夾路樹槐柳，二十里一亭，四十里一驛，旅行者取給於途，工商貿販於道，百姓歌之曰：「長安大街，夾樹楊槐，下走朱輪，上有鸞棲，英彥雲集，誨我萌黎。」

以上是《晉書‧苻堅戴記上》所載的文字，《晉書》是唐朝房玄齡等奉敕所撰，另有一說是唐太宗所御撰。但《晉書》篇幅多達一百三十卷，唐太宗身為帝王，且是英明的帝王，日理萬機，絕不可能親自撰著《晉書》。但唐太宗雅好書法，尤其對王羲之（**右軍**）書法最為賞識，據傳王右軍《蘭亭集序》真跡就被唐太宗帶進墳墓。因此《晉書‧王羲之傳》之《後論》有可能出自唐太宗之御筆，因此，有稱《晉書》為唐太宗御傳者。但不論是唐太宗或房玄齡等二十多人所撰，這些執筆者都不是胡族，依照漢人史家傳統對邊疆少數民族政權鮮少給予正面描述，而《晉書》對氐族前秦苻堅的施政，卻有如上的好評。反過來看西晉惠帝司馬衷的「何不食肉糜」，就可知苻堅和司馬衷誰更適合當皇帝，人民在乎的是日子過得好不好，至於統治者（帝王）是什麼民族，可能根本不予考慮。

且說匈奴經過與兩漢的長期抗爭，從初期漢以和親，歲給米、酒、繒、絮以求邊境和平，不要每逢秋高氣爽時，便南下牧馬（南下掠奪）。到後來匈奴內訌，五單于爭立，以致呼韓邪單于南下附漢，漢廷以良家子王嬙為昭君公主嫁之，使匈、漢和平相處幾十年。及至王莽篡漢，對四周少數民族倒行逆施，以致紛紛叛立。東漢一時再北伐匈奴，重演西漢時故事，南單于附漢，北單于西逃，由是南匈奴款塞而牧。曹操秉政時，將匈奴分為五部，將之處於山西省中部以北，視同編民，且徵其單于後裔入質洛陽。此際匈奴力量已弱，單于一族自認是兩漢皇室外甥（兩漢都曾與匈奴和親，但都不是以真公主嫁其單于），遂紛紛改姓氏，魏晉時都命匈奴南單于子入質，晉惠帝時，南單于子劉淵為質於洛陽，本文就是敘述劉淵事蹟。

劉淵，字元海，匈奴單于之後，匈奴單于姓攣鞮氏，其後人之所以以劉為姓，上文已有交代。東漢靈帝劉弘光和七年（同年改元中平元年，西元一八三年）有黃巾之亂，乞兵於南匈奴，南匈奴羌渠單于命其子於扶羅將兵助漢討平黃巾。此時羌渠為國人所殺，於扶羅以眾留漢地（即今山西一帶）自立為持至尸逐侯單于，此時已是二世紀末，東漢為獻帝劉協在位，但大權操於曹操之手。於扶羅之子為劉豹（二一六～二七九年），此時匈奴單于一系多已改姓劉氏，相傳劉豹之子為劉淵，此時已進入西晉武帝司馬炎太康年間（太康共十年，二八〇～二八九年），劉淵入質於晉。

據《晉書・劉元海載記》稱劉淵「幼好學，師事上黨崔游，習元氏《詩》、京氏《易》、馬氏《尚書》，尤好《春秋左氏傳》、《孫吳兵法》，略皆通之；史、漢、諸子，無不綜覽。」可見劉淵已與中原傳統的「士」已無差異別。據《十六國春秋》稱劉淵「文學武事並皆工絕，猨臂善射，膂力過人，身八尺四寸，鬚長三尺……」❶，在此對他身高八尺四寸，要加以說明，否則會以為他是巨人，按晉時一尺約合今日二十四公分❷，所以他身高約為一公尺九十多公分，也算是身材高大。就以上資料看可知他身材偉岸、相貌堂堂，而又博古今文武兼質，具有這些特質的人，往往孤傲，不易與人交往。然而劉淵則是輕財好施，在洛陽結交權貴，成為洛陽名人，與晉太原王司馬渾相善，司馬渾在晉武帝司馬炎面前經常誇讚劉淵的人品與才華，晉武帝終於召見劉淵，一談之下「大悅之」，並盛稱：

「劉元海容儀機鑑，雖金日磾無以加也。」（《晉書・劉元海載記》）

在此須對金日磾略加介紹，金日磾要讀作金密砥，魏晉南北朝時頗多人以「日磾」為名。金日磾原是匈奴休屠王之子，漢武帝時原要率所部降漢，但事被單于所悉就派兵攔截，休屠王死，其子為漢所俘。由於還是個小孩，漢武帝以當年獲得匈奴祭天金人，所以就賜渾邪王子姓名為金日磾，令其在宮苑中養馬。由於他忠於職守，心無旁騖，極得漢武帝賞識，屢獲重用，成為朝中大臣，漢武帝臨終以金日磾與霍光同為漢昭帝劉弗陵的顧命大臣。晉武帝以劉淵比漢時的金日磾，按晉武帝司馬炎極為黠慧，能被其讚賞者，必然都是有真才實學之人，想來《晉書》或《十六國春秋》對劉淵才華之描述，應非虛言。

時司馬炎正苦江東孫吳尚未降晉，理應派一文韜武略兩兼的統師南下征討江東，如授劉淵率兵伐東吳，必可勝任而有餘，但朝中反對者，如孔恂、楊珧等向晉武帝進言說：

「臣觀（劉）元海（劉淵字）之才，當今懼無其比，陛下若輕其眾，不足以成事，若假之威權，平吳之後，恐其不復北渡也。非我族類，其心必異，任之以本部，臣竊為陛下寒心，若舉天阻之固以資之，無乃不可乎？」（見《晉書・劉元海載記》）

這是說晉武帝原有意讓劉淵率師南下平東吳，但孔恂、楊珧等勸諫司馬炎說，如劉淵一旦平定東吳，不再率師北返豈不又形成另一個割據之局。其中最具說服力的說詞是「非我族類，其心必異」，認為劉淵不是華夏之族魏晉之民，其內心想法一定有異，而司馬炎又一如其父司馬懿具有極大的疑心病，想想孔恂、楊珧所諫也頗有理，讓劉淵率師討伐江東之議遂止。其實司馬炎曾讚歎劉淵可比漢之金日磾，漢武帝對金日磾是極為信任的，而金日磾也始終忠於漢室從無二心。俗語說：君待臣以禮（也可作理），臣事君以忠，司馬炎疑心病重，是由於其心胸狹窄，自信心不足。此所以晉武帝無法與漢武帝相提並論，雖則兩帝皆謚為「武」，但這兩個「武」在境界上卻有天差地別。

其後西北有氐、羌之亂，原本晉武帝也想派劉淵率兵前往救平，這個構想頗有「以夷制夷」的

---

❶ 台北中華書，一九七四年，與《長春真人西遊記》合輯，上引文字見頁一背面。

❷ 魏勵編《中國文史簡表匯編、中國歷代度制演變簡表》，北京商務印書館，二〇〇七年，頁一九三。

意味，但是又有朝臣向司馬炎進言，以劉淵本是「夷狄」（**漢人喜以夷狄泛指非漢人的各民族，這個詞彙帶有歧視意味**），一旦敉平西北氐、羌之亂，必然盤踞西北坐地稱王，此舉有如縱虎歸山，晉武帝又採其說，派劉淵率兵平定西北氐、羌之事又作罷，晉齊王司馬攸又向晉武帝進諫說：

「陛下不除劉元海，臣恐并州不得久寧。」

按西晉時并州，主要為今山西省，包括雁門郡、上黨郡、太原國、西河國、新興郡、樂平國❶，而這個地區正是曹操分匈奴為五部所分布的地方，司馬攸的擔心也不能說全無道理，所以建議晉武帝乾脆殺了劉淵，永除後患。當時劉淵是以匈奴質子（**或作侍子**）身分留在洛陽，以往殺質子的事極為罕見，所以與劉淵頗有深交的太原王司馬渾期期以為不可，乃向晉武帝進諫說：

「元海長者，（**司馬**）渾為君王保明之，且大晉方表信殊俗，懷遠以德，如之何以無萌之疑（**怎麼可以毫無根據的懷疑**），殺人侍子，以示晉德不弘。」

劉淵胸懷大志，且輕財好施，廣結善緣，一定有他的「情報網」，對於這些想阻攔他在晉朝仕途的發展乃至想殺掉他的種種言論，他必然已有所知。既然報國無門，不如自謀發展，畢竟他還有一大批族眾在并州，在土地、有人民，就有了自立的基礎。但是當時他是以質子身分在洛陽，行止都受到「監控」，如何脫身則為當務之急。

另一方面，匈奴社會原為奠基於血緣體的部落組織，逐級向上統於單于，有極強的凝聚力，又以其游牧的生活方式，擁有極高的機動性。但是曹操把他們部落組織幾乎打散作為編民，且生活方式也由游牧向農業過渡，這對草原游牧民族而言，都是極大的變革，對匈奴人來說是很難適應的。而魏、晉以來的邊臣疆吏苛虐貪暴者多，實心任事者少，且對邊地胡族往往帶有歧視心態，早已造成匈奴人的高度不滿，早有叛晉之心，只是在等待機會。恰好晉武帝崩殂（二九〇年），由少不更事且近乎癡愚的司馬衷嗣立，史稱晉惠帝。之前由於晉武帝對諸弟、諸子大事分封，各自擁兵，原想以諸侯拱衛中央，以保晉室長保安康。不意惠帝嗣立之後，皇后賈氏擅權，而惠帝癡愚，世傳天下飢荒，民無所食，惠帝竟說何不食肉糜，如此癡庸之主，司馬諸王豈能心甘，於是紛起為亂，是所謂八王之亂，一時天下大亂殺戮不已。成都王司馬穎兵弱，頗以為憂，劉淵乃趁時向成都王司馬穎進言稱：如能回并州，當能帶來匈奴兵以助其成事。成都王信以為真，乃設法掩護劉淵出洛陽，劉淵既出洛陽，仿如脫韁之馬，再無納束，一路回到并州。

劉淵回到并州之後，各部匈奴即推之為大單于，初始劉淵確有意招募匈奴兵以助晉成都王司馬穎以踐其諾，但原匈奴北部都尉左賢王劉宣以為不可❷，劉宣說：

「晉為無道，奴隸御我，是右賢王（劉）猛不勝其忿，屬晉綱未弛，大事不遂，右賢王塗地

❶ 譚其驤主編《中國歷史地圖集》，北京地圖出版社，一九八二年，第三冊《三國・西晉時期》，頁三十九～四十。
❷ 劉淵被推為大單于後，北部都尉進位為左賢王，在匈奴，左賢王具有儲君之意，類似中原王朝的太子。

❶，單于之恥也今司馬氏父子兄弟自相魚肉（**指司馬氏八王之亂**），此天厭晉，德授之於我，單于（**指劉淵**）積德右躬，晉人所服，方當與我邦族，復呼韓邪之業❷，鮮卑、烏丸（**或作烏桓**）可以為援，奈何拒之，而拯仇敵（**指派兵助成都王司馬穎一事**）；今，天假手於我，不可違也，違天不祥，逆眾不濟，天與不取，反受其咎，願單于勿疑。」（見《晉書・劉元海載記》）

劉宣這一段話是要劉淵背晉自立，恢復呼韓邪單于重建匈奴帝國的霸業，劉淵在晉既懷才不遇，且處處受疑，甚至有殺身之禍，其設法脫身返回并州，心中早有自立的打算，經劉宣這一番分析，可說是正中下懷，於是回應說：

「善！當為崇岡峻阜，何能為培塿乎（**培塿，意為小土丘**），夫帝王豈有常哉，大禹出於西戎，文王生於東夷，顧惟德所授耳，今見眾十餘萬，皆一當晉十，鼓行而摧亂晉，猶拉枯耳，上可成漢高之業，下不失為魏氏，雖然晉人未必同我，漢有天下世長，恩德結於人心，是以昭烈崎嶇於一州之地（**昭烈，指三國蜀漢劉備，死後謚為昭烈**），而能抗衡於天下，吾又以漢氏之甥，約為兄弟，兄亡弟紹，不亦可乎，且可稱漢，追尊後主（**指蜀漢後主劉禪**）以懷人望。」（《晉書・劉元海載記》）

劉淵這一段話說得鏗鏘有力，尤其「帝王豈有常哉」、「惟德所授耳」最為合理，試看今舉世各國，無不以最孚人望、最有能力者為國家元首，豈有單憑血統而成為領袖者。又從上項史料或可稱「獨立宣言」中，可知劉淵所建立的政權或王朝，其國號為漢，只因後來他族子劉曜篡立後，改國號為趙，又為了與羯族石勒所建的趙有所區隔，而將匈奴劉氏的趙改稱前趙，原先的漢政權或漢王朝不見了，這對始建國者劉淵而言極不公平，因此當代史家為兼顧劉淵、劉曜起見，而將之稱為「漢趙」，這是相當可取的作法，一個政權或王朝，其國號不必局限於一個字，兩個、三個字也未嘗不可，如拓跋魏就是三個字，再如西元十、十一世紀時今甘肅敦煌到吐魯番一帶有個地方性改權號為「西漢金山國」，就是五個字，可見國號不必拘泥單一的一個字。

劉淵建立國家時為西元三〇四年，建元元熙。這個建立年號的作法，始於漢武帝，自此一直沿用到清末，這是中國政治文化的一大特色，也影響到朝鮮、日本，直到今天日本還在使用。劉淵建元立號後，很快的侵城掠地，其疆域幾乎擁有今天大半個華北地區。他盱衡情勢，國境之內雖然以魏晉之民居多，但是也有包括匈奴在內的諸多草原游牧胡族，彼此源起不同、習俗有異，雙方有其差異，不能強納於一種政治制度之下，劉淵對此有深刻的認知，所以決定以漢制治漢人，以胡俗治胡人，唯有如此才能使國家政治穩定，於是一套胡漢分治的雙軌政制於焉誕生。如果以今天的政治術語說，就是所謂「一國兩制」。

自有史記載以來，匈奴民族的領袖就叫單于，據《漢書・匈奴傳》稱：

單于者，廣大之貌也，言其象天單于然也。

---

❶ 依此記載，足證之前右賢王劉猛曾起而叛晉，但失敗身死。

❷ 指西漢時南匈奴附漢，款塞而居，漢以王昭君妻之，漢、匈維持數十年和平，匈奴復強大壯盛。

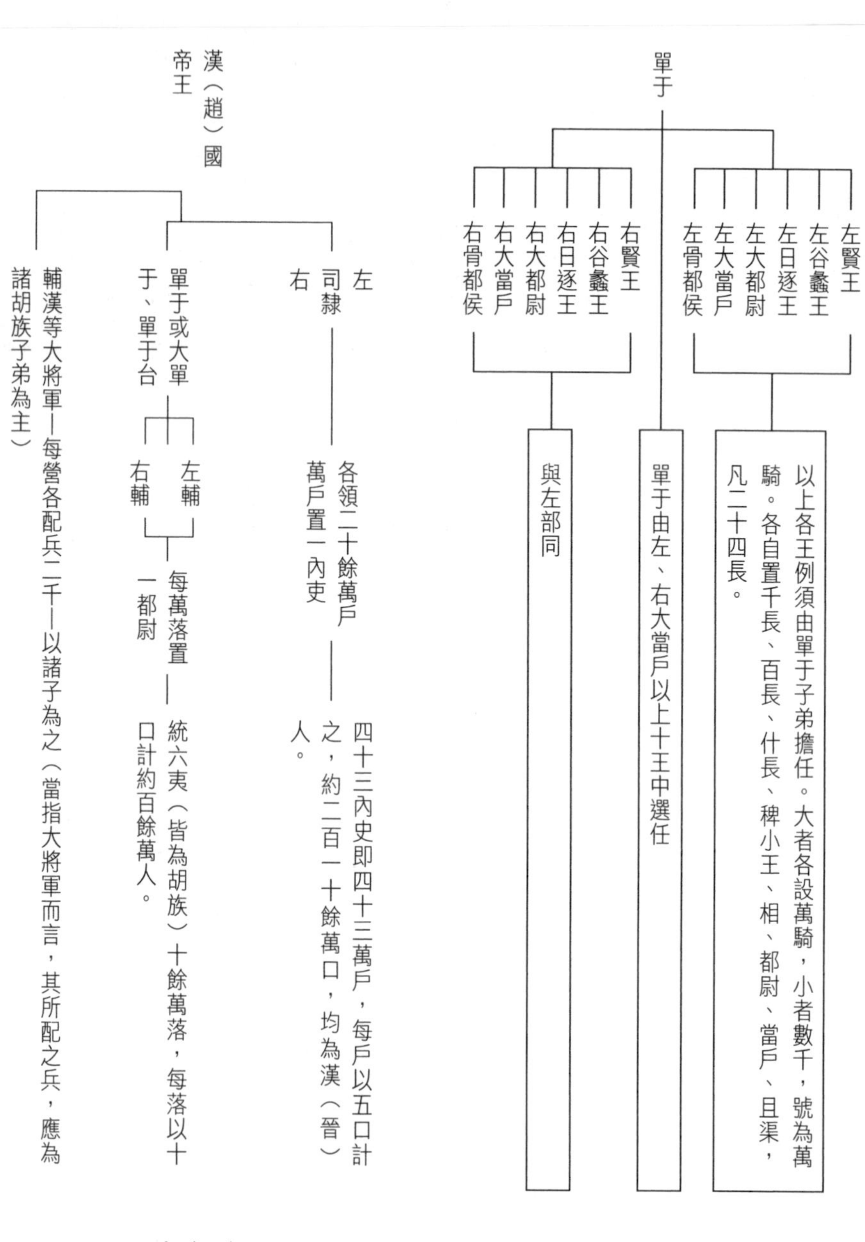
單于
左賢王
左谷蠡王
左日逐王
左大都尉
左大當戶
左骨都侯
右賢王
右谷蠡王
右日逐王
右大都尉
右大當戶
右骨都侯
以上各王例須由單于子弟擔任。大者各設萬騎，小者數千，號為萬騎。各自置千長、百長、什長、稗小王、相、都尉、當戶、且渠，凡二十四長。
單于由左、右大當戶以上十王中選任
與左部同
漢（趙）國帝王
左
司隸
右
各領二十餘萬戶萬戶置一內吏
四十三內史即四十三萬戶，每戶以五口計之，約二百一十餘萬口，均為漢（晉）人。
單于或大單于、單于台
左輔
右輔
每萬落置一都尉
統六夷（皆為胡族）十餘萬落，每落以十口計約百餘萬人。
輔漢等大將軍
每營各配兵二千
以諸子為之（當指大將軍而言，其所配之兵，應為諸胡族子弟為主）

表（一）

表（二）

這與中原王朝皇帝自稱天子，似乎有異曲同工之妙，在兩漢時，單于之下有左、右賢王、左、右谷蠡王，、左、右日逐王……茲將其職官組織以表列方式呈現如右（表一）。

但歷經兩漢伐匈奴後，北匈奴西徙，南匈奴降漢，匈奴社會結構已有頗大改變，尤其并州五部匈奴形同定居，原有之游牧方式，已然不甚適合。及至劉聰繼劉淵而立後，對漢國政治結構，作頗大之改變，並確立胡漢分治。據《晉書・劉聰載記》稱：

> 於是大定百官，置太師、丞相、自司馬以上七公，位皆上公，綠綟綬，遠遊冠。置輔漢、都護、中軍、上軍、輔軍、鎮、衛京、前、後、左、右、上、下軍，輔國、冠軍、龍驤、武牙大將軍，營各配兵二千，皆以諸子為之。
>
> 置左右司隸，各領戶二十餘萬，萬戶置一內史，凡內史四十三，單于左右輔，各主六夷十萬落，萬落置一都尉。

從上引史料中可知匈奴劉淵所建的漢政權中，所有軍事職位都操諸匈奴單于諸子手中，在中央置太師、丞相、大司馬等官，這毫無疑問是仿自漢魏的政治制度，但在其下，則採胡漢分治，治漢人統以左、右司隸；治胡族（**含匈奴及其他諸胡族**）則由單于左右輔統之，最後統於「漢」政權的皇帝。在中國歷史上首度出現雙軌政制，茲以圖示如右（表二）。

從右表可以明白看其為雙軌統治形式。其中屬單于系統者，以「落」為單位，每一「落」既是基本之生產單位，也是戰鬥單位；從而每一落之男子既是生產者，同時也為兵士。每營配兵二千，也即每營有二千落；每營置一將軍，以「諸子為之」，正是以單于子弟為每一營之首領，此正是北亞草原游牧民族傳統之部落組織。此時雖無後世軍鎮之名，但已有後世軍鎮之實而成為後世軍鎮制度之濫觴。如從更寬廣角度解釋，隋、唐之府兵制也濫觴於此並無不妥。至於所謂「落」，就一頂廬帳稱一落，類似漢人的家或戶，一般史家對自匈奴以來的北方草原游牧民族的每「落」，都是以五人計，所以每營二千落，約略每營男女老少總人口有一萬人左右，這是研究北方草原游牧很重要的一項數據。

劉淵從洛陽回并州自立時，可能已經有相當歲數了，所以他創建漢政權後，只六年就崩殂了。生前除立其子劉和為皇太子外，又大封諸子為王，且擁重兵，如劉裕為齊王（**此劉裕與建立南朝宋之劉裕同名**）、劉隆為魯王，劉聰為車騎大將軍後又進位為大司徒。及劉淵死，劉和嗣立，西昌王劉銳、宗王呼延攸（**呼延為匈奴四大姓之一**）等，對劉淵臨終時未命他們為顧命大臣心中有恨，於是便向新帝劉和進言說：

「先帝不為輕重之計，而使三王總彊兵於內（**指劉聰、劉裕、劉隆**），大司馬（**劉洋**）握十萬勁卒居於近郊，陛下今便為寄坐耳，此之禍難，未可測也，願陛下早為之所。」

這段話大意是說：先帝劉淵沒有考慮到身後之事，而使三王手握重兵，而大司馬劉洋更統勁卒十萬駐於近郊，隨時威脅著京城，皇上這個寶座目前看來只是暫坐而已，如要長久坐穩，願陛下早做安排。劉和一聽果真覺得危機四伏，於是便派劉銳、呼延攸等率兵攻劉聰等，但結果反被劉聰所敗，於是劉聰攻入京城殺劉和，自立為帝，改元光興元年（三一〇年）。次年劉聰遣始安王劉曜、前軍將軍呼延宴，征東將軍王彌等率軍伐晉，攻入洛陽，擄晉懷帝司馬熾，封之為會稽公。次年，劉聰大宴群臣命晉懷帝司馬熾（**時已是漢會稽公**）青衣行酒（**著平民衣服，為與宴官員斟酒，視之如侍者，意在羞辱**），當時有原晉官員在場（**降於漢，且仍以之為官，且為高官，才可能參與此項宴會**），眼見昔日自己的君王，而今被羞辱為青衣行酒，不禁悲從中來，有的且落下淚來，劉聰感到不悅，便把司馬熾給殺了。

晉再推司馬業為帝，史稱愍帝，在馬安即位，劉聰再派兵擊之，於其建元二年（三一六年，西晉愍帝建興四年），劉曜圍長安，晉愍帝出降，西晉亡。劉聰仍刻意羞辱司馬業，行獵時命司馬業執戟前導❶，歡宴仍使之行酒洗杯，如廁時又命司馬業執蓋，極盡羞辱之能事，晉舊臣有痛哭流涕者，劉聰一怒，又殺了司馬業。

兩年後（三一八年）劉聰死，子劉粲嗣立，自兼宰相，此人刻薄寡恩，濫興營建，嗣位之後，蒸❷劉聰的諸皇后，綱紀蕩然。終於引起靳皇后（**此時應稱皇太后**）之父靳準不滿，率兵入宮殺了劉粲，且對劉氏男女無少長，見到就殺，並挖掘劉淵、劉聰墓，焚其宗廟；靳準自稱大將軍漢天王並向東晉稱藩。

---

❶ 戟，音集，係兵器之一種，合矛與戈為一體，可以直刺又可橫擊，古時帝王出行，常使執戟的衛士作為前導，以示威儀。

❷ 蒸，此處作與母輩淫亂曰蒸，或作烝，婚姻中有烝報婚。劉聰之靳皇后、樊皇后、宣皇后被劉粲姦淫，此三后均年未滿二十，自非劉粲之生母。

所謂東晉，是指晉愍帝司馬業於三一六年被劉曜所俘後，晉宗室琅邪王司馬睿在建康（今南京，又稱金陵，另河西也有名建康者）自稱晉。及聞司馬業死，遂稱皇帝，史稱東晉元帝，建元建武，其元年為三一七年。

當漢劉粲死後，劉淵族子劉曜率軍入平陽❶，軍次赤壁（非長江之赤壁，乃今山西省運城市河津市）自行稱皇帝，並改國號為趙，建元光初，時為三一八年。由於劉曜改國號為趙，因此許多史書就把自劉淵以來的漢政權（三〇四～三一八年）統稱為前趙❷。但劉曜的後趙頭尾只有十二年（三一八～三二九年），而自劉淵至劉粲頭尾有十五年，如果抹煞了「漢」政權，對劉淵而言，極不公平，所以稱之為「漢趙」兩者兼顧，較為合適。更何況劉淵是北方胡族頭一個建立漢魏式政權者，且定國號為漢，追尊兩漢、蜀漢之建國者為遠祖，顯示其沒有脫離中國的意識，這兩者都具有極重要的歷史意義。我們讀史強記人名、時間、地名並無多大意義，所謂記憶之學，不是學問，應看重的是一個人物所作所為對後代的影響，劉淵掀起胡族建立漢魏政權的風潮，但又不自外於中國，這就具有極大的歷史意義。

現在再回過頭來看劉氏所建漢政權的一切措施，對諸胡列國所起的示範作用，而諸胡列國源於匈奴劉漢的措施進一步制度化，終於形成一千多年中國政治史上的雙軌政治制度。這在政治制度史上是一創舉，只是很可惜政治學、政治制度史的學者，對這一塊都忽略了，此處且把這一部分稍加敘述，用以了解匈奴及諸胡族在歷史上做出的貢獻。

劉曜自立為皇帝並改國號為趙之後，不但沒有更改劉淵所創下單于左、右輔之制，更「署劉胤為大司馬，置左、右賢王已下，皆以胡、羯、鮮卑、氐、羌豪傑為之。」❸這就明顯看出具體的胡漢分治。又進一步將單于左、右輔恢復為匈奴自古已有的左、右賢王之制，並且由諸胡族出任，但是劉曜把左、右賢王以下的官員任命範圍，放大到匈奴、羯、鮮卑、氐、羌的豪傑，不再局限於匈奴一族，心胸較兩漢時代的匈奴要開放多了。換言之就是將漢人以外的各民族，看成是一個體系，漢人又是一個體系，兩者統治方式截然不同。胡人的統治階級由匈奴、羯、鮮卑、氐、羌等族的豪傑出任，依胡人的傳統規則治理各胡族部落。

至於對漢人的治理❹，原隸於左、右司隸，但到劉曜時似已恢復魏晉時的州、郡制，關於此點可從《晉書・劉曜載記》中出現頗多州、郡名稱看出。如劉曜曾署仇池氐族楊難敵為「使持節、侍中、假黃鉞、都督益、寧、南秦、涼、梁、巴六州、隴上西域諸軍事、益、寧、南秦三州牧、領護南氐校尉、寧羌中郎將、武都王」，可見劉曜時既有各州的名稱，且州之長官——如魏晉時稱為州牧（**牧，牧民、治理人民之意**）。其後又曾署張茂（**此人似為漢人**）為「使持節、假黃鉞、侍中、都督涼南、北秦、梁、益、巴、漢、隴右、西域雜夷匈奴諸軍事，……涼州牧（**涼州，今甘肅武威**）……」，此外，還出現「晉陽太守（晉陽，今山西省太原市）」、「秦州諸郡」之記載，足證其時已恢復州、郡建置。至於劉淵時所置司隸、內史之制，顯然已逐漸式微，胡、漢分治的雙軌政制更形明確。

❶ 劉淵初都蒲子，其地當今山西省臨汾市隰縣，後徙都平陽，其地在蒲子東南方，今山西省臨汾市治。
❷ 是為了與羯族石勒的趙有所區隔而稱前趙，對石勒的趙，則稱後趙。
❸ 《晉書・劉曜載記》，此處胡，專指匈奴。
❹ 按當時仍稱之為魏晉之人，此處為行文一貫，稱之為漢人。

劉曜後來被羯族的石勒（**建有後趙**）所擒，此時後趙石季龍（**石虎，石勒之養子或曰其弟**）、張敬、張賓、程遐等文武大臣一百二十九人上疏請「以河內、魏、汲、頓丘、平原、清河、鉅鹿、常山、中山、長樂、樂平十一郡，並前趙國、廣平、陽平、章武、渤海、河間、上黨、定襄、范陽、漁陽、武邑、燕國、樂陵十三郡，合二十四郡，戶二十九萬為趙國❶。」同傳又稱：「封內依舊改稱內史，……南至盟津、西達龍門，東至於河，北至於塞垣。以大單于鎮撫百蠻。」❷石勒許之。也就是說封二十四郡統於內史，封外百蠻以大單于之名治之，石勒以皇帝之名統封內二十四郡，以大單于之號治封外百蠻，胡漢分治井然有序。這情形與近三百年後，唐太宗李世民於貞觀四年（六三〇年）攻滅東突厥汗國後（**唐時多稱為北突厥，以其在唐之北面**），四周諸胡尊之為天可汗，李世民以皇帝（**或天子**）之名統治大唐本部，以天可汗之號，號令四周諸胡，兩者情況極為類似。

後趙石勒自任大單于，「署石季龍為單于元輔、都督禁衛諸軍事事」，此「單于元輔」或與劉淵時的單于左、右輔相當，位在大單于之下，為主管諸胡族事務的長官。按自劉淵首開胡族建立漢魏式政權後，所有軍隊幾乎都由胡族組成，石勒以石季龍都督禁衛諸軍事，也足以證明石季龍主掌諸胡族事務兼管「諸軍事」。或許石勒已發現軍隊全交由石季龍掌握，恐不利於未來接班，於是以其世子石弘「鎮鄴（今河北省邯鄲市臨漳縣）、配禁兵萬人，車騎所統五十四營悉配之，以驍騎領門臣祭酒王陽專統六夷以輔之。」❸顯然已有防範石季龍之意，其後石季龍果真在石勒死後篡位。

如依劉淵時之編制，每營配兵二千，則石弘所獲配除禁兵萬人之外，另有五十四營，約有十萬八千人之多，又以領門臣祭酒王陽專統部分六夷軍隊，以輔佐石弘，就實力而言，石弘所擁有的兵力並不弱。至於漢人，則仍沿傳統之州、郡統之，諸胡列國時代乃至北朝時，鮮少有漢人為兵戶，其原因是統治階層的諸胡族，認為漢人孱弱，無法勝任當兵。按劉淵臨終時，以其第四子為大單于，設單于台於平陽西。所謂單于台，乃是單于治事之所，如同御史台為御史治事之所，顯然單于台是治理胡族（今日所謂邊疆民族或少數民族）事務的專門機構。之後諸胡列國多承襲胡、漢分治形式，設有專門機構或稱單于台、或稱燕台、單于庭，名稱雖異，其功能都是專責處理胡族事務的機構。

至於其餘諸胡族政權，或未明確設置單于台之類機構，但其統治者在建立政權之前或之後，除稱王命帝外，往往自稱大單于，冀望以帝王之名統治境內漢人，以單于或大單于之號，統治境內包括本身在內的諸胡族，其為雙軌政制至為明顯，茲將此種情形以表列方式呈現如下：

❶ 趙國，指石勒所建的政權，史傳為與劉曜所建的趙有所區隔，將石勒之趙稱後趙。

❷ 《晉書．石勒載記》。

❸ 《晉書．石勒載記下》。

諸胡列國時期雙執政制表

國名	時間（西元）	稱號情況	資料出處
前燕	三〇九年（晉永嘉三年）	慕容廆自稱為鮮卑大單于。	《晉書・慕容廆載記》、《資治通鑑》卷八十六。
	三一七年（晉建武元年）	晉元帝以慕容廆為大單于、昌黎公。	《晉書・慕容廆載記》、《資治通鑑》卷九十。
	三三四年（晉咸和九年）	晉成帝拜慕容皝為大單于、遼東公。	《晉書・慕容皝載記》。
前秦	三五〇年（晉永和六年）	蒲洪自稱大將軍、大單于、三秦王，改姓苻氏。	《晉書・苻洪載記》、《資治通鑑》卷九十八。
	三五二年（晉永和八年）	苻健即帝位，以大單于授其子萇。	《晉書・苻洪載記》、《資治通鑑》卷九十九。
後秦	三五四年（晉永和十年）	姚襄叛晉，自稱大將軍、大單于。	《晉書・姚襄載記》
	三八四年（晉太元九年）	姚萇自稱大將軍、大單于、萬年秦王。	《晉書・姚萇載記》、《資治通鑑》卷一〇五。

西秦	三八五年（晉太元十年）	乞伏國仁自稱大都督、大將軍、大單于、領秦、河二州牧；以獨孤匹蹄為左輔，武群勇士為右輔。	《晉書・乞伏國仁載記》、《資治通鑑》卷一〇六。
	三八八年（晉太元十三年）	乞伏乾歸繼位後，眾推其為大都督、大將軍、大單于、河南王。	《晉書・乞伏乾歸載記》、《資治通鑑》卷一〇七。
	三九二年（晉太元十七年）	乾歸猶稱大單于、大將軍。	《晉書・乞伏乾歸載記》。
南涼	三九九年（晉隆安三年）	禿髮烏孤自稱大都督、大軍、大單于、平西王。	《晉書・禿髮烏孤載記》、《資治通鑑》卷一〇九。
夏國	四〇七年（晉義熙三年）	赫連勃勃自稱大夏天王、大單于。	《晉書・赫連勃勃載記》、《資治通鑑》卷一一四。
北燕	四一一年（晉義熙七年）	馮跋以子馮永領大單于。	《晉書・馮跋載記》。
冉魏		冉閔以其子冉胤為大單于。	《晉書・石季龍載記》。

從上表所列諸列國（含自稱漢人的北燕馮跋及冉閔）時代的雙軌政制乃是事實存在之史實，而首先發現胡漢民族，各有其不同的歷史傳承與社會結構乃至生活方式，不宜以一套律法一體適用，必須採行胡漢分治的方式，始能有效治理。而發現此一事實者，是匈奴族的劉淵，他不但是北方胡

族建立漢魏式政權的始創者，更是第一個創立胡漢分治的雙軌政制，從此之後歷史朝歷代都加以沿襲。直到今日海峽兩岸中央政府都設處理民族事務的專責機構，就憑這一點，劉淵在歷史上應佔有一定地位，以往大家未予注意，但願本文之作能重新檢視匈奴或其他非漢人民族在歷史上的貢獻，畢竟中國自古以來就是由許多民族所共同建構而成的。

北魏洛陽城的靈異事件與西域胡僧

且說北魏

中國大地孕育著許多民族，舉凡華夏、東胡、肅慎、突、回、匈奴、氐、羌、蕃……等，都是這塊大地的兒女。遠古之時記載不全，姑且不說，戰國之時，活動在今大興安嶺以西以至內蒙古自治東北這一大片草原地區的東胡系民族，最稱強大，在東胡西邊的匈奴，都受到東胡的威脅。

東胡不是單一的民族，而是由許多部落所組成的部落聯盟，西漢（西元前二〇六～西元八年）初期，被匈奴冒頓單于擊破，東胡部落聯盟崩解，紛紛退匿大鮮卑山與烏桓山（或作烏丸），暫時退出歷史舞台。大鮮卑山經考證就是今天的大興安嶺，而烏桓山為其支脈，大興安嶺大約作南北走向，南北有八百多公里，東西寬約二百多公里，是一座龐大的山脈，其間林木密布，牲畜繁多。東胡部落聯盟初期崩解為鮮卑（依大鮮卑山而匿者）與烏桓（藏匿於烏桓山）兩大部，其中鮮卑逐漸分化為慕容、段部、宇文、拓跋、乞伏……等部，依大鮮卑山自南而北分布。

到東漢（二十五～二二〇年）時，分布在大鮮卑山南段的慕容、宇文、段部等，以其地近松遼平原，較早與中原漢人接觸，檀石槐曾建立東起松遼、西抵烏孫、南自長城、北及大漠的鮮卑大帝國，東漢朝廷屢戰不勝，退而想以招撫方式，封檀石槐王，但檀石槐拒不接受，依然與東漢為敵，時常寇擾東漢邊境，朝廷對之莫可奈何，但檀石槐一死，此一大帝國隨即瓦解，但烏桓一部以其與中原接壤，遂形成一股力量。

東漢季世，王權不張，地方諸侯，據地自雄，形成君弱臣強，最後朝政為曹操所把持，逐漸敉平各地諸侯，但袁紹餘眾逃奔烏桓，曹操為斬草除根，發動大軍討伐烏桓，終於擊潰烏桓，使北方獲得安定，騰出兵力對付孫權、劉備，三國形勢於焉成形。

烏桓雖被曹操擊破，但段部、宇文、慕容諸部反而轉盛。三國鼎立時，彼此互相攻擊，無力顧及北方，三國前後不過六十多年（二二〇～二八〇年）為司馬晉所統一。此時在今東北遼東一帶的慕容部已然成為一方之雄，但仍奉晉正朔並向晉納貢稱臣，接受晉朝廷之封號，為後日建立前燕政權奠下基石。

原先藏匿在大鮮卑山（**即大興安嶺**）北部之鮮卑族，以拓跋部、乞伏部、禿髮部（**其實也是拓跋部**）為主。由於大鮮卑山北段既寒冷又潮濕，於是舉部西徙，越過今額爾古納河，進入今外蒙古地區，此一地區仍有匈奴餘眾，不免與之混融，再向漠南遷移。檀石槐建立鮮卑大帝國時，將國境分為東、中、西三部，每部各設幾個大人以統若干部眾，其中西部大人中有名推寅者，就是鮮卑拓跋部後來建立代政權的拓跋什翼犍的直系祖先。

西晉末年有八王之亂，此時在漠南及山西一帶的匈奴各部，擁立單于後人劉淵為王，於西元三〇四年建立漢魏式政權，定國號為「漢」，自認是承襲兩漢及三國蜀漢之後，並從此掀起北方諸胡族建立漢魏式政權的序幕。

此時鮮卑拓跋部已立足於今內蒙古自治區西部及山西省北部，在其酋長拓跋什翼犍統合各部落後，於西元三三八年，建立代政權，建年號為「建國」，建國未久，碰到前秦苻堅。苻堅在諸胡列國（**即一般史書所稱的五胡十六國**）中，堪稱最英明有為的帝王。拓跋什翼犍的代國，只維持了三十九年（三三八～三七六年）就被氐族前秦苻堅所滅。苻堅原決定要把拓跋什翼犍的孫子拓跋珪（**什翼犍之子早死**）帶到長安接受教育（**前秦都長安**），但在代國老臣燕鳳的懇求下，把拓跋珪留在草原。

苻堅胸懷統一中國的大志，於是在內部民族問題還沒有妥善處理好的情勢下，於西元三八二年，派大將呂光率以氐族為主的八萬精騎，遠征西域。而前秦內部有數十萬鮮卑、羌族等各民族，苻堅沒有考慮到這些民族或想恢復故國，如慕容氏前燕被苻堅所滅、慕容部鮮卑降於前秦。其皇族大臣，苻堅均加以重用，並讓其續統其眾，因此慕容部皇族，無日不想恢復故國；或自覺力量已大，如羌之姚萇，希望自行建立國家。這一點苻堅沒有察覺，只一心要統一中國，西元三八二年一方面派呂光伐西域，另一方面想親率大軍南下滅東晉。

當時氐族大臣都反對南下伐晉，但鮮卑、羌族等大臣卻極力主張討伐東晉。結果苻堅決定親率八、九十萬大軍伐晉，雙方對峙於淝水，甫一接觸，苻堅前鋒落敗，結果是兵敗如山倒，前秦潰不成軍。鮮卑等諸族紛紛如願叛去，各自命王稱帝建立國家，苻堅本人且於三八五年被羌族姚萇派人將他縊死於五將山。姚氏建立後秦、慕容垂建立後燕、從西域凱旋歸來的前秦氐族大將呂光，聞知苻堅已死，遂在敦煌自立，史稱後涼。北方又陷於一片混亂。

處於漠南的鮮卑部拓跋珪已經十二歲，聞說苻堅已死，在草原上各部鮮卑擁戴下，拓跋珪於西元三八六年被立為代王，半年後改國號為魏，史稱北魏。由於是拓跋氏所建，又稱拓跋魏；為了與三國的曹魏有所區隔，也稱後魏；至孝文帝拓跋宏遷都洛陽，全面推行漢化，其中有易胡姓為漢姓一項，乃改拓跋氏為元氏，所以又稱元魏。一個政權而有四個稱謂，在歷史上相當罕見，不過一般以北魏稱之。北魏有一部《魏書》專載其史事，為二十四史之一，北朝是中國正統王朝之一，也是第一個由胡族所建的正統王朝，這在歷史上自有其特別意義。北魏盛時威震西域（含今新疆及中亞地區），由於北魏係由拓跋氏所建，西域各民族將「拓跋氏」訛讀為「桃花石」，因此在西域古文獻上的「桃花石」，就是指拓跋魏，更進一步泛指中國，從而可見鮮卑族拓跋部及北魏，在歷史上的重要性，絕不亞於漢唐元清。

北魏建立後，漸次敉平殘餘的各胡族政權，自拓跋珪（三八六～四〇九年在位，後被諡為道武帝）、明元帝拓跋嗣（四〇九～四二三年在位）而太武帝拓跋燾（四二四～四五二年在位），一方面北伐柔然，一方面敉平諸胡政權。至太武帝神䴥四年（四三一年）滅匈奴的赫連夏、太延元年（四三五年）滅北燕馮弘，算是平定了整個北方，形成與南朝宋對峙的局面。拓跋燾致力於國內各民族的融合，如自滅赫連夏之後，匈奴一詞幾不復見於歷史，將各民族混融成為北方的新漢人，許多鮮卑語彙摻入漢語之中，在服飾上也大致是漢人鮮卑化了。

自太武帝四傳至孝文帝拓跋宏（四七一～四九九年在位），前十幾年都由馮文明太后秉政。這位馮太后是北燕馮弘與句麗妃子所生的女兒，馮弘一族雖自稱漢人，但縱或如此，也是徹底鮮卑化的漢人。她秉政期間，輔佐孝文帝推動一些好的政策，如均田制、三長制等，更大的貢獻她是孝文帝全面漢化的幕後推手❶，但同時也約束了孝文帝的才華，馮太后於孝文帝太和十四年（四九〇年）薨逝，自此，孝文帝完全親政，發揮政治才華。把北魏帶向鼎盛局面。

孝文帝深知以平城（今山西省大同市）為國都，有其局限性，且位偏北，經常會受到北方柔然

---

❶ 關於文明馮太后詳細故事，可參看拙撰《北魏漢化有推手，幕後原是馮太后》一文，該文輯入筆者所著《文化外史》一書，台北麥田出版社，二〇〇三年，列頁三十九～四十八。

的威脅。而且晉北土地貧瘠，農產不豐，難以供應北魏朝廷所需，兼以鮮卑拓跋貴族世居其地墨守舊俗，要想移風易俗向中國傳統文化推進，有極大阻力。於是便決定遷都洛陽，以擺脫舊俗邁向「現代化」，於是排除諸多阻擾，終於遷都洛陽，大事建設，使洛陽成為五世紀末「世界級」的大都市，人物薈萃，文風盛極一時。當時南朝人仍拘於舊觀念，以為長江以北（**北魏與南朝大致以長江為界**）盡是夷狄，仍處於蠻荒狀態。及至南朝蕭梁派陳慶之使北魏，陳慶之親眼目睹洛陽人文薈萃，曾對北朝人特別重視，時人頗感怪異，問他何以重視北人，陳慶之回答說：

> 「自晉、宋以來，號洛陽為荒土，謂長江以北，盡是夷狄，昨至洛陽，始知衣冠士族，並在中原。禮儀富盛，人物殷阜，目所不識，口不能傳，所謂帝京翼翼，四方之則，如登泰山者卑培塿（**指小阜、小丘**）、涉江海者小湘沅❶。北人安可不重？」❷

北魏遷都洛陽後，大事建設，尤其佞佛特甚，孝文帝於太和二十三年（四九九年）崩殂，其子元詡嗣立，國力仍處顛峰狀態。但北魏朝廷、貴族、豪門不知盛極必衰、物極必反之理，極力建築佛教寺廟，而且都極盡奢靡之能事。孝文帝及其子宣武帝都篤信佛教，及至宣武帝延昌中（延昌共四年，五一二～五一五年），北魏境內居然有寺院一萬三千七百二十七所，僧侶逾眾❸，可見國家為佛教寺院及僧尼支出是何其龐大，相對的北魏人民的所得就減少了。陽衒之於北魏鼎盛時曾到洛陽，親眼目睹洛陽寺院的盛況，可是宣武帝之後，由於朝廷不恤民力、豪門貴族日趨奢靡，北魏已然是金玉其表，而敗絮其中了。此時北六鎮生活困苦，與洛陽形成強烈對比，六鎮之民有起而叛亂者，國力已是江河日下。及至胡太后當政，胡作非為，北魏之亡，已是指日可待，果而不久羯胡爾朱榮入洛，沉胡太后於河，洛陽頓形破敗。此時陽衒之復至洛陽，眼見昔日盛極一時的洛陽，而今竟如一片廢墟，感慨莫名，特就昔日所見詳考諸文獻，對洛陽城內諸寺院詳加記述，雖以寺院為主，但兼及許多史實乃至許多傳說，多有可觀者，書名《洛陽伽藍記》。本文擬就此書所記述的若干靈異事件及在洛陽之西域胡僧，加以演繹。

洛陽城的靈異事件

宗教離不開靈異，而靈異是無法驗證的，只能信者恆信，不信者恆不信。然而人類離不開信仰，有些人宣稱他什麼都不信仰，事實上他已經信仰了「什麼都不信仰」的信仰。何況北魏遷都洛陽，雖然事在北魏季世，可是距今已有一千五百多年，我們不能以今日人類對自然或超自然的了解，要求北魏時代的人與今天等同，所以陽衒之的《洛陽伽藍記》所記載的一些靈異事件，或許在那個時代人們會認為是真實的。所以陽衒之如實的記載下來，現在且看有哪些靈異事件：

❶ 湘、沅為水名，均在今湖南省境內，與江海自不可同日而語。

❷ 陽衒之《洛陽伽藍記》，范祥雍校注本，台北華正書局，一九八〇年，頁一一九，一般均以此書作者為楊衒之，按該書引用極多史料，當時並無圖書館，若非豪門世族，不可能看到如多之史料文獻，而其時著姓世族中並無楊姓者，反之則有陽氏。故作者強烈主張為陽衒之，詳情可參看筆者所著《從古籍看中亞與中國關係史》，台北知書房出版社，二〇〇九年，頁一五九～一八四。

❸ 《魏書．釋老傳》。

一、城內永寧寺被火焚，片瓦不存。

但在三個月後，有人從東萊（今山東省膠州半島）到洛陽，宣稱：「見浮圖（按指永寧寺）於海中，光明照耀，儼然如新，海上之民咸皆見之，俄然霧起，浮圖遂隱。」（頁十二）在洛陽的永寧寺被火焚，居然出現在膠州半島海上半空中，如果要解釋，很可能是所謂「海市蜃樓」現象，因為「俄而霧起，浮圖遂隱」。

二、城東崇真寺比丘死而復活，並敘閻羅王有關事。

這一段極有意義，可能陽衒之藉此訴說其對佛教的看法，原文不長，且文字嚴謹，為存真起見，且將原文照錄如下：

崇真寺比丘（**按係佛教出家為僧者，今俗稱和尚**）惠凝死七日復活。閻羅王檢閱以錯名放免。惠凝具說：「過去之時，有五比丘同閱，一比丘云是寶明寺智聖，坐禪苦行，得升天堂。有一比丘是般若寺（**般應讀作波，般若是梵語音譯，意為大**）道品，以誦四十卷涅槃，亦升天堂。有一比丘云是融覺寺曇謨最（**此比丘俗家姓董，武安人**），講涅槃、華嚴，領眾千人，閻羅云：『講經者，心懷彼我，以驕凌物，比丘中第一麄行（**麄，音粗，意也同，又同麤**），今唯試坐禪誦經，不問講經。』曇謨最曰：『貧道立身已來，唯好講經，實不闇誦。』閻羅王勅（**或作令**）付司，即有青衣十人，送曇謨最向西北門，屋舍皆黑，似非好處。有一比丘云是禪林寺道弘，自云：『教化四輩檀越，造一切經，人中金象十軀。』閻羅王曰：『沙門之體，必須攝心守道，志在禪誦，不干世事，不作有為，雖造作經象，正欲得它人財物，既得它物，貪心即起，既懷貪心，便是三毒不除，具足煩惱。』亦付司仍與曇謨最同入黑門。有一比丘云是靈覺寺寶明，自云：『出家之前，曾作隴西太守，造靈覺寺成，即棄官入道，雖不禪誦，禮拜不缺。』閻羅王曰：『卿作太守之日，曲理枉法，劫奪嚴財，假作此寺，非卿之力，何勞說此。』亦付司青衣送入黑門。」太后（**指靈太后胡氏**）聞之遣黃門侍郎徐紇依惠凝所說即訪寶明寺。城東有寶明寺、城內有般若寺、城西有融覺、禪林、靈覺等三寺，問智聖、道品、曇謨最、道弘、寶明等，實皆有之。（頁七十九～八十一）

這一段引文除兩、三個佛教術語外，並無難解之處，但妙在惠凝死後七日，竟能復活，揆諸今日醫學，應屬不可能之事。不僅如此，惠凝在「死」後竟能見到閻羅王與幾個已死丘對話，並分別做出處分，很顯然是《洛陽伽藍記》一書作者陽衒之借閻羅王之口紓發對佛教比丘言行之看法。

智聖、道品二比丘坐禪苦行、一心誦經都得升天堂。

而曇謨最善講經，他是洛陽城西融覺寺比丘，此寺是北魏清河文獻王元懌所立，有五層浮圖（**佛塔**）一所，曇謨最擁有僧徒千人，可見此寺規模相當大。而曇謨最聲望之高，他所講的《曇謨最大乘義章》曾令天竺胡僧（**即印度和尚**）菩提流支擊節讚賞，並將之譯為梵文。但閻羅王認為：一旦講經，就心存「彼我」（**意為有了分別心**），以驕凌物（**意為我能解經，而你不能，因而有驕傲心而對不解者有欺凌之意**），此乃出家比丘最粗魯的行為，今後應該專心坐禪誦經，不要再對佛經妄作講解。可是曇謨最回應說：自己只好講經，不會誦經（**按當時佛經是以唱的方式來誦讀**）。閻羅王就命青衣人將曇謨最送入西北面一門屋舍全是黑色的，看來不是好地方（**顯然陽衒之暗示被**

投入煉獄了）。陽衒之借閻羅王之口宣達出家比丘妄自講經的下場就是下煉獄，這對當代許多比丘喜好講經、動則為人「開示」，實是當頭棒喝。

對比丘道弘自稱曾造經象，但閻羅王則認為「雖造作經象，正欲得它人財物，既得它物，貪心即起，既懷貪心，便是三毒不除，具足煩惱」，也將之投入煉獄。這裡所謂「三毒」便是佛門亟欲戒除的「貪、瞋、癡」。陽衒之又借閻羅王之口說出造作經象，不但不是功德，反而是貪瞋癡之本。一千五百多年前陽衒之已有如此精深看法，深值當今人們反省，同時也應知曉陽衒之對佛教的看法，絕非一面倒的支持，反而對北魏後期的佞佛現象持批判態度，可以說是走在時代前面的人物。

至於對比丘寶明，雖然建造了靈覺寺，但出家之前曾為隴西太守，任內為官不正，因此雖造寺且禮拜不缺，都毫無功德，以其為官之時有虧職守，一樣命青衣投入煉獄。可見建造寺院並不能彌補之前的罪衍，當前各地寺廟林立，建築金碧輝煌，不知看了陽衒之這一段話有何感想？

這一段最神奇的還不是上引閻羅王對五個已死比丘的裁處，而是惠凝死而復活後，所述在死亡期間所見到已死的五個比丘，經胡太后派人到寶明寺等五所寺院查訪，確實有智聖等五個比丘，這確實令人嘖嘖稱奇。或許這只是當時洛陽城裡的一個傳說，陽衒之加以渲染，借神道以警惕世人莫以為妄自講經、造作經象、興建寺院會有功德，而能升入天堂。只有清心寡欲、禪定誦經、力持善行，才會進入天堂，《洛陽伽藍記》所載這一段靈異事件，深具警世意味，值得仔細體會。

三、城南大統寺條下，記載了一段「洛水之神」的靈異事件。

洛陽城南有大統寺，在景明寺西，在《洛陽伽藍記》一書之末附有詳列北魏朝廷各官府衙門、各里及著名寺院詳圖，很具參考價值，茲也將此圖列於本文之末，以供讀者比照對讀。

在北魏孝明帝元詡孝昌（共三年，五二五～五二七年）初，天下已經大亂，徐州刺史元法僧據城反自稱宋王，建元天啟；齊州郡民房伯和聚眾反；齊州清河民崔畜殺太守；廣州民傅堆執太守反……柔玄鎮人杜洛周率眾反於上谷，號年真王……山胡劉蠡升反，自稱天子……五原降戶鮮于修禮反於定州，定元魯興……西部敕勒（與丁零、高車同其種族）斛律洛陽反於桑乾……朔州人鮮于阿胡、庫狄豐樂據城反……可說是遍地烽火❶。北魏朝廷面對這種情形不得不大量募兵，凡從軍者都給予相當的名號，如：將軍、偏將軍、裨將等。

當時有虎賁❷駱子淵者，自稱是洛陽人，孝昌時，戍守彭城（今江蘇徐州一帶），當時與他同營有個叫樊元寶的，得假要回京師洛陽，駱子淵就託樊某帶一封信回家，只說：「宅在靈臺南，近洛河，卿但至彼，家人自出相看。」（頁一四一，至於靈臺位置，可參看文末所附地圖），樊元寶就依言到靈臺南，可是舉目四望了無人家，正想離去，忽然見到一個老翁來問：「從何而來，徬徨於此？」樊元寶告之所以，老翁說駱子淵是我兒，取了信並邀樊元寶返家，但見「館閣崇寬，屋宇佳麗。坐命婢取酒，須臾，見婢抱一死小兒而過，元寶初甚怪之，俄而酒至，色甚紅，香美異常，翁設珍饈，海陸具備，飲訖辭還，老翁送元寶出，云：『後會難期』以為悽，別甚殷勤，老翁還入，元寶不復見其門巷。但見高岸對水，淥波東傾，唯見一童子可年十五，新溺死，鼻中出血，方知所飲酒，是其血也。及還彭城，子淵已失矣。元寶與子淵同戍三年，不知是洛水之神也。」這裡提

---

❶《魏書・肅宗紀》。

❷周時天子禁衛軍稱虎賁，其意為勇士，後代都沿用之。

到駱子淵是洛水之神，《太平寰宇記》三《河南道洛陽縣下》，也記有此事，很可能是出於陽衒之書，其文如下：

> 洛子神，《郡國志》：後魏（**按即北魏**）虎賁中郎將洛子淵者，洛陽人，鎮防彭城，因同營人樊元寶歸，附書至洛下，云：宅在靈臺南。元寶至，忽見一老翁云：是吾兒書。引入，屋宇顯敞，飲食非常。久之，送元寶出，唯見高岸對水，方知是洛水之神，因立祀，以祈水旱。

這兩項文獻都指稱洛水之神是駱（洛）子淵，是個男子而且是個勇士（**虎賁、虎賁中郎將**），就故事內容而言，尤是老翁用以款待樊元寶的酒，事後才知道是人的血，雖是靈異事件，不夠淒美。而且傳統所傳洛水之神是個年輕貌美的女子，傳統說法洛水之神叫宓妃，如《史記・司馬相如傳》引其著《上林賦》稱：「若夫青琴宓妃之徒」句，《史記索隱》注稱：「如淳曰：宓妃，伏羲女，溺死洛水，遂為洛水之神。」這個洛水之神就讓人感到淒美。

此外，三國時曹魏曹子建（**名植，一九二～二三二年**）作有《洛神賦》，歷來相傳此賦所謳歌的洛水之神，是隱喻曹丕（**子桓，一八七～二二六年**）之妻甄后（**袁紹之媳，甄逸之女**），曹植暗戀之。曹丕黃初中[1]，曹植入朝，時甄后為郭后所讒而死，曹丕以甄后遺物玉鏤金帶枕示曹植，曹植見了感傷而泣，在歸途中息洛水旁，為懷念甄后而作《感甄賦》，後來魏明帝曹叡（二二六～二三九年在位）時將《感甄賦》改名為《洛神賦》。這個傳說的洛水之神，顯然可愛多了，但梁《昭明文選》並未採此說，所以後代也不採此說。按陽衒之係六世紀中的人，去曹魏未遠，如確有洛水之神指甄后之說，陽衒之理應知道，而不致採當時洛陽傳說洛水之神為駱（洛）子淵之說，很可能是洛神指甄后之說尚未出現。總而言之，把駱（洛）子淵說成是洛水之神，是一件靈異事件，只是不夠淒美、哀怨。

四、城西法雲寺下有人變為狐及變為桃人之事，茲分而敘述之。

城西法雲寺為西域胡僧所立，在城西大市之北有慈孝、奉終二里，在此二里之東，別有準財、金肆二里，靈異事件分別出現在這四里之中。

（一）、在慈孝、奉終二里之內，大多從事賣棺槨，以及租賃靈車為業，按北魏遷都洛陽後，其規劃是相當「現代化」，相類似的行業都集中在一起，就商業而言，可產生群聚效應，對市民而言，可免於奔波之苦，可見當時負責洛陽城「都市計畫」的人，具有相當的前瞻性。

且說在這兩個里內有個以唱輓歌為業的孫巖，娶妻三年，其妻總不肯脫衣而臥。孫巖深感怪異，某次趁其妻熟睡時，偷偷把其妻衣服給脫了下來，結果發現居然有三尺長的狐狸尾巴，孫巖害怕了，就將妻子休了。其妻臨走前用剪刀剪了一截孫巖的頭髮而去，鄰居也聯手把這女人趕走，這女人變成一隻狐狸，大家想捉它，又都追不上它。

之後，京城洛陽有一百三十多人被剪去一截頭髮。這些被剪去頭髮的人，都是見到（由狐狸變成的）女人，面貌姣好、服裝艷麗，於是前去搭訕，結果就被剪去一截頭髮，以至有些婦女衣著華麗，人家都以為是狐狸所變。這事發生於北魏孝明帝元詡熙平二年（五一七年）四月，一直到秋天

---

❶ 曹丕篡漢自立，史稱魏文帝，黃初共七年，二二〇～二二六年。

才沒再發現路人被剪髮事件（頁二〇四～二〇五）。狐狸在中國始終都是一種很怪異的動物，這裡說狐狸變為美女，趁路人搭訕時剪去其髮，後代把妖冶的女人稱為狐狸精，不知是否源於此一記載。清時蒲松齡曾著有《聊齋志異》其中記錄了許多有關狐「仙」的故事，想來蒲氏（**蒲氏係蒙古族，寄籍山東**）必然讀過《洛陽伽藍記》。

（二）、城西準財、金肆二里，是富人所聚居之區，以今天的話說就是豪宅區，發生一樁人變為桃人、馬變為茅馬❶，這件事是發生於準財里，說是京兆人（**北魏都洛陽，故京兆指洛陽**）韋英住在準財里，韋英英年早逝，其妻梁氏不為之治喪而嫁，更納河內人❷向子集為夫。梁氏雖然改嫁，卻仍住前夫韋英故宅。已死的韋英聽說梁氏再嫁，竟在梁氏出嫁當天乘馬率一批人回到自己的故宅，在庭院前高喊：「阿梁，卿忘我耶？」梁氏新夫向子集感到恐怖，張開弓箭就射，韋英應弦而倒，立即變為桃人❸，所騎的馬也變為茅馬，隨從韋英而來的人都變為蒲人❹，這下梁氏感到害怕，就把豪宅捐出作為佛寺（頁二〇五）。

這一件靈異事件與之前幾件都不一樣，但其為靈異一則，從這件事中讓我們知道至少在一千五百年前，中國人已經以為桃木有避邪作用，而且在葬禮中有用蒲草紮成人形的習俗，這在其他書中較少看到。這件靈異事件，在唐人段成式（八〇〇～八六三年）在他所著《酉陽雜俎》前集卷十三《冥迹》中曾有如下的記載❺：

（**北**）魏韋英卒後，妻梁氏嫁向子集。嫁日，（**韋**）英歸至庭，呼曰：「阿梁，卿忘我耶？」（**向**）子集驚，張弓射之，即變為桃人、茅馬。

看來段成式這一段是抄自《洛陽伽藍記》無疑，只是中間省去一些過程。

五、菩提寺之下，記載挖掘古墓居然發現已死了十二年的「人」還活在墓塚中。

菩提寺在城南慕義里，按北魏孝文帝遷都洛陽後，國力臻於顛峰，四面八方來歸者頗多。北魏朝廷特在永橋以南、圜丘以北、伊、洛之間（伊、洛係二水名），夾御道設有四夷館，對於南朝來歸順者，處之金陵館；東北、高麗、日本等東夷來歸者，處之扶桑館；大漠南北諸草原游牧政權來歸者，處之燕然館；西域諸胡來歸者，處之崦嵫館；如有長期居留者，分別讓他們住下，所住之地名為歸正、慕化、歸德、慕義里（與上列四館相對應）。

菩提寺在慕義里，為西域胡僧所立，所以在慕義（詳看文末所附地圖），菩提寺可能要擴建，需要磚，於是菩提寺胡僧達多就對舊墓開挖，居然在墓裡發現一個人，並且把這個人呈送朝廷。當時胡太后與孝明帝等一干大臣正在華林都堂，認為這是妖異，便問在旁的黃門侍郎❻徐紇說：「上古以來，頗有此事否？」這個徐紇確實博通古今，回答說：「昔魏時（按係曹魏）發塚，得霍光女婿范明友家奴，說漢朝廢立，與史書相符，不足為異也。」按此事晉·張華於其所撰《博物志》二曾載：

---

❶ 桃人、茅馬都是送葬時所用之假人、假馬，今日稱之為紙紮。

❷ 河內係指經陝西、山西之交流到今河南後的黃河以北地區，但有時也兼指河南省黃河南、北兩岸之地，漢時將之設為河內郡。

❸ 據《辭源》稱：古時迷信，以為鬼畏桃樹，因削桃木為人形，立於戶側，用以驅鬼避邪。

❹ 蒲是一種水草。蒲人，就是以蒲草紮成的人形物。

❺《酉陽雜俎》，上海古籍出版社將之輯入《唐五代筆記小說大觀》中，二〇〇〇年，頁六四八。

❻ 官名，秦漢時謂黃門官，屬少府，簡稱黃門郎，掌管侍從左右，所以隨時都在胡太后身旁。

漢末（**按實際已是曹氏當權，所以徐紇稱魏時**）發范友朋（**即范明友**）塚，奴猶活，友朋，霍光女婿，說（**霍**）光家事，廢立之際，多與《漢書》相應，此奴常遊走於民間，無止住處，或云尚在。余（**係張華自稱**）聞之於人，可信，而目不見也。

徐紇引經據典回答後，胡太后「令（徐）紇問其姓名，死來幾年，何所飲食？」，死者回答說：「臣姓崔名涵，字子洪，博陵安平人，父名暢，母姓魏，家在城西，準財里，死時年十五，今滿二十七，在地下十有二年，常似醉臥，無所食也。時復遊行，或遇飯食，如似夢中，不甚辨了。」太后就派門下錄事（**官名**）張秀攜到準財里查訪崔涵的父母。

果然找到崔暢，其妻也確實姓魏，張秀攜問他（**崔暢**）是否有兒子已經死了，回答確有一子叫崔涵已經死了十五年，張秀攜說其墓被人挖掘，崔涵已經甦活了，現在華林園中（**皇宮中的一座園林**），主上特派我來相問。這下崔暢驚怖不已，立刻說：「實無此兒，向者謬言」，張秀攜回去具實以告。太后派張秀攜送崔涵回家，其父聽說崔涵要回來，就在「門前起火，手持刀，魏氏把桃枝拒之曰：『汝不須來，吾非汝父，汝非吾子，急速去，可得無殃。』」崔涵只得離去，遊走於京城洛陽，當晚在寺院門下過夜，北魏汝南王元悅送他一套黃衣。崔涵怕見陽光，不敢仰視，也怕水火刀槍等兵器，常在路上遊蕩，走累就停下休息，只慢慢的走，當時人還把他稱為鬼。

洛陽大市北是奉終里（**可參看所附地圖，在城西**），里內的人多是賣死人用具及棺槨等，崔涵告訴從事這行業的人說：「作柏木棺材，不要用桑木作欀❶」，業者問他為什麼，崔涵回答說：「吾在地下，見人發鬼兵，有一鬼訴稱是柏棺應免，主兵吏曰：『爾雖柏棺，桑木為欀』遂不免。於是洛陽城裡一時柏木價格高漲，有人懷疑這是賣棺木者賄賂崔涵而做出這種說法（頁一七三～一七五）。

這個靈異事件頗為特殊，其一是死後十五年，居然還能復活；其二，死者父母起初確認有一兒已死十五年，但一聽已經復活，立即否認，並且以火、桃枝驅趕，不讓他回家；其三，這個「活死人」就這樣遊走在洛陽城，夜晚經常宿於寺院門下；其四，賣棺槨業居然向之行賄，由他說出柏棺可以免於鬼兵的侵擾，於是柏木大發利市。可見商人牟利無所不用其極，在中國社會一千多年來，商人習性未見稍改，這個靈異事件頗有發人深省之處。

六、城東平等寺，佛像落淚示警。

城東平等寺，係廣平武穆王元懷捨宅為平等寺，在青陽門外二里御道北（可參看文末所附地圖），寺門外，有一尊金像，高二丈八尺❷，相好端嚴，常有神驗，國之吉凶，先炳祥異，北魏孝明帝孝昌三年十二月中（係五二七年，但農曆十二月，應已是五二八年），據《洛陽伽藍記》頁一〇五所載：

> 此像面有悲容，兩目垂淚，遍體皆濕，時人號曰佛汗，京師士女空市往觀之，比丘以淨綿拭其淚，須臾之間，綿濕都盡，更換以他綿，俄而復濕，如此三日乃止。明年四月，爾朱榮入洛陽，誅戮百官，死亡塗地。永安二月三日（永安係孝莊帝元子攸年號，五二八～五三〇年）此

---

❶ 此字頗費解，其音相，或可作榫解，但不敢確定。

❷ 按東晉時一丈約合今二百四十五公分，可參看魏勵編《中國文史簡表匯編、中國歷代度制演變簡表》，北京商務印書館，二〇〇七年，頁一九三。

像復汗，士庶往觀之。五月，北海王入洛，莊帝北巡，七月，北海大敗，所將江淮子弟五千盡被俘虜，無一得還。永安三年七月，此像悲泣如初，每經神驗，朝夕惶懼，禁人不聽觀之，至十二月爾朱兆入洛陽擒莊帝，崩於晉陽，在東宮殿空虛，百日無主。唯尚書令司州牧樂平王爾朱世隆鎮京師，商旅四通，盜賊不作。……

此項記載，後來魏收纂《魏書》也將載入《靈徵志》如下：

永安、普泰、永熙中❶，京師平等寺定光像每流汗，國有事變，時咸畏異之。

可見陽衒之之書後代史家常以之為據加以引用，按神像流淚以為示警，原非可以驗證之事，國政不修，外患自來，與神像何干？不過此種神像流淚，之後則有不幸事件發生，此書所載固然也是一種靈異事件，但據傳歐西也曾有過天主教堂聖母瑪利亞像流淚，之後就有不幸事件發生。宇宙間有太多不可知之事，今日縱然科技發達，仍無法洞察宇宙一切，對若干靈異事件也不宜一概以迷信斥之。

洛陽城的西域胡僧商胡

中國人對西域自古以來就存有嚮往之心，因西域盛產美玉，華夏初民就開始對玉情有獨鍾。

一九七六年中共社科院考古研究所安陽工作隊，在安陽小屯村發掘殷墟五號，墓經考證是商代武丁（約西元前一二五〇～前一一九二年在位）之妻「婦好」之墓，之後就以「婦好墓」稱之。在墓坑中發現有四百多件玉器，進一步考證這些陪葬玉器，都是產自于闐。于闐在崑崙山北麓、塔克拉馬干沙漠南沿的綠洲上，是漢初西域三十六古國之一，自古以來就以產玉名聞華夏，清時稱和闐，今改和田。商武丁之妻婦好距今已有三千多年，不僅如此，大陸考古學家在今內蒙古自治區赤峰市敖漢興隆洼❷發現一座古墓，發現墓主戴有玉耳環，此玉也為于闐之玉，經考證此墓距今已有八千多年❸，凡此都足證華夏先民喜好產於于闐之玉。

于闐在中原之西，遂以西域稱之。由於對玉的喜好，激起對西域的嚮往及至西周穆王姬滿（西元前九七六～前九二二年在位）乃駕車西遊，有會見西王母之說❹，可見中原人對西域已從嚮往，進而實際前往，但《穆天子傳》畢竟只是一種傳聞，頗有學者疑其可信度❺。

及至西漢武帝劉徹派張騫出使大月氏，當張騫到達今新疆伊犁河流域原大月氏駐牧地時，大月氏已西徙今中亞阿姆河流域，已擊敗其大夏國，因有其地。張騫在烏孫派人護送兼翻譯下又到大月氏新居地（阿姆河一帶），居住年餘，但仍未達到聯合大月氏共擊匈奴的要求。張騫返國將沿途所

❶ 永安為孝莊帝元子攸年號（五二八～五三〇年），普泰為節閔帝元恭年號（五三一～五三二年），永熙為孝武帝元修年號（五三二～五三四年），其時元修已入長安，被宇文氏所操控。

❷ 按赤峰市原為內蒙古昭烏達盟。洼，音蛙，低下有水之地。

❸ 此墓雖在今內蒙古地區，但與蒙古族毫無關係，反而與商代先民有地緣關係。

❹ 《穆天子傳》，此書係簡冊，於晉武帝司馬炎太康二年（二八一年），發掘戰國時汲縣魏安釐王墓，得《穆天子傳》。

❺ 如民初史學家王桐齡於其所著《東洋史》中指此書為小說性質，未可盡信。

見，向漢武帝做了詳細的報告，後來司馬遷著《史記》時，其中《大宛傳》就是據張騫的報告所寫，自此中原對西域才有較正確、較詳細的認識。

自古所謂西域，有狹、廣二義，狹義的西域，只指今新疆塔里木盆地兩沿各綠洲國家而言。廣義的西域，除了狹義的西域外，兼指今中亞錫爾河、阿姆河兩河之地，甚至還及於更遠的西方❶，《洛陽伽藍記》中的胡僧就是指廣義西域的佛教僧侶而言。

至於「胡」字，由於時代的不同，所指的對象也有差異。按「胡」，原是匈奴族的自稱，如漢初匈奴狐鹿姑單于致書漢廷時稱：「南有大漢，北有強胡，胡者，天之驕子也。」❷但中原王朝向來對四周非華夏之族，往往給予不雅的稱呼，因此把「胡」改稱「匈」，這還不夠，再加上帶有貶義的「奴」字，但匈奴其為「胡」的事實並未變。因此對位於匈奴東邊的非華夏民族稱之為東胡，在匈奴之北者，稱之為北胡，在匈奴之西者稱西胡。所以在諸胡列國以前❸，「胡」字都專指匈奴而言。及至北魏太武帝拓跋燾於其神麚三年（四三〇年）攻滅匈奴赫連夏後，已不見匈奴一詞，自此胡字轉用於稱西域之族。

無論廣、狹義的西域，其早住民族幾乎是泛塞種各民族，而塞種（或作塞迦、西敘亞）各民族都是操印歐語系的高加索種，也就習稱的白種人。因此西域胡、西胡或北魏以後的所謂胡，都是帶有西方白種人的體質特徵（深目高鼻多鬚），這與匈奴、突厥、回紇……有很大的不同。如一九八〇年大陸考古學者與《絲綢之路》拍攝組，前往羅布泊探索樓蘭古國，發現一座古墓，墓中有一具完整的古代女性乾屍，據說這具古樓蘭女性乾屍面目清秀、鼻樑尖高，眼大窩深，完全呈現高加索種的體質特徵，日本稱之為「樓蘭美女」，由於是在小河附近發現，也有稱之為「小河美女」者，可見早期西域胡主要是白種人。

佛教源於印度（古稱天竺），之後向外傳播，由於地理位置，佛教由印度西北面進入中亞地區。透過中亞進入中國新疆塔里木盆地南北兩沿各綠洲國家，而後傳入中原，因此早期進入中原傳播佛教的絕大多數都是西域胡僧。中國人有個習慣，對外國人多喜以其國家名字首音為其人的姓，如從高麗來者姓高，從月支來者姓支，從中亞康、曹、史、何、石……各國者，姓康、曹、何、石……，這一點從梁、慧皎《高僧傳》❹可以清楚看到。北魏太武帝時雖曾有滅佛之舉，但為時極短，太武帝一死，佛教又興，而且較前尤盛。孝文帝遷都洛陽後，國力鼎盛，孝文帝本人「善談老莊，尤精釋義。」❺且「每與名德沙門，談論往復。」❻，因此佛教大盛，洛陽一地可說是寺塔林立。據《洛陽伽藍記》一書所載，北魏孝明帝神龜元年（五一八年）洛陽一地有佛教寺塔五百所，至北魏末世，洛陽一地佛教寺塔居然增多到一千三百六十七座，其時佛教之盛可以想見。而各座寺塔之興建無不力求標新，其裝潢則是極為奢靡，早已失佛教克勤克儉濟世渡人的初衷，北魏之崩解

❶ 余太山《西域通史》，河南鄭州中州古籍出版社，一九九六年，頁一，註一。

❷《漢書》。

❸ 就是一般史書所指的五胡十六國，只以當時既不止五種胡族，其所建的政權或國家也不止十六國，稱諸胡列國較為周延。至於所謂「五胡亂華」一詞，極為不妥，蓋古往今來從無任何律法規定中國大地華夏之族或人建立國家，如有胡族命王稱帝建元立號，則稱之為亂華，因此「五胡亂華」這一詞彙含有強烈的排他性，不利民族團結，願今後不再有人使用此詞彙。

❹《高僧傳》，湯用彤校注本，北京中華書局，一九九二年。

❺《魏書．釋老志》。

❻《魏書．韋閬附韋纘傳》。閬，音去，靜、寂靜，或絕之意。

原因雖多，但佞佛絕對是主要原因之一，在如此眾多佛教寺塔之中，也有由胡僧所立，當時有胡僧到洛陽傳播佛法，茲就《洛陽伽藍記》書中所見胡僧加以敘述。

一、城內永寧寺曾見胡僧菩提達摩

城內永寧寺係在北魏孝明帝熙平中（熙平共三年，五一六～五一八年）由胡太后所立，在洛陽宮前閶闔門南一里御道西，此寺中有九層浮圖一所（**浮圖，即塔**）。「架木為之，舉高九十丈，有剎復高十丈，合去地一千尺，去京百里，已見之。」此處所謂九十丈、十丈，都只形容其高，不可拘泥於數字，其內外裝飾之奢華，書中頁二至四有極詳細之描述，此處不予贅引。當時有「西域沙門（**指出家人**）菩提達摩者，波斯國胡人也。」到永寧寺，目睹此寺華麗宏偉，說是：「年一百五十歲，歷涉諸國，靡不周遍，而此寺精麗，閻浮所無也，極佛境界，亦未有此。」

這個菩提達摩，有必要加以介紹，現在一般書作菩提達摩，是中國禪宗的開山祖，其生平事蹟自《傳燈錄》流行後，傳說頗多失實，尤其坊間小說對其事蹟更是多所誇張。茲據湯用彤《漢魏兩晉南北朝佛教史》所載有關菩提達摩生平摘錄如次，以為參考（原書雙行夾注部分略）：

菩提達摩者，南天竺人，或云波斯人，神慧疏朗，聞皆曉悟，志存大乘，冥心虛寂，通微徹數，定學高之。其來中國，初達宋境南越，末又北度至魏，在洛見永寧寺之壯麗，自云：年百五十歲，……口唱南無，合掌連日，又嘗見洛陽修梵寺金剛，亦稱為得其真相。達摩先遊嵩洛，或曾至鄴，隨其所止，誨以禪教，常以四卷楞伽授學者，以天平年（**按天平係東魏孝靜帝

年號，共四年，五三四～五三七年）前滅化洛濱。或云：遇毒卒。（轉引自《洛陽伽藍記》頁十九～二十，注四十四）

上引菩提達摩盛讚永寧寺之精麗，稱是「閻浮」所無，所謂閻浮或作閻浮提。按閻浮原係樹名，其林茂盛，此樹於林最大，本是梵語，即指南贍部洲，或只作贍部洲、剡浮洲、譫浮洲、澹部洲，明白說就是中華及東方諸國，實則在佛經上專指印度而言❶。

菩提達摩對中國佛教產生極大影響，當今中國佛教最大的門派就是禪宗，而禪宗開山祖就是達摩，而達摩曾親臨洛陽永寧寺，此書可能是最早記載菩提達摩者，自有其多重意義。達摩又曾到洛陽城內修梵寺，修梵寺在清陽門內御道北（可參看文末所附地圖）。修梵寺內有金剛，鳩鴿不入，鳥雀不接，菩提達摩讚之說：「得其真相也。」其實「金剛」真相究竟如何，達摩未必見到，此云「得其真相」，只因修梵寺所塑之兩尊金剛寶相莊嚴，因而稱「得其真相」。至於鳩鴿不入，鳥雀不接者，唐人段成式於其所著《酉陽雜俎》卷十一有如下一段說法：

都下佛寺，往往有神像鳥雀不污者，鳳翔人張盈善飛化甲子，言或有佛寺金剛，鳥不集者，非其靈驗也，蓋由取土處及塑像時，偶與日辰王相相符也。」《酉陽雜俎》上海古籍出版社，輯入《唐五代筆記小說大觀》，二〇〇〇年，頁六三九）

❶《辭源》，台灣商務印書館，一九九三年初版二刷，頁三二四九。

段成式雖對金剛神相之所以鳥雀不集，借他人之說，排除「靈驗」之神話，但仍落入陰陽五行之說，其對北魏洛陽梵修寺金剛相之鳥雀不集之傳說，也有如下記載：

又言相寺觀當陽像可知其貧富。故洛陽梵修寺有金剛二，鳥雀不集。元魏時，梵僧菩提達摩，稱得其真也。（同上引書、頁）

就上看來，菩提達摩在洛陽可能造訪過頗多寺院。

二、城南宣陽門外四里，永橋之南，立有四館，以處四方來歸之人

設四里使來歸者長居，其中「西夷來附者處崦嵫館，賜宅慕義里，自蔥嶺已西，至於大秦，百國千城，莫不歡附。商胡販客，日奔塞下，所謂盡天地之區已。樂中國土風因而宅者，不可勝數。」這段文字是說北魏遷都洛陽後，國力達於鼎盛，四方八方來投奔者日多。這指來降附、來興販、來弘揚宗教、來增進邦誼等，北魏依來者方位，在宣陽門外，橫跨洛水的承橋之南，設立崦嵫等四館（**供短期停留者居住**）、四里（**供來歸者長居住**），等於在洛陽城南郊區特設「洋人區」，這是一種創新的作法。對西域來者處之崦嵫館，久之賜宅慕義里，自蔥嶺以西，也就是所謂廣義的西域，也多有來歸者。

至於這裡提到大秦，按一般理解大秦是指西羅馬帝國。但西羅馬帝國，由於匈奴阿提拉西征，引起歐洲蠻族大遷徙，攻入西羅馬，西羅馬帝國於西元四七六年滅亡。因而書中所說的「大秦」，不是指西羅馬，而是指東羅馬❶。

另有需加重視的是，北魏雖是鮮卑拓跋部的創建，而且是在逐次征服原來的諸胡列國及北方草原游牧民族（如高車、柔然等）為基礎再融合華北漢人（當時稱為魏晉之人）所建立的王朝，但始終都堅持自己（北魏）就是中國。所以陽衒之才會在書中稱「樂中國土風」，可見民族融合，乃是歷史大勢所趨，也是不可逆的歷史潮流。古代中國境內各邊疆地區民族雖曾多次建立政權或王朝，但不自外於中國，這是歷史的主流思想，此雖題外，但在二十一世紀的今天提出，別具意義。

至於北魏時，西域商人，胡僧來華（北魏）必不在少數，近代史家呂思勉先生於其《兩晉南北朝史》頁一〇九九中曾稱：

> 諸外國中，西域與中國通商特盛，西域人在中國經商者亦頗多……言：南北朝時，河西諸郡或用西域金銀之錢。即此一端，已可見西域貿易之盛。《魏書・景穆十二王傳》：京兆王子推之子暹除涼州刺史，貪暴無極，欲規府人及商胡富人財物，詐一臺符，誑諸豪云欲加賞，一時屠戮，所有資財生口，悉沒自入，可見涼州（今甘肅武威）富賈之多。

另今人榮新江、華瀾、張志清所主編，楊軍凱、姜伯勤、余太山、葛樂耐、芮傳明、辛姆斯・威廉姆斯、荒川正晴等人所撰之《粟特人在中國》❷一書尤值注意，蓋廣義西域胡，幾皆指粟特人

---

❶ 都於君士坦丁堡，今土耳其伊士坦堡，其勢力東達今敘利亞。關於大秦國詳情可參看德國夏德著、朱杰勤譯《大秦國全錄》，河南鄭州大象出版社，二〇〇九年。

❷ 北京中華書局，二〇〇五年，此書列法國漢學叢書第十輯。

而言。北魏洛陽之有頗多西域商胡或西域胡絕對是事實。《洛陽伽藍記》這段記載可以說是現場寫實，彌足珍貴。

三、西域胡僧立法雲寺

華夏之人或後融合諸多民族而成為漢人（漢人內涵隨時代而不斷增多，至今仍在吸納混融之中），從來就沒有濃烈的宗教情懷，一則可能由於儒家所稱：「子不語怪力亂神」、「不知事人何以事鬼神」有關。而儒家思想自漢武帝罷黜百家、獨尊儒術之後，成為中國思想主流，因此對宗教並不迷信。另則漢人是相當理性而現實的族群，信仰諸神必有所求，若祈福消災、若升官發財、若卻病長壽……能達到所求則酬神，因此對宗教並不十分堅持，此所以在中國並無宗教戰爭。

從諸胡列國時起，戰亂不已兵連禍結，人民不堪其苦，佛教以因果業報之說，正合當時人民需要，因而傳入中土。在佛教傳入西域之前，源於西域（中亞、波斯）之瑣羅斯德教已經由西域胡人傳入中土，以其崇拜天神及火，傳入中土後稱其天神為胡天，以其崇火，又稱之為火祆教❶，繼祆教之後，波斯人在祆教二宗三際❷基礎上，另創摩尼教，也由西域胡傳入中土❸。無論祆教或摩尼教，其傳教士都善於炫術（幻術，類似今日的魔術乃至催眠術），以此迷惑信徒，以招徠信眾，以往文獻載之頗詳。早期西域佛僧來華弘揚佛法，也多以幻術誘人。慧皎（南朝梁人）《高僧傳》所載浮圖澄（或作佛圖澄）、鳩摩羅什等佛教大師多通幻術且以之炫人，《高僧傳》曾詳載其事可以覆按，於此不贅。

洛陽城西法雲寺就是由西域胡僧曇摩羅所立❹，曇摩羅是西域烏場國人。烏場，唐玄奘法師於《大唐西域記》中作烏仗那，其國人以禁咒為藝業，國人尚且如此，其出家僧人自是更善於唸咒與幻術。此國在北天竺，但操中天竺語，考其地望約在今帕米爾高原之南，南連印度❺，書中稱這個曇摩羅是：

（摩羅）聰慧利根，學窮釋氏，至中國，即曉魏言隸書，凡所見聞，無不通解，是以道俗貴賤，同歸仰之，作祇洹寺一所，工制甚精，佛殿僧房，皆為胡飾，丹素炫彩，金玉垂輝，摹寫真容，似丈六之見鹿苑（**指丈六之佛身**），神光壯麗，若金剛之在雙林❻。伽藍之內，花果蔚茂，芳草蔓合，嘉木被庭。京師沙門（**指佛僧**）好胡法者，皆就摩羅受持之，戒行真苦，難可揄揚，祕咒神驗，閻浮所無（**閻浮指中土**），咒枯樹能生枝葉，咒人變為驢馬，見之莫不驚怖。（頁二〇一）

---

❶ 祆，係稍後所新造之字，以表示胡人之天神，又稱祆教。

❷ 二宗指光明與黑暗；三際指過去、現在與未來。

❸ 關於祆教、摩尼教詳情，可參看陳垣《火祆教入中國考》、林悟殊《波斯拜火教與古代中國》、《中古三夷教辨證》、王見川《從摩尼教到明教》、姜伯勤《中國祆教藝術史研究》、向達《唐代長安與西域文明》、張星烺《中西交通史料彙編》、林悟殊《摩尼教及其東漸》、芮傳明《東方摩尼教研究》、劉學銚《祆教、摩尼教從中亞到中原》等書。

❹ 曇摩、曇謨或南無，都是梵語音譯，其意為歸依，此也可證在唐以前「無」字其讀音為「摩」或「謨」今日閩南語仍讀「無」為「謨」。

❺ 見玄奘口述、辯機筆錄、季羨林等校注《大唐西域記》上冊，頁二七一，北京中華書局，二〇〇〇年。

❻ 此處金剛喻佛之法身，雙林指當年佛在拘施那城，娑羅雙樹間。

這一段對曇摩羅之善於幻術禁咒，做了詳細的描述。所謂枯樹生葉、人變為馬驢，實際上都是不可能之事，其所以仍能產生此「效果」者，只能稱之為幻術，或使觀者受到催眠。如能理性看待，當不致被其炫術所迷惑，可惜世人往往被此一時假象所迷惑，信以為真，以至執迷不悟，至今喇嘛教仍以「活佛」迷惑世人，佛而能活，何須圓寂？

四、天竺國胡僧菩提流支曾在城西融覺寺

城西融覺寺可能是比丘曇謨最住賜的寺院，曇謨最善於禪學，講解《涅槃》、《華嚴》經，有徒眾千人，有天竺國胡僧菩提流支（係梵語，其意為道希）一見曇摩最禮敬有加，稱之為菩薩。菩提流支本人亦深解佛經，為西域知名之士，西域諸胡族號之為羅漢，通曉北魏語言及隸書。按北魏雖為鮮卑拓跋氏所建，但境內民族眾多，一般通行漢語，北魏通行之文字為漢字隸書，其風格從今日所存「魏碑」得窺其貌，與楷書（或稱真書）已極為接近。菩提流支既通曉漢語、識得隸書，所以曾翻譯《十地》、《楞伽》等二十三佛經，可能翻得相當傳神，所以陽衒之在書中譽之為「雖石室之寫金言，草堂之傳真教，不能過也。」（頁二三一）。當菩提流支讀到曇謨最的《大乘義章》時，讚歎不已，立以梵文譯出，傳之西域，並敬稱曇謨最為東方聖人❶，不管這位曇謨最被稱譽為東方聖人或東方菩薩，他死後卻被閻羅王判入類似煉獄之地（詳見本文城東崇真寺），這不免使人覺得怪異，連東方聖人或東方菩薩死後還得受閻羅王的審判。

五、城西永明寺有許多異國胡僧

永明寺是北魏宣武帝元恪所立，在城西融覺寺西、大覺寺東❷，在洛陽城頗負盛名。由於當時有許多西域胡僧到洛陽，認為洛陽是人間樂土，宣武帝特為這些西域胡僧立了這座永明寺，以供他們住宿弘法。這座佛寺「房廡連亙，一千餘間，庭列脩竹，簷拂高松，奇花異草，駢闐堦砌，百國沙門三千餘人，西域遠者，乃至大秦國……」（頁二三五～二三六），可見永明寺聚集異國胡僧之多，雖在今日也不可能重現。書中也提到在永平寺之西有宜年里，里內有陳留王元景皓、安定公胡元吉（胡太后異母弟）等二宅。河州刺史陳留莊王元祚之子，本性虛懷若谷善於待人接物，喜好佛家之說，於是把住宅之半用以供養佛徒❸，當時天下知名的僧暹、惠光、道希、法榮四法師，以及菩提流支都曾到永明寺，可說盛極一時。

《洛陽伽藍記》一書雖是記述北魏後期洛陽佛教寺院情況，但所涉及的則是更多的史事，及當時社會的傳聞，全書以近駢體式文字記載，極具可讀性，本文僅就上列二事加以敘述。

---

❶《續高僧傳》也曾記載這件事，只是最後稱曇謨最為東方菩薩。

❷ 可參看文末所附地圖，在圖西北方，閶闔門之西。

❸ 永明寺有僧房一千餘間，但百國胡僧有三千多人，永明寺顯然無法容納，遂元祚之子捨半宅以供佛徒憩息。

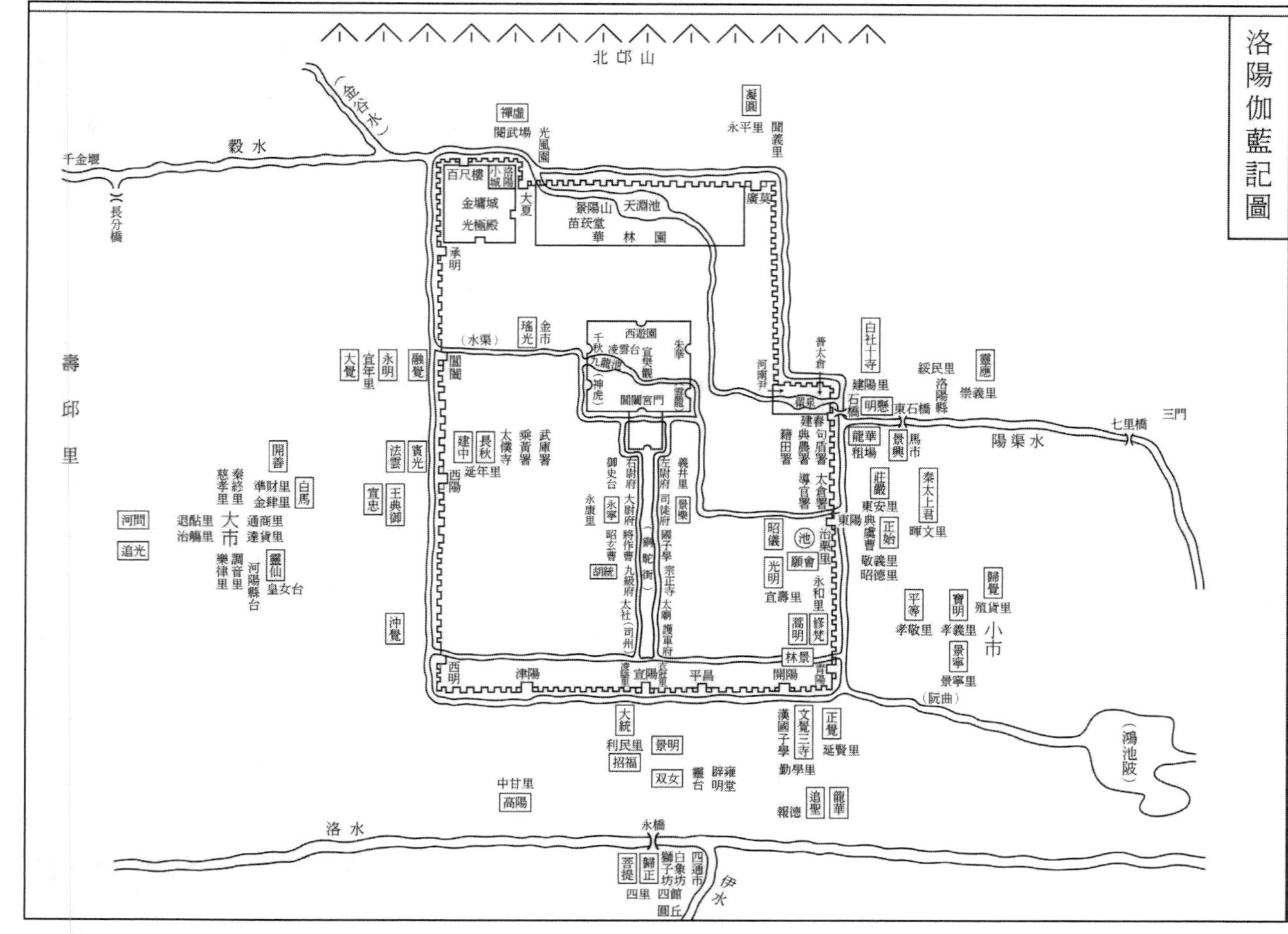
洛陽伽藍記圖
北邙山
金谷水
穀水
千金堰
長分橋
壽邱里
大市
洛水
永橋
伊水
陽渠水
七里橋
三門
東石橋
小市
鴻池陂
華林園
景陽山
天淵池
金墉城
光極殿
百尺樓
閶闔宮門
銅駝街
西遊園
九龍池
凌雲台
金市
西明
津陽
宣陽
平昌
開陽
東陽
建春
閶闔
承明
廣莫
大夏
明堂
辟雍
靈台
國子學

第五章 幾個末代皇帝事蹟

中國之有「皇帝」之稱，起於秦嬴政，他滅六國一統天下之後，命群臣議稱號，按在秦之前雖有三皇五帝的傳說，但究竟哪些人是三皇、哪些人是五帝，向來有不同說法，例如《春秋緯》指稱所謂「三皇」是天皇、地皇、人皇，顯然都只是傳說而已。而《春秋緯》的緯，其原意是紡織物的橫線，之後有《緯書》一詞出現，乃是對經書而言，大多漢時學者偽託為孔子所作，計有《易緯》、《書緯》、《詩緯》、《禮緯》、《樂緯》、《春秋緯》及《孝經緯》七《緯》。試想把儒家所推崇的幾部孔子（**含孔子**）以前的書冊尊之「經」，乃是漢武帝劉徹採董仲舒「罷黜百家、獨尊儒術」之議，才有《五經》之名，《五經》的出現已在秦嬴政之後，與經有關的緯書，自然更晚了，何況緯書之中摻雜許多陰陽五行之說，嚴格的緯書算不上正式著作。另有一說稱解釋《經》的書稱「傳」，解釋「傳」的書稱「緯」，因此緯書所敘述的古事多不可信。縱然確有三皇五帝其人，他們也只稱皇、或稱帝，周代的君主只稱王，因此群臣認為統一天下、集權於中央，以海內為郡縣，這是亙古未有之盛事，所以建議上個「泰皇」的尊號❶，然而秦嬴政不以為然，他自認他一統天下的功績超過三皇五帝，所以應稱皇帝，並以自己為始皇帝，之後二世、三世……以至萬世皇帝，直到永遠。可見「皇帝」一詞始於秦始皇帝，其時為西元前二二一年，此後歷朝歷代的君王都稱皇帝，直到清朝末帝溥儀於一九一一年宣布退位，皇帝一詞才在中國歷史中消失。

自秦始皇帝至清宣統皇帝，頭尾一共二千一百三十三年，曾經建元立號命王稱帝的總有好幾百人之多，每一個政權或朝代，其國祚長者三百來年，短者二、三年❷，相差百倍；若論其統治的疆域，有廣達一千好幾百萬平方公里者（**如盛唐、盛清**），有偏處一偶幾十萬平方公里或更小者（**如諸胡列國中的若干小國**）。

但其君王概稱皇帝，如果要細說每一個皇帝，勢必要好幾十本專書，作者力有未逮，讀者想來也未必有讀的興趣。至於每個政權創建者，必然都有相當才華，或者逞勇於疆場、或者工於心機謀略，為了競逐江山，無所不用其極，正所謂「江山如此多嬌，引無數英雄競折腰」。因此寫古往今來開國帝王事蹟者極多，但自古以來沒有不滅的政權或王朝，正如同事情有開始，就必有終結之時，也像人，有生就必有死。對於末代帝王，大多下場悲慘，而其所以成為末代帝王，往往是多行不義咎由自取，所謂自作孽不可活，也就少有人為之作傳作記；有些皇帝既是開國之君，也是亡國之主；也有些末代皇帝並未作惡多端，只是時代使之成為亡國之君，有其令人同情之處。末代皇帝各有其不同的情狀，而且自秦至清，曾經建元立號建立政權或王朝，總有五、六十個之多，這樣就有五、六十個末代皇帝，本文勢必無法一一加以敘述，只能擇其要者加以敘述。

在寫作的過程中，當然參考許多所謂正史、一些私家論著乃至一些稗官野史。然而所謂「歷史」，中外學者可以提數十百種定義，都能言之成理，頗有使人莫知所從之感，但追根究柢，所謂歷史，只有歷史本身與記載的歷史。歷史本身稍縱即逝，既不會重複出現，也不能複製，因此後人所知道的歷史，都是記載的歷史。而這些所謂記載的歷史，就是史料，我們可以理解沒有史料就不成其為歷史。但歷史並不等同史料，史料是由人記載下來的，凡是人，就有其主觀意識與客觀的顧忌，在主客觀約束之下，其所記載的歷史與歷史事件本身必然會有若干出入。關於這一點，

❶「泰皇」也是傳說三皇中的一個，而「泰」古通「大」。

❷ 明代一三六八～一六四四年，如含南明則到一六六一年，冉閔的魏前後僅三年。

一千五百多年前陽衒之氏❶就借隱士趙逸之口，說出所謂「史」者並不可信，其說如下：

自永嘉以來❷二百餘年，建國稱者十有六君，皆遊其都邑，目見其事，國滅之後，觀其史書，皆非實錄，莫不推過於人，引善自向，苻生雖好勇嗜酒，亦仁而不煞（**同殺**），觀其治典，未為凶暴，及詳其史，天下之惡皆歸焉。苻堅自是賢王，賊君取位（**指苻堅篡奪苻生之帝位**），妄書（**苻**）生惡。凡諸史官，皆是類也。人皆貴遠賤近，以為信然，當今之人，亦生愚死智，惑已甚已。（見陽衒之《洛陽伽藍記》范祥雍校注本，頁八十九）

陽衒之借隱士趙逸❸之口，說出向來所謂正史或史書所載未必可信。按諸列國時，各國幾乎都有史官，修其「國書」，《隋書經籍志》尚錄有這些「國書」，但稱之為「霸史」。茲將其書名及卷數引錄如次：

《趙書》十卷，一曰《二石集》，前燕太傅長史田融撰，（**此處所謂二石，當指石勒、石季龍而言**）。

《二石傳》二卷，晉、北中郎參軍王度撰（**此處晉，已是東晉**）。

《二石偽治時事》二卷，王度撰。

《漢之書》十卷，常璩撰。

《華陽國志》十二卷，常璩撰。

《西河記》二卷，記張重華事（張重華係前涼第四主，三四六～三五三年在位），晉侍御史喻歸撰。

《燕書》二十卷，記慕容儁事（指前燕容儁或作慕容儁，三四八～三六〇年在位），前燕尚書范亨撰。

《南燕錄》五卷，記慕容德事（慕容德，三九八～四〇五年在位），南燕尚書郎張詮撰。

《南燕錄》六卷記慕容德事，南燕尚書郎王景暉撰。

《南燕書》七卷，遊覽先生撰。

《燕志》十卷，記馮跋事（按馮跋，四〇九～四三〇年在位，史稱北燕），（北）魏尚書高閭撰。

《秦書》八卷，何仲熙撰，記苻健事（苻健係前秦建國者，三五一～三五五年在位）

《秦記》十一卷，（南朝）宋、殿中將軍裴景仁撰。

《秦記》十卷，記姚萇事（姚萇係後秦建國者，三八四～三九四年在位），（北）魏左民尚書姚和都撰。

---

❶ 按一般書都作楊衒之，但筆者堅持其姓陽，可參看本書《北魏洛陽的靈異事件與西域胡僧》一文，此處不贅。

❷ 永嘉是晉懷帝司馬熾年號，共七年，三〇七～三一三年，有八王之亂，致匈奴族之劉聰擒俘晉懷帝，使之青衣行酒，極盡羞辱之能事，史稱『永嘉之亂』。

❸ 自稱是晉武帝司馬炎（西元二六五～二九〇年在位）時人，北魏孝明帝元詡正光初五二〇年到洛陽，已是二百多歲，所以自目見十六國之事。

《涼記》八卷，記張軌事（張軌係前涼奠基，原為晉惠帝司馬衷時涼州刺史領護羌校尉），燕右僕射張諮撰。

《涼書》十卷，記張軌事，前涼大將軍從事中郎劉景撰。

《涼記》十卷，記呂光事（**按呂光乃氐酋，後涼建國者**），後涼著作郎段龜龍撰。

《涼書》十卷，高道讓撰。

《涼書》十卷，沮渠國史（**按係指盧水胡沮渠蒙遜（四〇一～四三三年在位）**，所建之北涼而言）

《拓跋涼錄》十卷，按拓跋涼，係指禿髮烏孤之南涼而言，只因拓跋氏建有北魏，遂將同源之拓跋烏孤（三九七～三九九年在位）稱為禿髮氏，未著撰人。

《漢趙記》十卷，和苞撰，按此書係記載匈奴劉淵以至劉曜之史事，題名「漢趙」為最正確之作法，既顧及劉淵（三〇四～三一〇年在位）之漢，又顧及劉曜（三一八～三二八年在位）改國號為趙之事。

《纂錄》十卷，未著撰人。

以上這些霸史，隋唐之後都已不見，但陽衒之撰《洛陽伽藍記》（**時為六世紀上中葉**）上距十六國為時不甚遠，或者陽氏均曾讀過，所以才會說「觀其史書，皆非實錄」。史書是記載歷史的，與歷史事件本身會有出入，是必然的，因此本文所要敘述的幾位末代皇帝事蹟，雖也參考一些史書，仍不可避免的會與事實有些出入，只能要求出入不要太大。

秦始皇帝統一天，原想二世、三世……永遠傳下去，以為萬世，沒想天不從人願，傳到二世胡亥時，便戛然而止，關於秦二世胡亥的事蹟一向說的人多，寫的人也多，甚至中學教科書也都會提到，既然大家都已耳熟能詳，已不再是縫隙裡的歷史了，本文就予以略過，就從王莽說起，提到王莽就必然會帶到西漢最後幾個皇帝，所以就以王莽作為本文第一個末代皇帝。

一、王莽

王莽（西元前四十六～二十三年），字巨君，西漢元城人，他既是「新」朝的創建者，也是新朝的末代皇帝，這在歷史上雖非絕無僅有，卻也不多見。漢元城屬冀州刺史部，其地當今河北省邯鄲市館陶縣之南約五十公里冀豫交界之處。王莽一族，原是戰國時齊國王氏，王莽的曾祖父王賀進入西漢宮廷當上繡衣御史❶。他的兒子王禁，也就是王莽的祖父，生下八子四女，其中一個女兒叫王政君的，嫁漢元帝劉奭（西元前四十九～前三十三年在位）成為皇后，從此王家飛黃騰達。

當時政府用人，既沒有選賢良舉秀才、更談不上開科取士，因此外戚就成為一個很重要人才來源。所謂外戚，是指母親或妻子的家人，也即所謂「母黨」、「妻黨」，中國人所說的親戚。除了上述「母、妻」兩黨外，另一黨就「父黨」。王氏家族靠王政君當上皇后，紛紛做了大官，其王鳳、王商、王音、王根都封為侯，先後當過大司馬，但王莽的父親王曼早死，所以沒撈到好處，

❶ 繡衣御史，也稱繡衣直指，漢武帝劉徹時（西元前一四一～前八十七年在位）才設置此官，為奉特別命令鎮壓人民反叛及查辦重大案件的官員，由侍御史出任，身穿繡衣，所以稱繡衣御史，也稱繡衣直指，位階並不很高。

但是其為書香門第則是毫無疑問，王莽自幼能飽讀詩書。漢武帝自採董仲舒之議「罷黜百家，獨尊儒術」後，儒家思想就成為漢代的主流思想。王莽是一個儒者，他既聰明又工於心機，而且又善偽裝，他雖然沒有撈到官做，但是他深知對在朝為官叔、伯的投資，絕對不會落空，所以他事奉叔伯極為用心。他的姑姑王政君生下劉驁，就是後來的漢成帝（西元前三十三～前七年在位）。漢成帝陽朔三年（西元前二十二年）王莽的伯父王鳳已是獨攬朝政，因病在家休養，王莽侍奉湯藥，片刻不離，比王鳳的親生兒子還要來得貼心，這讓王鳳深受感動，臨終前向皇太后王政君請求給王莽一個官位，就這樣王莽當上了黃門郎，開始步入仕途，此時王莽二十四歲。

說起黃門郎這個官，位階雖不很高，但卻能接近皇帝，漢成帝在親屬上與王莽是表兄弟，這對王莽未來的發展很有助益，王莽此時謹言慎行，輕財好施，而且自奉甚儉，結交讀書人。王莽本身博學，因此容易得到知識份子的好感，在長安有很高的聲望。他的叔父成都侯王商覺得王莽確實是王家的好子弟，就向漢成帝請求將自己的宋邑分封給王莽。同時由於王莽廣結善緣，許多「社會名流」聯名上書朝廷，稱讚王莽的學識與才華，漢成帝也就俯允，封王莽為新都侯、食邑一千五百戶，又晉升為騎都尉、光祿大夫、侍中，這一下王莽可參與朝政大事了。此時王莽三十歲，雖然突然之間升了這麼多級的官，但是王莽很沉得住氣，沒有露出絲毫驕橫之氣，待人接物依然虛懷若谷，這樣他在社會上獲得更多讚譽。

王莽又當上大司馬、領尚書事，這時他是除皇帝外最有權勢的人，此時王莽還不足四十歲，正值盛年。漢成帝雖非昏君，但也絕非明君，他迷戀趙飛燕，後來又引來趙飛燕的姐妹趙合德。趙飛燕可能體態輕盈纖瘦，據說可以掌上舞，與唐代楊玉環的豐腴富泰形成強烈對比，所以有「環肥燕瘦」之說。成帝的皇后許皇后沒有生育，而許氏家族（也是外戚）又在朝中專政，太后王政君很不以為然，就以許皇后沒有生育為由，要成帝廢了許皇后，成帝正沉迷於趙氏姐妹，就將許后降為婕妤，而以趙飛燕為皇后。

成帝對朝政並不關心，這就讓王莽更有施展的機會，王莽博學多聞，又廉潔自持，自然擁有很高的聲譽。如果以當時的情形看，王莽確實是一個能吏、廉吏，自古以來廉能兼具的官吏不多，尤其廉吏往往是酷吏，而王莽能兩者兼備，洵屬罕見。如果當時漢朝有比較像樣的皇帝在位，王莽就可能成為名垂千古的賢相，然而無論個人或國家的命運，是無法自行掌握的。

西元前七年，漢成帝崩殂，由於他沒有子嗣，便以侄子定陶王劉欣繼任，史稱漢哀帝。新皇帝有新外戚，哀帝的母親傅氏被尊為太后，立刻免了王莽大司馬的官位，而以她堂弟傅喜出任大司馬，並且要王莽回他的封地新都。離開京城（長安）等於離開權力中心，這對王莽而言，真是情何以堪，二十年的努力，付諸流水。而新任大司馬傅喜，能力平庸，又不知禮賢下士，所以當時長安城內太學生對王莽的去職都覺得不平，相傳有三萬太學士齊聚宮闕，高呼「如莽不出奈天下蒼生何」，可見王莽當年聲望之隆。當然這也有可能是王莽或親王莽的人在暗中策劃的一幕「請願活動」，不管真相如何，之前王莽如果高傲而不知禮遇知識份子，這一場「請願活動」是辦不起來的。

漢哀帝劉欣有龍陽之癖（同性戀），他喜歡董賢，厚予賞賜，同眠。據說某次午睡時，董賢壓住哀帝衣袖，哀帝睡醒起身，怕驚醒董賢，於是就以刀剪斷自己的衣袖，其寵愛董賢於焉可見。同性戀後代又稱「斷袖之癖」，或典出於此。哀帝之寵愛董賢，甚至要把皇帝寶座都讓給董賢，經過舉國上下的反對，此議才作罷。哀帝在位才七年（西元前七～前一年），無子，而且他的兩位太后傅氏、丁后（一個是嫡母、一個是生母）也已死去。此時王莽的姑母王政君仍然活著，群臣又擁護王政君處理朝中大事，王政君深感王氏家族無人在朝中為官，很難施展身手，便又任命王莽出任大司馬、領尚書事。

王莽重新握有政權，可能感受到權力不可須臾或離，一旦離開想重新得到，難之又難。這次之能重返權力核心，完全得力姑母王政君，若非姑母長壽，自己是不可能重新掌權，要想牢牢握有權力，只有讓自己成為最高權力握有者，他後來篡漢自立，或許與他被放逐有關。

當他重獲權力之後，對四周邊疆民族政權往往濫施威權，又為討好太、太皇太后王政君❶，便遣使匈奴，要王昭君在匈奴所生的兩個女兒須卜居次與當于居次到長安入侍王政君，這要把王昭君之事追述一下。

王昭君於漢元帝竟寧元年（西元前三十三年）嫁南匈奴呼韓邪單于，生下一男名伊屠智牙師，後來為右日逐王；呼韓邪單于死後，長子雕陶莫皋繼立，稱復株累若鞮單于，依匈奴傳統烝報婚習俗，復以王昭君為閼氏，生下兩個女兒。匈奴語稱女孩子為「居次」，至今維吾爾、哈薩克等突厥回紇語稱女孩其讀音仍與「居次」相近。這兩個女兒，一個嫁須卜氏，故稱須卜居次，一嫁當于（匈奴官名），所以稱當于居次，這兩個「居次」到長安之後，極得王政君的寵愛，得到很多賞賜。但是王莽勞師動眾要這兩人奔波南下，連同隨從、漢使往往數百人之多，所費不貲，只是為了討王政君的歡心，展現一己威震「北蠻」，實屬不智。

而這一年（西元二年）中原發生旱災和蝗災，民不聊生，王莽抓住討好人民的機會，率先捐出一百萬錢、三十頃地，更宣布撙節官府開銷，以為賑災，如此一來皇室貴族、文武大臣不得不跟著解囊，王莽確實討到人民的歡心，為他後日篡位打好下層的基礎。

漢平帝劉衎年齡漸長，而王莽當初與太皇太后王政君議立平帝時，為防止外戚而禁止平帝之母入宮，此時平帝既已漸長，對此不免有所抱怨，王莽自是不悅。為了進一步操控平帝，就把自己的女兒嫁平帝為皇后，這更加引起平帝的不滿，王莽感受到威脅，於是興起除去平帝之心。西元五年（**元始五年，平帝此時已十四歲**）逢平帝生日，群臣為平帝賀壽，王莽親自獻上一杯酒，平帝喝下後，次日宮中就傳出消息說：平帝病重，為此王莽還演了一齣欺人耳目的假戲，他為平帝的病到太廟祈禱，寫下血書，說是願以自己的性命換得平帝的康復，看來逼真，只有王莽心知肚明，果然沒幾天，平帝就龍馭上賓了。

平帝沒有子嗣，王莽就在劉氏宗親裡找到一個才兩歲的小孩來繼承帝位，他叫劉嬰，史稱孺子嬰（六～八年在位）。一個兩歲的小孩，王莽完全沒把他放在眼裡，而此時王莽已經五十二歲了，在二千年前，五十歲已經可以稱壽了，王莽也體會到時間沒有在等他，所以加快篡位行動。他要姑姑王政君封他為「攝皇帝」，也等於攝皇帝之位以治天下，這下他的野心終於露了出來，雖然有人出來反對，但是被王莽給鎮壓下去。王莽善於作偽，又在各地製造所謂「祥瑞」事件，如齊郡「新」井、巴郡冒出石牛、扶風出現石頭……，在今天看來，都毫無意義，但是二千年前，人對自然界的敬畏、不了解遠遠超過今天，如果再有人加以曲解、渲染，這些毫無意義的「怪事」（**甚至根本就**

---

❶ **此時為漢平帝劉衎元始二年，西元二年。衎，音刊，快樂之意。王政君在輩份上為劉衎的曾祖母，只好稱之為太、太皇太后。**

是事先安排好的）都會被解讀為祥瑞之兆，就這樣他決定自立為帝。

相傳秦始皇以和氏之璧篆刻了「受命予天，既壽永昌」作為國璽，期能代代相傳，但只傳了兩代，就落入了劉邦之手，漢朝自劉邦而惠帝而呂后、文、景、武帝、昭……以至平帝，代代相傳，這就是所傳國璽。王莽既要自立為帝就要得到傳國璽，用以表示帝位是「受命予天」，但是傳國璽在內宮，在老而彌堅的王政君手中，所以他先是命王舜到宮中向親姑姑討要這顆傳了十一個皇帝的傳國璽，這下驚醒了王政君。面對娘家侄子居然要篡奪劉家的天下，怒不可遏，大罵：「你們王家父子宗族，蒙受漢家恩惠，一門富貴，現在居然竟趁國君年幼篡奪帝位，這種行為簡直豬狗不如」，一氣之下，就把稀世珍寶的傳國璽扔到地上。留傳了二百多年，由價值連城的和氏璧篆刻而成的傳國璽因而缺了一角。王舜只好撿起來交給王莽，這下王莽認為有傳國璽等於自己的帝位是「受命予天」，儘管傳國璽缺一角，但用黃金加以修補，無損於王權的正當性❶，於是王莽稱帝建國曰「新」，時為西元九年，建元「始建國」。

王莽是「新」王朝的創建者，同時也是新朝的末代皇帝。綜合觀察，王莽既不是昏君，也不是暴君，在歷代數百個帝王中，很少有像王莽這樣精通儒家經典的，然而他卻是亡國之君，其所以如此是有原因的。

王莽精通儒家經典，因此醉心於周初各種制度，然而他沒看到時代在變、社會也在變，而人的想法、生活需求更在變。王莽食古不化，一心想把人民拉回到一千多年前周公時代，這種與時代脫節的人怎麼能成功。他妄自尊大，刻意貶抑匈奴、西域等邊疆地區各民族政權，以顯示高高在上「天朝」的威嚴。按匈奴自呼韓邪單于附漢以及漢朝以王昭君下嫁呼韓邪單于以來，四十幾年來匈漢之間和睦相處，立於平等的地位，漢朝頒給匈奴單于的印信其印文為「漢匈奴單于璽」。

眾所周知，在中國傳統政治文化裡，璽印、章、關防，有其嚴格的區別。「璽」，只有帝王的圖章才可以稱之為璽；一般正式的政府機構（臨時性的機構除外）、正式任命的官員，其圖章稱印；政府臨時性機構及位階較低的單位只能稱關防；一般人民則稱章。

這是中國政治文化的特色，王莽當然了然於胸。但他當皇帝之後，派使者到匈奴單于庭，以詐騙的方式，使者趁與匈奴單于酒酣耳熱之際，說是新朝皇帝新頒圖章給單于，並換回舊的圖章。單于不疑有他，接下新圖章並交回舊的，事後細看印文，原來新圖章刻的是「新匈奴單于印」，單于自是不依，要求拿回舊圖章，原來王莽使者也怕單于發現印文有變，連夜把舊圖截角，單于不悅，使者只好賞以大量財物。至今政府機關如更改圖章或裁撤時，還必須將舊圖章繳回原頒發機關截角作廢。王莽此一作為凸顯其自大心態，不僅如此，還要把匈奴改稱為恭奴，則是更為無知的作法。接著他還想在匈奴立十五個單于，以削弱匈奴，因此匈奴、西域各國多背叛王莽的新朝。

此外，在經濟上，王莽也是師心自用，例如改革幣制，由朝廷統一發行，先後五度改變幣制，使民不知所從，而且面額越鑄越大，但實值則越來越小，造成市場紊亂；實行專賣制度，將酒、鹽、鐵都歸政府專賣，而且規定山上水中的天然資源，都收歸國家所有，只有政府才能開採……類此許多措施都有與民爭利意味，其失去民心已是無可避免。

---

❶ 關於傳國璽的來龍去脈，可參看劉學銚《歷盡滄桑傳國璽》一文，該文輯入劉著《旮旯裡的國史》，台北南天書局，二〇一二、二〇一五出版。

王莽始建國三年（十一年）黃河發生有文字記載以來第二次大改道，大水氾濫區域之廣、沖毀房舍之嚴重、受災人數之多，都是空前甚至絕後的（有文字記載以來，黃河共有九次大改道）。氾濫地區倖存的人流浪各地成為災民，災民如無得到救濟很容易轉為暴民，幾百萬的暴民等於給王莽政權敲起了喪鐘，於是各地叛亂紛起，王氏王朝的覆滅已是指日可待。

王莽如果在篡位前就死去，他的歷史評價會很高的，可惜他死得太晚了。所以他的歷史定位是亂臣賊子，而且開了篡位的先例，後代有人以如下一首詩來形容他與周公：

周公恐懼流言日，
王莽謙恭下士時。
若使當時身便死，
一生真偽有誰知？

二、北齊末代皇帝高緯

要談北齊末帝高緯，就必須從高歡說起，高歡（四九六～五四七年）自稱渤海蓨人，渤海蓨縣高氏是名門望族，許多姓高的人都冒稱自己是渤海蓨人，高句麗❶、高麗、渤海國的高氏，進入中原也多自稱是渤海蓨人，據《北齊書》稱：

> 齊高祖神武皇帝，姓高名歡，字賀六渾，渤海蓨人也。六世祖穩，晉玄菟太守，穩生慶，慶生泰，泰生湖，三世仕慕容氏❷……神武既累世北邊，故習其俗，遂同鮮卑。

按《北齊書》係唐朝李百藥所撰，為正史之一，稱高歡六世祖為高穩，曾任晉玄菟太守。一般而言，古代以三十年為世，高歡生於西元四九六年，往前推六世也就是一百八十年，為西元三一六年，依當時北方尤其胡族盛行早婚早育，六世往往不足一百五十年。而西晉惠帝司馬衷永安元年（三〇四年），匈奴劉淵已建立「漢」政權，其時石勒、劉聰、劉曜等正在為「漢」政權開疆闢土，且晉懷、愍二帝先後為匈奴劉氏所擄，高歡六世祖高穩應無可能為晉玄菟太守，《北齊書》這一段文字很值懷疑。

而後說高歡字賀六渾，有名有字乃是漢人的習俗。古代漢人多是單名，不好稱呼，如連名帶姓叫又不尊重（因姓代表家族），所以男子弱冠時取字，以便進入社會後人們稱呼，所以說「以字行」。北方胡漢雜居之處，許多胡族見漢人不呼名而稱字，往往附庸風雅也為自己取個字，胡族所取的字多半是胡語，見諸文字者，則是以漢字音譯胡語，這在《十六國春秋》、《晉書・載記》、《魏書》、《周書》、《北齊書》、《北史》等史中可以找到許多例證。漢人取字有其原則，絕大部分是字與名相輔或字與名相對（相反之意），如諸葛亮字孔明、陶潛字淵明；韓愈字退之、朱熹

---

❶ 不是後來王氏的高麗，更不等於今天的韓國。

❷ 慕容氏係鮮卑族，建有前燕、後燕、西燕、南燕等。

字元晦等是（前二者與名相輔，後二者與名相對）。高歡字賀六渾，這然是鮮卑語的漢字音譯，「歡」與之相對的字應是「悲」，以「悲」為字顯有不妥，所以「賀六渾」這個鮮卑語，其意與漢語歡喜、高興相當。如與高氏北齊同時代的斛律金，斛律是敕勒的一個部落名稱，以部落名稱為姓，這是北方胡族的傳統習慣，「金」是名，斛律金字「阿六敦」，考阿六敦、阿爾同、阿爾泰乃至阿祿出……是自匈奴以來北方各胡族對「金」的共同稱呼，很明顯看出來，其取字的原則是與名相輔。

其次，在諸胡列國時代，胡族所建政權，多採胡、漢分治原則，當兵打仗幾乎成為胡族的「專業」，而高歡一族在北魏時是北方兵戶，所以如果說北齊高氏一族是鮮卑化的漢人，不如說略有漢化的鮮卑族，更為合適。高歡在北魏時原是北方六鎮的兵戶❶，地位很低。這是由於北魏孝文帝遷都洛陽後，政治、軍事、經濟、文化中心都移到洛陽，使六鎮的重要性日漸消失，鎮將及將領不再有機會入朝擔任高官、兵戶的地位更是一落千丈。

高歡生下後，母親就死了，是由他胞姊（**嫁尉景，可能是鮮卑尉遲氏**）撫養長大。兵戶子弟仍是兵戶，高歡因家貧，連馬都買不起，只能當個步兵，都北方草原地區戰爭以騎兵為主，可見起初高歡地位之低下。後來娶鮮卑族婁氏為妻❷，由於婁氏的贊助，高歡才有錢買了馬，在六鎮裡當上了「隊士」（**可能類似今日的小隊長、或部隊中的班長**）。

或許由於他做事負責，也或許長相體面，頗受鎮將段長的器重，讓他擔任「函使」。所謂「函使」，就是負責把軍鎮的信函送到京城洛陽、再把京城的指令帶回軍鎮的信差。地位雖不高，卻必須是軍鎮鎮將信的過的人，才會任命他為「函使」，因此高歡得以經常到洛陽。

北魏遷都洛陽後，極力建設洛陽城，其時北魏國力鼎盛，洛陽日趨繁華，孝文帝死後，宣武帝元恪嗣立，洛陽更是奢靡。佛教寺塔林立，官員貪腐、生活靡爛，一付「世紀末」的形象，與北方軍鎮艱苦生活，形成強烈對比。高歡政治嗅覺極為敏銳，似已察覺魏祚將盡，天下也將大亂，回去後說服富有的妻子婁氏，告以一旦天下大亂，家財都將成為累贅，不如變賣家產結交朋友，在亂世中人脈才是最重要的資產，婁氏深以為然。高歡從此有了一些死忠的朋友，並投身政治活動，先後投靠葛榮、爾朱榮，但覺得他們識見有限，都不是「明君」，最後自立門戶，成為一方之雄。

當爾朱榮率兵入洛陽濫殺北魏文武大臣，並將胡太后沉於黃河，扶立孝明帝元詡，把持北魏朝政，後來被孝明帝用計誅殺了爾朱榮，不久孝明帝也被爾朱家族所殺。高歡趁機另立元善見是為東魏，元善見史稱東魏孝靜帝，形同傀儡，大小事情都取決於高歡，雖然如此，高歡終其一生並未篡立，但是卻為建立北齊打下了基礎，這正像曹操一生也沒稱帝，但卻為曹丕奠定稱帝的基石。

高歡有一次與西魏宇文泰作戰時（所謂西魏，實際上是由宇文氏所把持），戰況不利，而高歡在軍中又生病，於是便命手下大將敕勒族的斛律金（已經鮮卑化、或者也有相當程度的漢化）以鮮卑語唱敕勒族的民歌，其歌辭漢譯後，就是有名的《敕勒歌》全文二十七字如下：

❶ 北魏為了防範柔然，而在北邊設立了六鎮，這六鎮是：沃野、懷朔、武川、撫冥、柔玄、懷荒，採用軍民合一制，所以也稱軍鎮，其地望大致在今內蒙古到河北北部一帶，有關北魏軍鎮設置詳情，可參看嚴耕望《北魏軍鎮制度考》一文，該文刊載於中央研究院歷史語言研究所集刊第三十四本，台北中研院出版。

❷ 婁氏應是鮮卑匹婁氏，可參見姚薇元《北朝胡姓考》台北華世出版社，一九七七年，頁九十～九十四，北魏孝文帝推行全面漢化後，其中有改胡姓為漢姓一項，因此有許多鮮卑、匈奴、羯……胡族的姓，多改為單音的漢姓，而諸多史書、文獻都是孝文帝以後所成，都改用漢姓，因此有時難以區別其人是胡族，還是漢人。

敕勒川，陰山下，
天似穹廬，籠蓋四野，
天蒼蒼，野茫茫，
風吹草低見牛羊。

這短短的二十七個字，把北方草原上的牧野風光，躍然於言詞之間，沒有刻意修飾，卻呈現樸質、美感，這可能是與高歡有關的一件美好回憶。

高歡有很多兒子，其中較「知名」的有高澄、高洋、高演、高湛。高歡死後，由世子高澄繼續操控東魏的政權，高澄雖早想篡位自立，但人算不如天算，高澄在西元五四九年（東魏孝靜帝武定七年）被部下殺死了，改由高洋接掌他的位子。這個高洋倒是讀了些書而且個性深沉，給人一種深不可測的感覺。當高澄遇害時，竟然神色自若，一方面率兵誅殺謀叛的人，一方面秘不發喪，等到一切處理妥當後，才開始處理高澄的後事。

第二年東魏孝靜帝封他為齊王，這時他做了一個夢，夢中有人在他的額頭上用筆點一點，醒來便把這夢向一個館客❶曇哲❷說，並且問曇哲：這個夢是不是暗示我不要在政治上追逐名位了？這位曇哲可說善解人意、而又能滲透「玄機」，聽後馬上上前一拜，向高洋道賀，並且說：「你現在已經是王了，想想看在王字上頭加上一點，便是主了，你應該更進一步成為人主。」這個分析真是說到高洋心坎裡去。於是就在這年（五四九年）二月，透過東魏孝靜帝的「詔書」，進位相國，更九錫，總攬一切。至於所謂「加九錫」，九錫，相傳古代帝王尊禮大臣而賜給九種器物，至於這九種器物是什麼？公羊家說是：輿馬、加服、朱戶、納陛、樂則、虎賁、斧鉞、弓矢、秬鬯等九物；另《禮緯》則指九錫為：衣服、朱戶、納陛、車馬、樂則、虎賁、弓矢、斧鉞、秬鬯；還有其他說法，此處就不多加引述。有了九錫，距皇帝只有一步之差了。因為王莽、曹操也都加了九錫，王莽篡位，曹操雖沒篡位，但為他兒子曹丕篡位奠下了基石。

高洋在加了九錫之後，果然在次年（五五〇年），就逼著東魏孝靜帝把皇帝之位「禪讓」給他，國號為齊，史稱北齊。高洋頭尾做了十年皇帝（五五〇~五五九年），他死時才三十一歲，由他兒子高殷嗣位。高殷只做了一年，就被他叔父高演所篡，次年（五六一年）就把高殷給殺了，然而高演也只當了兩年皇帝，因墜馬而死，由他弟弟高湛嗣立。這個高湛胡作非為、罔顧倫常，是極其殘暴的帝王，他立他的兒子高緯為太子，高緯就是北齊的後主、末代皇帝。

高緯自幼生長宮中，只知與宮女嬉戲，胸無大志，再加上個性內向，羞於跟外人說話，不敢正視對話者，這樣長大到青春期可以成婚❸，高湛為高緯娶已經鮮卑化的敕勒族的斛律氏為妻，這個斛律氏是斛律光的女兒。斛律光是斛律金的兒子，父子都是能征善戰的猛將，當時北齊自高殷以下，沒有一個好皇帝，北周之所以沒有全力討伐北齊，就是因為北齊有斛律光這麼一位智勇雙全而又忠

❶ 可能類似春秋戰國時代四大公子門下的食客。

❷ 從字上看，這個曇哲像是個佛教的出家人。

❸ 當時一般都早婚，尤其北方胡族，往往男子十二、三歲就娶妻，北魏諸帝鮮少十五歲以後才娶妻，北魏諸帝也很少活過四十五歲。

心耿耿的大將，使北周不敢輕舉妄動。高緯娶斛律氏為妃，更具有凝結斛律光的意味。

可是事情有了變化，斛律氏出嫁時，有個從婢叫穆黃花，這個穆黃花很可能也是敕勒族（敕勒也稱高車），生得是羞花閉月之容、沉魚落雁之貌，而且聰明伶俐，高緯對之極為垂涎，穆黃花何等伶俐，深知既在宮中，如果得不到「主子」的寵幸，很可能終老一生，所以她自然知情識意，使出渾身解數，把高緯迷得昏頭轉向，自然就納穆黃花為次妃，同時還給她另取了個名字叫「舍利」。這個「舍利」很有意思，是梵語（印度語）「設利羅」的音譯，也稱舍利子，就是俗稱的佛骨❶，換言之高緯把穆黃花看成是佛的化身，也從而可知北齊時仍然是盛行佛教，高緯從此專寵穆黃花（舍利）。

高緯有個乳母叫陸令萱，此人原是官員駱超的妻子（駱超極可能是中亞粟特人），駱超因謀叛被殺，依北魏以來的習慣法，罪臣的妻子沒入宮廷為奴，陸令萱因而入宮並成為高緯的乳母。陸令萱至為黠慧，深知要在宮中求活而且要活得好，一方面要好好哺育小主人高緯（未來的皇帝），另一方面討好高湛的正妻胡皇后。所以她全力寵愛高緯，並且也要她年齡與高緯相仿的兒子駱提婆好好巴結高緯。陸令萱既看出高緯對穆黃花的迷戀，所以也刻意討好穆黃花，更要自己的兒子駱提婆改姓為穆提婆，跟穆黃花結為兄妹。鮮卑人之有穆氏，是北魏孝文帝推行全面漢化，改胡姓為漢姓時，把鮮卑「丘穆陵」氏，改為穆氏。至於穆黃花的「穆」是敕勒姓，還是「丘穆陵」所改，已經難以查考了，但不管怎樣穆提婆改穆姓後，看起來還真像跟穆黃花有些親緣關係，高緯在愛屋及烏情況下，對從小在一起的玩伴穆提婆，也就更加寵信。

高湛時寵信兩個大臣，一個博學但無品的大臣叫祖珽，另一個是族出西域的和士開，此人善操琵琶，又會玩「握朔」❷，祖珽雖然無品❸，但卻見多識廣，也善於觀察政治風向。眼見自高歡以來歷任皇帝幾乎都不得善終，自己目前雖然頗得皇帝高湛的寵信，可是高湛一旦龍馭上賓，未來如何變化，都是未知數，眼前的榮華富貴，可能一夕之間化為烏有，搞不好連身家性命都保不住。為了能長保富貴，最可靠的辨法，就是趁高湛還健在的時候傳位給高緯，高湛當太上皇，皇帝名份已定，高氏家族也就無從覬覦了，如此一來自己身家性命與榮華富貴都得以長保無虞。這種想法是高招，經與和士開商量後認為可行，終於向高湛進言。高湛也覺得有理，便禪位給兒子高緯，這年高湛才二十九歲，便成為太上皇，他的皇后胡氏順理成章成為胡太后，依推測不會超過二十五、六歲，這年是西元五六五年。

高緯當上皇帝改元天統（五六五年），高湛自是更耽於酒色，不久就因酒色過度而魂歸道山，從此高緯更是毫無忌憚為所欲為。拜祖珽為秘書監加開府儀同三司，而和士開更是高緯的親信兼玩伴。高緯雖然身登大寶，但是內向怯懦的性格依然如故，不敢面對大臣，但他是「天子」，所以大臣向他上奏時都側面上奏（**避免與皇帝面對面，以免皇帝受窘**）。有時大臣還在侃侃上奏，而皇帝已經退朝而去了，試想把國家交給這樣的人去統治，北齊能有什麼前途？

高緯的母親胡太后盛年而寡，少了丈夫皇帝的「監督」，私生活極不檢點。早在高湛還活著的時候與和士開已經有了不正常的關係，高湛一死，胡太后與和士開更是經常膩在一起。其實南北朝

❶ 劉正埮等人所編《漢語外來詞詞典》，商務印書館香港分館，一九八五年，頁三一一。
❷ 握朔，是從西域傳入中土的遊戲，有些類似今日的跳棋，可以作為賭具。
❸ 祖珽曾在高歡賜宴群臣時，將一只金叵羅酒具，藏在髮髻中，想偷走，事為高歡識破，所以說他無行。

時，南、北兩方宮闈穢亂是很普遍的現象，高緯當上皇帝可能忙於花天酒地，沒有注意到其母后的生活情況，可是他弟弟高儼（**也是胡太后的親生兒子**），可能撞見了和士開與胡太后的姦情，於是用計殺了和士開。胡太后頓失所愛，居然對高儼心生恨意，後來高儼受人慫恿，想謀反，結果被高緯給殺了。這下胡太后既失心之所愛，又有傷子之痛，以三十歲左右的青壯歲月，身心的煎熬可想而知，於是就想到以禮佛拈香以排遣寂寞，其實以她的身心狀況，哪有心禮佛誦經？

某日，胡太后到寺院拈香，見到寺中住持曇獻身材偉岸、相貌非凡（**曇獻極可能是西域胡僧**），讓胡太后「新井生波」，於是眉來眼去，俗語說：男想女，隔重山；女想男，隔層紗；可見胡太后必然有幾次姿色，曇獻就此陷入了情色的漩渦，成為胡太后入幕之賓，參起了歡喜佛。胡太后從此常去寺廟「禮佛」，更不時給寺廟「布施」，但太后出宮必有許多扈從人員，畢竟有其不便之處，於是乾脆以辦「法會超薦亡靈」為名，把曇獻召入宮中，從此朝朝誦經、暮暮交歡。在曇獻眾多徒弟中，有兩個少年僧侶，皮白肉嫩，面貌姣好，宛若處子。曇獻如果是狂風驟雨，這兩個小沙彌則是情竇初開的小公雞，胡太后一見喜上心頭，陸續加以召幸。但唯恐宮中人多，又怕被皇帝兒子高緯識破，超薦法會結束後，為求這兩個小和尚能日夕承歡席下，竟將他倆改扮女裝，混充宮女，留在身邊，一時之間也沒人發覺，胡太后在左擁右抱中，日子過得不亦樂乎。不幸有一天高緯入省胡太后，突然看見有此二女，面貌姣好，有如仙女下凡，色心大動，就要立即成其「好事」。這兩個西貝貨當然抵死不從（**西貝為賈，賈，假音同**），高緯乃是一國之君，豈容反抗，立刻命人剝去這兩個「宮女」衣服，於是圖窮「匕」見。小沙彌和盤托出，高緯一怒，就將曇獻及這兩個小和尚砍了頭，正所謂樂了小頭苦了大頭，又把胡太后幽禁起來，從此似乎真的只能與青燈木魚為伴了。

前文說過高緯的乳母陸令萱，極受高緯寵信，而她野心又大，一見胡太后被幽禁，她認為機會來了，找來足智多謀的祖珽商量，居然想取胡太后之位而代之，幸好有斛律光等一批大臣極力阻止，此事才沒有成真，因此陸令萱這一夥對斛律光可說是恨之入骨。其實北齊君王昏庸、宮闈穢亂，北周的「情報」人員打聽得一清二楚，之所以沒有出動大軍攻打北齊，只因北齊有大將軍斛律光撐住大局，只有除去斛律光，打北齊就像摧枯拉朽易如反掌了。眼見此際北齊亂象，認為是實施反間計除去斛律光的好時機，因此編造了一個歌謠，將之傳入北齊京師鄴城（今河北省邯鄲市臨漳縣），這首歌謠總共只有六句，是這樣子的：

百升飛上天，明月照長安；
高山不推自崩，槲木不扶自舉；
盲老公背受大斧，饒舌老母不得語。

可能北周派人混入鄴城以金錢、物品誘使小孩朗誦這首歌謠，所以很快的這首歌謠在鄴城流傳開來。穆提婆聽到後，覺得很奇怪，但是不明白歌謠的含義，經輾轉請祖珽解說。前文提過祖珽人品很差，但博識多聞，一聽歌辭便解其意，認為這是扳倒斛律光的大好機會，於是便對陸令萱就這首歌謠作了一番解說：「百升是斛」明月是光，北周都於長安，這兩句指明斛律心在長安，並且斛律光在長安有很高的聲望；第二段「高山不推自崩」，北齊皇帝姓高，是說北齊將自行土崩瓦解。「槲木不扶自舉」（槲，音斛，屬櫸科，為落葉喬木），槲，還是指斛律光，意思是說斛律光不必努力，自然而然就會身登大寶；至於第三段，「盲公」是指祖珽，祖珽曾經受煙燻，雙目幾近失明，「饒舌老母」則指陸令萱，「不得語」，是說只要斛律光一旦身登大寶，陸令萱將受斷舌之刑，而祖珽也會受到斧鉞之刑。陸令萱聽這麼一解說，既怒且驚，不除去斛律光自己便不得安寧，於是便在高緯面前不斷的詆毀斛律光。高緯是一個既無主見又昏庸的帝王，對既是朝廷的忠臣名將，又是自己的岳父開始有了疑心，俗語說疑心生暗鬼，從此高緯對斛律光態度有了改變，終於殺了斛律光，連帶的也廢了斛律皇后。北周探知這種情況，認為討伐北齊的最後障礙已經消失了，也就開始準備東伐北齊。

回過頭來看，胡太后自被幽禁之後，絕不甘心就此青燈木魚度其餘生，其實論年齡，她當時不過三十多歲，所以又蠢蠢欲動。她娘家哥哥有一個女兒，貌若天仙，她深知兒子皇帝高緯好色，於是便要這個美貌的侄女入宮，又設法讓高緯知道有一個美女表妹到宮裡來。其實高緯早已忘了把胡太后幽禁之事，此刻聽說有美女到來，立刻去見胡太后，只見太后身邊依偎一個美女，驚為天人。胡太后見此情況，知道這一美人計已經得逞，便要高緯立她為皇后，高緯乃是好色之徒，一見美色當前，只顧得看根本沒聽到胡太后說些啥，只隨口應答說好，就這樣這個胡家少女，便被立為皇后。至於高緯原先寵愛的穆黃花，這時可就吃味了，要陸令萱設法扳回，也不知道陸令萱用了什麼毒計，居然能叫胡皇后語無論次，再加上高緯對胡皇后已失去新鮮感，也就冷落了胡皇后。

自古以來帝王只有色沒有情，縱然國色天香，日久也會生厭，高緯對穆黃花已經覺得膩了，此時高緯的新寵是一個姓馮的淑妃，此姝興趣特殊，她喜歡打獵，所以高緯就經常帶著一批軍隊陪著馮淑妃去狩獵，在古代一場圍獵就等於一場戰爭。高緯對北周的動態，既不關心，也無警覺，而此時北周正準備要全力討伐北齊，而馮淑妃卻是獵興正隆，精銳的部隊都正隨著高緯、馮淑妃在圍獵，因此北周的軍隊很順利的向東推進。平陽❶已經陷落，大臣們向高緯報告，要他趕回晉陽（今山西太原）以鼓舞北齊的士氣。可是馮淑妃正在圍獵的興頭上，不肯離開，便對高緯說：請更殺一圍。糊塗的高緯竟然順著她置國家安危於不顧，這種昏瞶的君王，確屬罕見。唐代詩人李商隱曾有一首詩諷刺這位昏君高緯，這首詩是這樣的：

巧笑知堪敵萬機，傾城最在著戎衣。
晉陽已陷休回顧，更請君王獵一圍。

從此北周節節東進，勢如破竹，高緯一看苗頭不對，就禪讓給他年僅八歲的兒子高恆（**史稱幼主**），自稱太上皇，準備南逃向南朝陳投降。西元五七七年正月，北周終於攻克北齊京師鄴城，高緯在京師陷落的前一天逃到濟州（今山東省泰安市東平縣），命大將高阿那肱守濟州城。他自己率穆太后（**穆黃花**）、馮淑妃及幼主等幾十人，再向東逃到青州（今山東省濰坊市青州市），正想進入南朝陳的國界降於陳。此時奉命守濟州的的大將高阿那肱，眼見北齊的滅亡已是定局，而且像高緯這樣的昏君，也不值得為他賣命。為了自己的身家性命，乃至國家滅亡後自己的前途，於是暗中派人與北周軍隊聯絡，希望以生擒高緯一家作為向北周投降的獻禮，換取自己一家的活命及仕途，

❶ 今山西省臨汾市，俗語說：虎落平陽被犬欺，就是指臨汾而言。

北周豈有不接受之理。在高阿那肱遣使向北周聯絡的同時，也派人到青州向高緯一行謊稱北周軍隊已經退卻，青州毫無危險，而且局勢還有逆轉的可能，不必急著向南朝陳投降，同時切斷了通往南方的橋樑，在高阿那肱從容不迫的與北周軍隊合作之下，活捉了北齊末代皇帝高緯一家。

現在再來進一步看高緯這個人，據史傳所載，高緯生下來時有「鴞」鳴於帳上❶。在中國傳統上，從來就沒有把鴟鴞看成是吉祥的字眼，高緯似乎注定是個天生壞種，他一生也的確沒幹過一件好事。當高緯一家被俘後，押送到北周都城長安（今陝西省西安市），起初北周皇帝宇文邕（**邕，音庸，意為護城河，同雍**）對高緯母子這一夥人還滿仁慈的，封高緯為溫國公，胡太后也依然過著錦衣玉食的日子。但好景不常，隔年（五七八年），北周藉口同來投降的穆提婆（**陸令萱之子**）謀反，指稱高緯這一夥舊北齊皇親國戚參與其事，於是把高緯及一干來降的北齊王公用椒封口，活活給悶死。或許女眷都沒有被處死，年輕的像穆黃花、馮淑妃等也許沒入北周宮中，只是史傳未載，是否沒入北周後宮，此處只是做合理的推測。至於年紀稍大的像胡太后等，則史傳明載將之放逐民間，我們千萬別以為胡太后有多老，其實這時（五七八年），她不過三十幾歲。如果說女人四十是一枝花，胡太后此際還只是含苞待放而已，她自幼嬌生慣養、不事勞務，想必保養得宜，不會顯老。只是古人早婚、短壽，有時把二十幾歲的少婦，就視之為徐娘。北周朝廷或許認為年已三十許的胡太后等一干婦女，已不構成威脅，但也不願由朝廷供養，所以將之放逐民間「自謀生活」。胡太后並無一技之長，流落民間缺乏謀生本事，所幸她會彈琵琶，《北齊書》（**唐・李百藥撰**）對胡太后的下落有以下幾句簡單的記載：

齊亡入周，恣行姦穢，隋開皇中殂。

「開皇」是隋文帝楊堅（五八一～六〇四年在位）年號，開皇共二十年（五八一～六〇〇年），開皇中應該是五九〇年左右，上距她被放逐民間大約有十二、三年，假設被放逐時她大約是三十五歲上下，死時不過四十七、八歲。在這十二、三年中，她生活情況是怎樣的呢？《北齊書》只交代說是「恣行姦穢」四個字，一斑難以窺全豹，於是給後代稗官野史的作者留下很大的想像空間。以胡太后風流成性的素行看，她不可能遁入空門以青燈木魚度其餘年，果而如此，《北齊書》也不會以「恣行姦穢」四字來描述她放逐民間後的生活。她除了一手琵琶手藝之外別無所長，有的只是曾是北齊皇后、皇太后的頭銜，因此淪入青樓楚館應該是她最佳去處，所以一些筆記小說都說她最後淪落風塵。雖然已非少艾，但她單憑曾是皇后、皇太后的頭銜，還是相當有招蜂引蝶的魅力，雖未必造成門庭若市，想也不至於門前冷落車馬稀，因為皇后、皇太后的名號，會讓許多人趨之若鶩，而想作問津的劉郎。或許有些降北周的昔日北齊官員，回想往日欲一睹皇后、皇太后的「聖顏」，難如登天，而今只要花些銀兩便能一親芳澤。胡太后心想往日偷個和士開，兒子高儼居然將之殺死，後來找到出家人曇獻及其兩個小沙彌正感不虛此生時，又被皇帝兒子高緯識破，不但殺了曇獻及兩個可人的小和尚，而且還將自己幽禁於北宮。而今則各色人等尋上門來，供自己挑撿，正是寓工作於娛樂，得其所哉，無怪乎她會說「為后何如為娼樂」這句話了。

❶按鴞音蕭，通梟，就是俗稱的貓頭鷹，屬於猛禽，通常跟鴟字合用，稱鴟鴞。

三、南朝的幾個末代皇帝

西晉懷、愍二帝先後被匈奴族劉氏所建的「漢」給俘擄，受盡羞辱，最後都被殺了，本文前段曾有所敘述，史料就那麼一丁點，很難加績繹，當西晉愍帝司馬業被俘後，西晉宣告滅亡。自司馬炎篡位到司馬業被俘，前後享祚四十二年（二六五～三一六年），其實從八王之亂，西晉已經國不成國，北方匈奴劉淵於三〇四年首先建立漢魏式政權，定國號為「漢」，從此西晉名雖尚存，只是在苟延殘喘而已，及愍帝被俘並被殺，西晉滅亡。

稍早瑯琊恭王司馬覲之子司馬睿初為輔國將軍及平東將軍，兼徐州諸軍事，鎮下邳（今江蘇省徐州市邳州市下邳故城），稍後又遷安東將軍、都督揚州諸軍事，西晉懷帝司馬熾永嘉初（在位五年，三〇七～三一一年，年號永嘉），採大將王導之議，移鎮建鄴❶，及西晉亡，司馬睿遂在建鄴稱帝，史稱東晉元帝，建元建武元年，時為西元三一七年。東晉之能立國江東，主要是靠王導及其兄王敦，東晉可說是先天不足勉強而立國。只因當時北方匈奴劉氏漢王朝內訌，沒有全力南下伐晉，之後北方更陷入諸胡族紛起建立政權，更無力南下伐東晉，東晉遂在這縫隙裡得以苟存。之後北方為前秦氐族所統一，前秦苻堅志在統一全中國，他不僅在諸胡列國幾十個君王中，最稱聖明，而且治績也好，據《晉書・苻堅載記上》所載他治下的關隴一帶地方的情況是：

> 關隴清晏，百姓豐樂，自長安（**前秦都長安**）至于諸州，皆夾路槐柳，二十里一亭，四十里一驛，旅行者取給予途，工商貿販於途，百姓歌之曰：「長安大街，夾樹槐柳，下走朱輪，

上有鸞柄，英彥雲集，誨我萌黎。」

苻堅完全以中國人自居，他說如果不統一中國，會食不下嚥，苻堅曾說：

「吾統承大業垂二十載，芟夷逋穢，四方略定，唯東南一隅未賓王化，吾每思天下不一，未嘗不臨食輟餔。」（《晉書．苻堅載記下》）

苻堅雖有雄心壯志，手下兵源也多，但他忽略了一個最重要的關鍵問題，苻堅是氐族，前秦是氐族所建立，但氐族人口並不多，苻堅又把許多氐族分散到國境四周。而苻堅天性善良，對來降之鮮卑、匈奴、羌……等族領袖人物，不但不予殺害、也不加防範，甚至還委以重任、拜以高官，或仍命其統率其舊部，並將之遷到關中以充實京師，這就等於在身邊安置幾顆不定時炸彈。當苻堅手中有大批氐族雄兵時，自能相安無事，一旦氐族精騎不在身邊時情況就會有變。當前秦攻滅前燕時，有數十萬鮮卑部隊在前秦境內，且多由前燕來降的慕容垂統轄。苻堅治績良好，身邊又有氐族大軍，當然相安無事。

西元三八二年，西域車師王等到長安朝貢，鼓動苻堅出兵西域，並願親為嚮導，其時苻堅聲望正隆，也想擴展西域，以上追兩漢之風光。當時氐族重臣都認為不宜，但鮮卑等族將都悶不作聲，

❶ 或作建業、金陵、建康，即今江蘇省南京市。

苻堅終於派氐族大將呂光率精騎八萬多遠征西域，並囑咐他務必將西域高僧鳩摩羅什帶回中土。呂光帶走氐族精騎八萬多人，此際苻堅所能掌握的氐族軍隊已然不多，苻堅並未警覺到此一狀況，相信憑其威望可以穩住前秦的局勢。如不對外發動戰爭，的確可以安然無恙，但苻堅急於要統一中國，又過度自信，認為鮮卑慕容垂等少數胡族首領，在苻堅給予優遇恩寵的情況下，必然會懷德畏威忠於前秦。因此在西元三八三年出動大軍南下討伐東晉，想要完成統一中國的夙願。當時氐族一致反對，但慕容垂等則極力鼓動南下伐晉，蓋在鮮卑、羌等民族首領心中，只盼前秦情勢不穩，便可脫離前秦，恢復燕國或自行立國。苻堅不聽親信勸諫，發動八、九十萬大軍（**多是鮮卑、羌等民族軍隊**）南下伐晉，結果前鋒在淝水失利，大部隊立即土崩瓦解，前秦立即由強轉弱。三八五年苻堅且為羌族姚萇派人縊死於五將山，前秦等同滅亡，東晉又因此得以苟延二十幾年，但在四二〇年被劉裕所篡，建立宋王朝，從此進入南北對峙局勢。南朝共有宋、齊、梁、陳四個政權，國祚都不長，南朝宋四二〇～四七九年、南朝齊四七九～五〇二年、南朝梁五〇二～五五七年、南朝陳五五七～五八九年，此處把這個政權的末代皇帝酌為敘述。

南朝宋是原東晉大將劉裕所建。劉裕曾率軍北伐，滅南燕，且一度奪得長安，可惜劉裕志在奪取東晉政權，無意統一國家。果然他只派兒子守長安，他離開後，長安就被匈奴族赫連勃勃的夏所奪，而劉裕也如願篡了東晉，建立宋政權，開啟南北朝對峙之局，南朝宋國祚頭尾只有六十年，卻有九個皇帝，其中有六個是暴君。劉裕死後，其子劉義符因過度荒淫殘暴，被託孤的幾個大臣所罷黜並處死，由另一子劉義隆嗣立，在位三十年（四二四～四五三年）。此後十七年換了六個皇帝，每個在位平均只有三年，可想其更迭之快，其中第五任皇帝劉駿（四五三～四六四年在位）甚為荒誕，為歷史上前所未見者，據史傳載其生母為孝武昭路太后，其事蹟如下：

孝武昭路太后，諱惠男，丹陽建康人也。以色貌選入後宮，生孝武帝（即劉駿），拜為淑媛。及年長，無寵，常隨孝武出蕃（即位前曾為雍州刺史、江州刺史，見《南史》卷二）。孝武即位，有司奏奉尊號曰太后，宮曰崇惠。太后居顯陽殿，上於閨房之內禮敬甚寡，有所御幸，或留止太后房內，故人間咸有醜聲。宮掖事秘，亦莫能辨也。（《南史》卷十一《后妃上》）

這段文字雖說「宮掖事秘，亦莫能辨。」已等於明示劉駿與其生母有亂倫之事。劉駿死於四六四年，由其長子劉子業嗣立，史稱前廢帝，此人殘暴無道且荒淫無比，其姊山陰公主劉楚玉曾對他說：

「妾與陛下雖男女有殊，俱託體先帝，陛下後宮數百，妾惟駙馬一人，事不均平，一何至此！」（《南史》卷二本紀第二）

劉子業立刻為其姊置面首三十人，進爵為會稽郡長公主，秩同郡王，賜湯沐邑二千戶，更將之召進宮中顛鸞倒鳳，同宿共食，更進而將其姊夫（駙馬）何戢殺死。不僅如此，他又將他姑母新蔡公主召入宮中加以姦淫，並詐稱公主暴斃，假設喪事，立其姑為貴嬪夫人，改姓謝氏。新蔡公主的丈夫是寧朔將軍何邁，自是心有未甘，暗蓄養敢死之士，準備在劉子業出遊時予以刺殺，但事機不密，反被劉子業所殺。

他這樣胡作非為，實為人神所共憤，左右壽寂之、姜產之等十一人，想廢了他。之前他好遊華林園竹林堂，竟命宮中婦人裸身相逐以為玩樂，有一個婦人不肯照做（據傳是他的叔母），竟然被殺。後來被壽寂之殺了，死時才十七歲，可見之前那些荒唐事，都發生在十五、六歲時。

劉子業死後，由其叔劉彧坐上皇帝寶座，這個劉彧也是個暴虐帝王（四六六～四七二年在位），酒色過度，八年後就死了。由他兒子劉昱嗣立（四七三～四七七年在位），史稱後廢帝，等於是南朝宋的末代皇帝。這個劉昱其母陳氏，原是李道兒的妾，劉彧納之，所以有人認為劉昱是李道兒之子，劉昱也自稱「李將軍」。此人人格異常，左右稍不稱旨，立加撲打，經常夜出承門，次晨始回，或者晨出暮歸，只要遇到人畜便予打殺。據《南史》所載：

> 有白棓（音近剖，即木棒）數十，各有名號，鉗鑿錐鋸，不離左右，為擊腦、椎陰、剖心之誅，日有數十，常見臥屍流血，然後為樂。

這不僅是人格異常，而且是喪心病狂。但是對一般剪裁衣物、縫製帽子，鍛作銀品等，又「莫不精絕」，各種樂器只要一上手便能吹彈成韻。天性好殺，只要一天不殺人，便會悶悶不樂，是絕物、更是人魔。原先劉昱滿信寵楊玉夫，忽然又憎恨起楊玉夫，說明天當殺了楊玉夫，當晚是七夕，因為喝得酩酊大醉，結果被楊玉夫等人用他平常殺人的千牛刀給殺了。劉昱的行徑可說是人神共憤，殺了他等於為人間除一大害。當時南朝宋的軍政大權都操在蕭道成手中，劉昱被殺死後，蕭道成奉太后令迎立劉昱的十一歲堂弟劉準為帝，時為西元四七七年，兩年後（四七九年），蕭道成便逼令劉準禪位，南朝宋算是亡了。

蕭道成篡立後，改國號為齊，一般稱南朝齊或南齊，北方也有一個高氏的齊，一般稱之為北齊。蕭道成。字紹伯，小字鬬將，原晉蘭陵郡人，晉室東渡後，也設蘭陵郡，稱南蘭陵，也稱僑郡。在南朝宋時頗立戰功，篡位稱帝後史稱南朝齊太祖，諡號高帝。

南朝齊僅享祚二十四年（四七九~五〇二年），竟有七帝，平均每帝在位不過三年多，其混亂情形可想而知，尤以其中第五任蕭鸞、第六任蕭寶卷最為殘暴，與南朝宋諸帝之暴虐相較，不僅相似且有過之。

第三任南朝齊皇帝蕭昭業於四九四年即位時，第一件事就是先殺曾與他爭帝位的叔伯、兄弟，他只在位一年，史稱廢帝鬱林王，改元隆昌。此人胡作非為，善於偽裝「矯情飾詐，陰懷鄙慝，與左右無賴群小二十許人共衣食，同臥起。」❶他更同意他的妃子何氏在這二十幾個無賴群小擇其貌美者，「皆與交歡」❷，這在歷史上極為罕見。而他又與其父寵姬霍氏私通，惡行引起他叔祖蕭鸞（蕭道成之弟）不滿，於四九四年殺了他，改立他弟弟蕭昭文當皇帝，但只當了四個月，又被蕭鸞殺了。

蕭鸞自立為帝，史稱南朝齊明帝，他一登帝位便大開殺戒，蕭氏宗室幾乎斬殺殆盡。他在位前

❶《南史》卷五《齊本紀下》。
❷《南史》。

後五年（四九四～四九八年），死後由其子蕭寶卷嗣立，史稱南朝東昏侯。

蕭寶卷上台之後，立即將蕭鸞臨終任命的多位顧命大臣，相繼殺死。他喜歡出宮冶遊，又不准任何人看到他，如遇見有人看他，便立即殺無赦。有一次他外出時，有一個孕婦來不及躲避，蕭寶卷便命人將此孕婦剖腹，結果母子都死了；又有一個老和尚因年老體弱不及躲避，只好藏身草叢裡，蕭寶卷竟然當下射箭，可憐這個老和尚就這麼死在亂箭之下。蕭寶卷即位時才十六歲，簡直是個變態的人魔。兩年後（五〇〇年）被雍州刺史蕭衍在襄陽起兵，順長江而下討伐蕭寶卷，另立蕭寶卷之弟蕭寶融為帝，史稱齊和帝（五〇一～五〇二年）。但蕭寶卷並不在意，依然在宮中行樂如常，並以黃金鋪地鑿成蓮花，叫他寵愛的妃子潘玉奴走在下面，稱讚說是「步步生蓮花」。及至五〇一年冬，蕭衍已經兵臨城下，他還不肯拿出府庫的金錢，犒賞將士激勵士氣以拼死守城，仍然在宮中聽歌作樂。守城大將王珍國實在氣憤不過，率軍殺入宮中，宦官也不再為蕭寶卷賣命，拿起刀來砍中蕭寶卷膝蓋，另一位中兵參軍張齊從旁再補上一刀，然後割下這個只有十九歲人魔蕭寶卷的頭顱，開城迎接蕭衍大軍入城。蕭衍所立的蕭寶融只維持了幾個月，在蕭衍逼迫之下，禪位於蕭衍，南朝齊亡。

蕭衍奪得帝位後，改國號為梁，史稱南朝梁或南梁，這一年是五〇二年。南朝梁共享祚五十五年（五〇二～五五七年），共傳八帝，其中蕭衍一個人在位四十五年，其餘十年有六個皇帝，其亂象可想而知。

蕭衍史稱南梁武帝，這個南朝梁武帝在南朝宋、齊、梁、陳四朝一百七十年（四二〇～五八九年）二十八個皇帝中，還算是個「明君」，也數他在位最久。但是他佞佛特甚，廣建佛寺，勞民傷財，據傳他還曾兩度捨身入寺為僧，要國家出巨資把他贖回主理國政。曾於大通二年（五二八年）

十月親自到同泰寺升法座，為四部講說《涅槃經》，十一月再度到同泰寺講說《般若經》，他以為如此便有「功德」。其實任何宗教信徒，其善行重於善形，蕭衍重佛教只在「形」上下功夫❶。

及至大同二年（大同共十二年，五三五～五四六年），東魏權臣高澄繼其父高歡為宰相，鎮守潁川（今河南省許昌市長葛市）之大將侯景，不服高澄一門的鮮卑化，宣布脫離東魏，以其所轄黃河以南十三州之地，降南朝梁。蕭衍認為這是天上掉下來的禮物，欣然接受，但東魏豈肯善干罷休，立即出兵攻打，侯景退到懸瓠（今河南省駐馬店市汝南縣）。蕭衍命其侄蕭淵明率軍會同侯景進攻彭城（今江蘇省徐州市），結果蕭淵明全軍覆沒而被俘，侯景退到渦陽（今安徽省亳州市蒙城縣），也幾乎全軍損失殆盡。只帶領親軍數百，攻入南朝梁的監州，蕭衍非但未責備侯景，反而以之為州牧，侯景已體會到蕭衍老邁昏庸了。最後侯景果真造反，以兵圍建康，至五四九年，蕭衍活活餓死建康台城，享年八十六歲，在中國歷代帝王，算是相當長壽，或許還是最長壽的，只是是餓死的，算不得善終。

蕭衍死後，侯景入城，扶立太子蕭綱為帝（五五〇～五五一年），史稱南朝梁簡文帝，只是個傀儡。而蕭衍另一個兒子蕭繹起兵，不打侯景，而是先打可能與他爭逐帝位的兄弟叔侄，南朝梁從此步入混亂之局。在這七、八年之間，南朝梁諸蕭彼此砍殺不已，此時（五四五年）蕭繹與西魏宇文泰作戰大敗，降於西魏，可是他在投降前將他所珍藏的十四萬冊圖書付之一炬，這在文化上是極大的損失。昔者項羽攻入秦咸陽，一把火燒了秦宮，所有秦所藏圖冊隨之化為灰燼，那是由於項羽

❶ 修建寺廟、禮拜、抄經、講經……都是表面功夫，都只是形式主義，所以毫無功德。

無知，但蕭繹的燒毀十四萬冊圖書則是刻意，可說是中國文化史上的罪人。此際蕭繹手下大將王僧辯還擁有大軍，擁立蕭繹十三歲的兒子蕭方智為帝，是為敬帝。可是之前被東魏所俘的蕭淵明（**蕭衍之侄，事在蕭衍大同二年**），此時東魏將之放回，要求繼承帝位。王僧辯無力與北齊（**此時已是北齊**）抗衡，只好讓蕭淵明為帝，可是只當了四個月，王僧辯被部將陳霸先所殺。陳霸先趕走蕭淵明，於五五七年命蕭方智禪位於陳霸先，不久就殺了蕭方智，南朝梁算是滅亡了。

不過在江陵（地在今湖北省）還有一小塊地在北周控制之下（**之前蕭繹就是在江陵作戰失而降於西魏，此際西魏已蛻化為北周**），由北周扶植蕭詧為帝，延續南朝梁的國祚，不過卻是北周的附庸，一直到隋文帝楊堅篡北周，建立隋朝，於隋文帝開皇八年（五八八年），命這個附庸國的末帝蕭琮入朝長安，蕭琮到長安之後，隋朝下令撤銷了這個小附庸國，南朝梁這才算是滅絕殆盡。

陳霸先受禪後，建國號為陳，史稱南朝陳，陳政權享祚頭尾三十三年（五五七~五八九年），末代皇帝是陳叔寶。陳叔寶字文秀，小字黃奴，吳興長城人（今浙江省湖州市長興縣）此人極具文學天賦，寫了許多美妙的詞賦。照理說他身登大寶時，正值三十來歲的盛年，理應有一番作為，然而他卻終日沉醉在酣歌遊宴之中，花費無度，所以賦役繁重，加上刑罰苛刻，儼如一個暴君。他平時總是召來一批文人飲酒賦詩，像江總、陳瑄、孔玉璦等十多人，經常都是他的座上客，偶而也邀徐陵參與，關於這點《南史・陳後主（**陳叔寶**）傳》就載有：

> 後主荒於酒色，不恤政事，……江總、孔範等十人預宴，號曰狎客。先令八婦人襞采箋（**襞，音幣；摺疊衣裙**），製五言詩，十客一時繼和，遲則罰酒。君臣酣宴，從夕達旦，以此

為常。

陳叔寶文才洋溢，他的詩大致可分為兩類，一類是樂府，另一類則是跟臣子唱和的詩篇，他的樂府及詩正如《隋書・樂志》所稱：

陳後主於清樂中造「黃鸝留」及「玉樹後庭花」、「金釵兩鬢垂」等曲，與幸臣等制其歌詞，綺艷相高，極於輕蕩，男女唱和，其音甚哀。

這一份評語是站在道德的立場，來論文學與音樂，不免失之主觀，陳叔寶在樂府作品中，以「玉樹後庭花」，最為著名，其詞如下：

麗宇芳林對高閣，新妝艷質本傾城。
映戶凝嬌乍不進，出帷含態笑相迎。
妖姬臉似花含露，玉樹流光照後庭。

在這首樂府詩中，所謂「玉樹」跟「花」都是用來比喻女孩子的體態與容貌，這首樂府詩是可以唱的，可惜樂譜沒有留下來；另外還有一首是五言的，可惜只剩下兩句，是這樣的：「玉樹後庭花，花開不復久。」據說當時的人認為是亡國之音。唐代詩人杜牧就指出陳叔寶的「玉樹後庭花」

是亡國之音，杜牧的《泊秦淮》一詩，就是批評陳叔寶的，全詩如下：

煙籠寒江月籠沙，夜泊秦淮宿酒家。
商女不知亡國恨，隔江猶唱後庭花。

陳叔寶還有一首擬舊題《隴頭水》，也相當精彩，全文如下：

塞外飛蓬征，隴頭流水鳴。漠處揚沙暗，波中燥葉輕。
他風冰易厚，寒深溜轉清。登山一回頭，幽咽動邊情。

這首樂府詩讀來令人從心底湧出一股蒼涼的意味，也從而發現南朝後期，邊塞詩已經開流行了，唐詩中有許多涉及邊疆人、事、物的，可能多少是受到這一股風氣的影響。陳叔寶跟臣下唱和的詩很多，像《幸玄武湖錢吳興太守任惠》就是很有氣魄：

寒雲輕重色，秋水去來波。待我戎衣定，然送大風歌。

這裡的《大風歌》顯然是漢高祖平定天下後，回到沛縣大宴鄉親，意氣風發躊躇志滿之餘吟出了下面這三句歌謠：

大風起兮雲飛揚，威加海內兮歸故鄉，安得猛士兮守四方。

這首以「大風」兩字開始，所以稱之為《大風歌》，陳叔寶雖然引用了漢高祖的《大風歌》，可是全然沒有劉邦治國的意志與能力，空有文彩卻耽於逸樂與酒色，所以一個是開國之君，一個是亡國之主。除此之外，陳叔寶的《長相思》二首，也相當清新可讀：

長相思，久相憶，關山征戍何時極。
望風雲，絕音息，上林書不歸，還似初相識。
長相思，怨成悲。蝶縈草，樹連絲。
庭花飄斂雙眉，兩見同見月，兩別共春時。

本文不是介紹陳叔寶的文學成就之作，就此打住。卻說隋文帝楊堅篡了北周之後，建國為隋（因在北周時，楊堅被封為隋公），楊堅英明能幹，有統一中國的決心。事實上在歷史分裂時代，任何一國分裂體的領袖，都有統一全國的雄心壯志，如諸胡列國時前秦苻堅就曾說：「東南一隅（按東晉）未賓王化，今欲起天下兵討之」❶。新崛起的隋軍，面對腐化的南朝陳，可說是如同摧枯拉朽一樣，輕易地滅了南朝陳，陳叔寶及其宮眷都成了俘虜，被帶到關中，所幸楊堅還算仁慈，封

---

❶ 崔鴻《十六國春秋》，臺灣中華書局，一九七四年。

陳叔寶為歸命侯，陳叔寶一家就在隋都長安住了下來。

照道理說，陳叔寶是個亡國之君，又被任命為帶有羞辱性的歸命侯，日子應該過得很鬱卒才是，然而陳叔寶卻不是這樣子，他依然每天跟他的從人飲酒賦詩，尋歡作樂，日子過得悠哉遊哉，絲毫沒有亡國之痛。有次隋文帝出巡邙山（在今河南省洛陽市北），陳叔寶應召隨從，在隋文帝的御宴上，昔日也是帝王的陳叔寶一點觸景傷情的感覺都沒有，居然能興致勃勃地吟了一首討好隋文帝的詩，這首詩是這樣子的：

日月光天德，山河壯帝威。太平無以報，願上東封書。

這首詩雖對楊堅大大的吹捧了一番，但也讓隋文帝哭笑不得，陳叔寶在這種類似門客的環境下，居然又活了十五年，這在中外歷史上實在可以算是極其少見的例子。總計陳叔寶當了七年皇帝（五八二～五八九年），然後以俘虜的身分被任命為歸命侯又活了十五年（五八九～六〇四年），卒時五十二歲，這個俘虜皇帝不是被殺，而是自然死亡，死後葬於北邙山的北嶺。

四、北宋徽、欽二帝

北宋是中國歷史上很特殊的朝代，北宋承襲五代而來，目睹五代幾乎都是軍人篡奪，即使建立北宋的趙匡胤本人，原本也是後周的殿前都檢點，所以一旦建立政權，對於握軍權者深懷戒心，因此演出一齣「杯酒釋兵權」的把戲，讓軍頭們交出兵權。但軍隊是國家安危的保證，槍桿固然能出政權，政權更有賴槍桿子的保護才能存在。趙匡胤雖然解了軍頭們的兵權，可是兵卻仍然要養，他想出將不知兵、兵不知將的法子，只有在戰爭時，才臨時派將領去統兵作戰，這樣子不會形成北魏末期的鎮將、唐代的藩鎮、五代時的軍人集團。這一廂情願的想法，看起來相當妥適，但是眾所周知，兵必須不斷訓練，才能保持戰鬥力，訓練則需要將，如果將不知兵，試問這個將如何統兵作戰。兵如果不經常施以訓練，較諸一般百姓尤為不堪❶，一旦國家有警，命將率兵出征。一見這些不堪作戰的兵，無不要求另行招募年輕力壯有正常作息者為兵，施以短期訓練即可出征。但戰事結束，又將將領調走，兵仍養著，如此周而復始，兵越養越多，戰鬥力絲毫未增加，軍費支出日見沉重，對國防並無助益，北宋就是這種情形。

五代時後唐大將石敬瑭，為求得契丹之助力，俾建立後晉政權，不惜割燕雲十六州（在今北京到山西省大同市之間的各州）予契丹。至北宋建立後，北方要衝之地都在契丹手中（契丹有時稱遼，有時稱契丹），防守極為困難，而西北地區（今陝、甘、寧、青一帶）又有党項羌所建的西夏，不時騷擾北宋西北邊地。宋、遼、西夏三國同時並存，可是以往歷史文獻乃至各級學校歷史教課書，總說北宋時中國是統一的。之後後起的女真金王朝攻滅契丹、北宋，又形成南宋、金、西夏對峙之局勢，所以我們應該將兩宋，契丹、金、西夏這個時代❷前後三百六十四年，當作第二個南北

❶ 百姓因需謀生，各有職業，作息規律，兵則飽食終日無所事事，所以說較諸百姓尤為不堪。

❷ 契丹起於九一六～一一二五年，兩宋自九六〇～一二七九年、西夏一〇三八～一二二七年、金一一一五～一二三四年。

朝，較合於史實。北宋在第二個南北朝時代，對契丹、對西夏幾乎都是採贈送歲幣、繒帛等方式，以換取和平，最大的原因就是北宋軍力不強，皇帝沒有很堅定的意志力，但求苟安不求圖強。尤其南宋，只求偏安，懼談規復。南宋詩人林升曾以《西湖》為題諷執政者苟安心態，其詩曰：

山外青山樓外樓，西湖歌舞幾時休？
暖風薰得遊人醉，直把杭州作汴州。

兩宋就是這樣缺乏鬥志不能振作，在歷史上屬於弱勢朝代，不過在經濟、科技、文化上卻有相當發展。

起初契丹的遼朝崛起於松漠之間，頗具銳氣，而中原正陷於各地軍閥割據，繼而五代相繼建立，北宋雖結束五代十國的亂局，但燕雲已落入契丹之手。在客觀情勢上，居於不利地位，而在主觀情勢，北宋不想在軍事上有所作為，採守勢做法，與契丹簽定澶淵之盟後，北方無戰事，樂得偷安。而契丹也在澶淵之盟後，獲得大量的金錢物資，皇室貴族生活趨於奢靡，在其東邊的女真則乘機崛起。契丹由於久無戰事，軍隊已無戰鬥力，女真伐契丹，有如秋風掃落葉，於一一二五年攻滅契丹，統轄中國北部原遼朝全境而與北宋接壤，金、宋之間必然會發生戰爭，所等待的只是藉口而已。

宋朝自趙佶嗣位後（一一〇〇～一一二五年在位），史稱徽宗，此人雖頗具藝術才華，尤精書法且自成一體，後代稱之為瘦金體，但卻無治國之能，且喜微服出入青樓楚館，坊間稗官野史稱其迷戀名妓李師師，更因此與著名詞人周邦彥有所不愉，則其私德可想而知。

因此金人輕宋，不時南下侵城奪池，宋朝雖也曾出師抗拒，但多為敗績，在力不如人情況下，宋金達成協議，其主要內容約有以下三款：宋向金歲輸銀絹各二十萬兩、匹，另別輸燕京代稅錢一百萬緡（緡，音泯，指成串之錢）；遣使賀金主生日及正旦；置榷場貿易。

雖然如此，金朝還不滿意，仍製造事端繼續攻掠，昏庸無能的宋徽宗見事不可為，於一一二五年（徽宗宣和七年）禪位於其子趙桓，史稱欽宗，改元靖康。此時金兵圍汴京，宋由李綱據城固守，以待勤王之師，然而四面八方來援之師很少，偶而有援軍前來，也被金兵擊退，不得已只好向金求和，其條件為：一、宋向金輸金五百萬兩，表緞百萬匹，牛馬萬頭；二、尊金主為伯父；三、割中原、中山、河間三鎮予金；四、以親王宰相為質。

條約談妥之後，宋廷於是搜括京城裡的金二十萬兩、銀四十萬兩，先交給金人，並以肅王趙樞為質，如此金兵始撤。汴京之圍雖解，但圍太原之兵見圍汴京金兵得到巨金，也派使者到汴京，要求比照辦理，宋廷自是不肯，並扣留來使，於是又引來金兵攻打汴京，在一一二七年（宋欽宗靖康二年）攻入汴京，擄徽、欽二帝，北宋亡。

金兵攻入汴京後，除擄去徽、欽二帝及宮中男女乃至城內百工技藝千人，更在城內盡情掠奪❶。金兵在汴京城內大掠之後，押著徽、欽二帝及宮中男、女百工技藝等三千多人北去，歷史上俘虜皇帝名單又多了二人。這龐大的俘虜隊伍，押送到女真族發跡地今東北的呼爾哈路❷，金封徽宗為昏德

---

❶ 詳細情形可參看丁特起所撰《靖康紀聞》及陳那瞻《宋史紀事本末》卷五十七。
❷ 其地在今呼爾哈河一帶，近五國城，地近冷山，而冷山在今吉林省長春市農安縣北。

公，封欽帝為重昏侯，此後徽、欽二帝在金的情況，漢文文獻鮮少提到。

當徽、欽二帝被擄北去後，宋康王趙構在南京（今河南歸德）自立為帝，是為南宋高宗，建元建炎。於建炎三年（一一二九年）洪皓以禮部尚書❶銜使金，結果被金朝所扣留，初逼洪皓仕劉豫齊政權，不從，金朝乃將洪皓徙於冷山。次年（建炎四年，一一三〇年，金太宗天會八年）得知宋徽、欽二帝被徙於呼爾哈路，乃暗中派人去見徽、欽二帝，獻上桃、梨、栗、麵等，並密告以二帝被俘後宋朝情形，這時徽、欽二帝才知道康王趙構已即帝位延續了宋朝國祚。到了南宋高宗紹興五年（一一三五年），徽宗卒，洪皓得知後，北向泣血，會同金廷所遣致祭使前往燕山，建道場於開泰寺作功德，洪皓疏曰：

> 千歲厭世，莫遂乘雲之仙，四海遏音，同深喪考之戚。況故宮為禾黍，改館徒饋於秦牢，新廟游衣冠，招魂漫歌於楚些。雖置河東之賦，莫止江南之哀。遺民失望而痛心，孤臣久縶惟歐血。伏願聖德之祀，傳百世以彌昌，在天之靈，繼三后而不朽。（《洪忠宣行述》，但此處係轉引自李有棠《金史紀事本末》卷七，臺灣里仁書局，一九八二年，頁一五七～一五八）

洪皓不仕偽齊，也不仕金，但為求生計受聘於完顏希尹（**即悟室**）宅，教其子弟漢文經典，所以才能密遣人謁徽、欽宗獻以食物，及徽宗卒，也得以參與致祭事宜，洪皓之祭奠，讓滯金宋朝舊臣讀之莫不掩涕，綜徽宗被俘後活了八年。到了南宋高宗紹興十二年（一一四二年，金熙宗皇統二年）金廷把被扣留的洪皓、宋弁、張郡等釋回，洪皓返回南宋後，就在金十四年耳聞目睹所及撰為

《松漠紀聞》❷一書。洪皓在《松漠紀聞》並未提到欽帝死訊，想來在南宋高宗紹興十二年時，欽宗尚在人世，果而此項推測成立，則欽帝的俘虜生涯至少過了十五年（一一二七～一一四二年）。至於徽、欽二帝被俘及隨同被擄去宋宮中女眷，以及其在金國境內情況，有一本叫《靖康稗史箋證》的書可以參考❸。徽、欽二帝被送到金國的北方邊五國城（今黑龍江省哈爾濱市依蘭縣），在這裡欽帝還生下兒女。

南宋偏安江南，都於臨安（今浙江杭州），在秦檜等人極力主和而南宋高宗趙構內心也根本無意甚至根本反對北伐、規復失地、迎回徽、欽二帝的情況下，宋金之間係趨於緩和。西元一一四二年（南宋高宗紹興十二年）三月，金朝將之前被擄去的韋賢妃釋回南宋，她離開五國城時，欽帝曾挽住她的車輪，請韋賢妃轉告南宋高宗趙構，如能返回南宋將絕不過問政事，能當個太乙宮主（道觀）宿願已足。

以當時宋金關係而言，如南宋極力斡旋，許以重金，女真未必不會把欽帝一行釋回。但是南宋高宗內心對欽帝一旦獲釋，自己的帝位就會受到威脅，所以從內心深處是反對欽帝歸宋的，但又不能宣之於口。因此對於高喊靖康恥猶未雪，要迎回二帝的岳飛，當然恨在心裡口難開，而秦檜何等

---

❶ 本職為徽猷閣侍制，按侍制，本意為等待皇帝詔命，唐時始以為官名。宋時各殿閣均置侍制之官，掌守歷朝皇帝御書、典籍、圖書、寶瑞等物，位在直學士之下。

❷ 臺灣商務印書館曾於一九七九年從《歷代小史》中影印出版，係木刻版，字多模糊，近年上海古籍出版社重新予以排印出版。

❸ 此書係宋確庵、耐庵編，崔文印箋證，北京中華書局一九八八年出版。

黠慧，早已揣摸透南宋高宗內心顧忌，隨便找個藉口便把力主北伐的岳飛給殺了。可見政治有時與人性脫節，權力蓋過親情，相當可怕。

五、南唐末帝李煜

唐宋北方五代相繼而起，南方則十國並立，可以說是天下大亂的時代，十國之中的南唐末帝俗稱南唐後主李煜（九三六~九七八年）初名從嘉，字重光，其事蹟頗值一敘。李煜是南唐中主李璟（九四三~九六一年在位）的第六子，據傳他自幼就與眾不同，尤其他長得豐額駢齒，且有一目重瞳，照面相上說，此乃既富且貴之相。他既是排行第六，依理輪不到他繼承帝位，只因他前面的五個兄長都早逝，所以李璟封他為吳王，並立為太子。

此時南唐的榮景已過，走向衰落，而北方的後周步步進逼，南唐力不能抗，只得把大片長江以北的領土割讓給後周，形成以長江為界與後周對峙的局面。之後後周殿前都檢點趙匡胤欺後周新帝年幼，演出一場陳橋兵變黃袍加身的把戲，篡了後周，建立宋王朝，於是形成宋與南唐隔江對峙。為了應付新成立的宋，南唐中主把都城遷到南昌（今山西省南昌市），留太子李煜守金陵（今江蘇省南京市）。西元九六一年（北宋太祖趙匡胤建隆二年），李璟病逝，李煜嗣立，時年二十五歲，在位十四年後國滅，南唐享祚三十九年（九三七~九七五年）。

李煜既不是昏君，更不是暴君，而且具有極高的文學、藝術才華，可惜他沒有治國的能力，而且過於佞佛。作為一個多愁善感的詩人詞家，他是稱職的；作為一個談情說愛的情人，他也相當合適；但是作為一個帝王，他是失格的。

他的佞佛已經到了迷罔的地步，他用國庫的錢募人為僧，試想如果有人為了金錢而剃度為僧，這是交易，不是出家，把出家當作一種職業，豈有信仰可言。古往今來凡是英明強悍的帝王，會運用宗教增強其對人民的統治，反之，則被宗教所利用，翻開中外歷史一看，便知此言不虛。李煜佞佛（沉迷於佛教），已經注定他不可能是一個稱職的帝王。由於他的佞佛，使金陵僧人多達萬餘人，試想這一萬多人都不事生產，要靠他人供養。當時金陵城有多少人，目前沒有詳細的統計數據，如果假設每二十個工作人口，供養一個出家僧人，才不會感到吃力。以此推估，金陵城必有二十萬以上的工作人口，如果以每五個人有一個工作人口，則當時金陵至少要有一百萬人，才養得起一萬多個僧人。但是我們想必知道在十世紀時，金陵不可能有一百多萬人口，李煜養一萬多僧人，勢必拖垮南唐的財政。不僅如此，李煜更經常在退朝之後，回到後宮就換上僧衣，開始禮佛誦經，如有僧人犯法，往往不依律制裁，而只是要他們誦經以為悔過。北宋趙匡胤聽說有這種情形，就選了一個口齒伶俐、熟讀佛經、能言善辯的青年人，過江去見李煜，跟李煜討論人生命運以及生死等問題，李煜對佛學、生死輪迴所知本就不多，聽後竟有醍醐灌頂之感，認為真佛出世。從此更是一心禮佛誦經，對於百姓福祉、國家興亡、社稷存續乃至邊境防守，均漠不關心，好像只要禮佛唸經，佛菩薩就下凡來將麻煩事一一加以解決。

江南氣候良好物阜民豐，南唐是一個富庶的國家，李煜嗣立時，已向北宋稱臣並奉宋正朔。「奉正朔」在中國歷史文化上，具有特別意義，中央王朝只要四方邊疆地區各民族政權，能奉中國的正朔，中央王朝幾乎都不會直接予以統治，而且都會給予極豐厚賞賜。所謂「正朔」，原先只是指一年的第一天，原無特殊意義，但古時改朝換代，新王朝表示「應天承運」，須重定正朔。《禮大傳》：「改正朔」，《疏》：「正謂年始，朔謂月初。言王者得政，示從我始，改故用新，隨寅、丑、子所損（建）也」。夏正建寅為人統，殷正建丑為地統，周正建子為天統，是為三正，也稱三統，以上見《尚書大傳略說》。漢武帝劉徹改以建寅之月為歲首，此後歷代沿用，於是「正朔」遂通指帝王新頒的曆法❶，從「奉正朔」就代表對中央王朝的順服，這是中國歷史政治文化很特殊的一點。南唐李煜雖已對北宋表示臣服，且願奉正朔，而且對朝廷更是奉命唯謹，據《宋史》所載：

> （李）煜每聞朝廷出師克捷及嘉慶之事，必遣使犒師修貢，其大慶節更以買宴為名，別奉珍玩為獻，吉凶大禮，皆別修貢。

但北宋認為江南之地向為中國本部，其民皆漢人，更以其地物產豐隆，豈容置之化外別成一國，正所謂「臥榻之旁，豈容他人酣睡」。趙匡胤絕不以李煜的謹小慎為而滿足，而趙匡胤精心炮製黃袍加身建立宋王朝，其志就是要結束五代十國的亂象，要統一全中國恢復盛唐氣勢。

在中國歷史上有一個大趨勢，基本上政治武力都是自北向南推進，所以古往今來高喊北伐者，多如過江之鯽，但能成功者，則鮮若鳳毛麟角。這是地緣政治使然，也是歷史的命定；當然如有心懷豪情壯氣而又智勇兼備者，可以衝破這種歷史宿命，一旦衝破這歷史宿命，必然會成為歷史上的偉人，而名垂千古；如漢武帝之伐匈奴、唐太宗之破突厥、朱元璋之北逐元蒙等，都在歷史上留下美好的篇章。在歷史大趨勢上，原不看好南唐，如果南唐君王不能奮發有為，則其被北宋吞滅，遂成為不可避免之事。

李煜天生是一個藝術、文學方面的天才，他不但詞填得好，為詞中三李之一（**早於他的是李白，晚於他的是李清照**），還寫得一手書法，後人稱之為《錯金體》，而且還能畫一筆好畫。可是對於安邦治國則束手無策，對於如何能使國家強大，他更是畏首畏尾，當時南唐南都留守林仁肇曾建議說：他願意領兵數萬北伐，光復舊壤。而且還為萬一失敗，為李煜準備好下台階，就是當林仁肇起兵北伐時，李煜就宣布林仁肇叛變，讓北宋知道林仁肇之北伐與南唐無關，如北伐順利，規復故土，得利的是南唐，如不幸失敗，則林仁肇以全家向北宋請罪。難得有此忠烈勇敢之臣，把全家性命押上，為國效忠，然而懦弱的李煜，沒有採納此項建議，他依然填詞作書、禮佛、念經。李煜不敢碰撞看起來像是頗強大的北宋（**其實北宋武力並不強力，燕雲十六州無一能收回**），或許情有可原，但比南唐弱小的吳越國❷，他也不敢碰。當時南唐沿江巡檢盧絳曾建議說：吳越乃是南唐的宿敵，將來必然會配合北宋攻打南唐，莫如先下手將之攻滅，以免後患無窮。盧絳採用的「先發制人」的戰略，自有其道理，然而李煜卻說：吳越是北方大朝（**指北宋**）的附庸，怎可輕舉妄動？看來李煜對於富國強兵全無興趣，然而他的興趣究竟在哪裡？

李煜初娶南唐重臣周宗之女周娥皇為妻，當時李煜十八歲（九五四年）史稱大周后。按「娥

❶《辭源》，台灣商務印書館，一九八九年，上冊，頁一六六四。

❷為錢鏐所建，在南唐之東，疆域狹小，享祚七十一年，九〇七～九七八年。

皇」這個名字有個典故，相傳娥皇是帝堯之女，嫁給帝舜❶，「媵之以女英」（以女英陪嫁）。周宗會把女兒取名娥皇，顯然老早就打定主意要將這個女兒嫁入皇家。這個娥皇也是個才華洋溢的女子，據宋陸游（一一二五～一二一〇年）的《南唐書》稱：

昭惠國后周氏，小名娥皇。通書史、善歌舞，尤工琵琶，……故盛唐時，霓裳羽衣最為大曲，離亂之後，絕不復傳，后得殘譜，以琵琶奏之，於是開元天寶之遺音❷，復傳於世。

李煜與娥皇的婚姻，可說是天造地設，李煜在藝文天地裡找到知音，在繁瑣的日常生活中找到重心。在月明星稀的夜晚，兩人經常相依相偎，淺斟美酒、低吟小曲，在悅耳的絲竹聲中翩翩起舞，李、周二人可說是神仙眷屬，李煜填了一首詞：

晚妝初了明肌雪，春殿嬪娥魚貫列。鳳簫吹斷水雲閒，重按霓裳歌遍徹。
臨風誰更飄香屑，醉拍闌干情味切。歸時休放蠋花紅，待踏馬蹄清夜月。

像這樣只羨鴛鴦不羨仙的生活，整整享受了十年，或許太過完美遭天妒。西元九六四年（北宋太祖乾德二年），娥皇突然染患重病，茶飯不思，終日昏睡，形容枯槁，李煜對之當然關懷備至，嘘寒問暖，希望能盡早復原，但天不從人願，非但病情沒有好轉反而更為嚴重，李煜有些絕望。恰在此時，比娥皇小十四歲的妹妹進宮探望姊姊周后的病情，這年周家小妹才只十五歲，秀麗的長相猶如當年的娥皇，這讓李煜驚艷不已對之產生了好感。而周小妹對姊夫皇帝的才華與成熟男人的風采也是極為傾心，於是在相約一個樹影婆娑的夜晚在移風殿旁相會。宮中人多，而周家小妹又穿著綴有小銀鈴的金縷鞋，走起路來會叮噹叮噹地響，但此去是私會李煜，怕被人聽見，所以脫下金縷鞋拎在手裡，輕步走向約會的畫堂南邊。一場私會兩人都覺爽心恰意，隔日李煜為此以周家小妹的口氣，填了一首《菩薩蠻》詞牌的詞，全文為：

花明月黯籠輕霧，今宵好向郎邊去。衩襪步香階，手提金縷鞋。畫堂南畔見，一晌偎人顫，奴為出來難，教君恣意憐。

這一闋《菩薩蠻》把少女私會情郎既羞又怯、既驚又喜的情景躍然於紙上，李煜確實一個寫情高手。凡事有一必有二，李煜與周小妹的約會可能趨於頻繁，周后娥皇雖在病中，應是已有所聞，心中自是不悅，病情不免又加重了幾分。不料就在此時李煜與周后所生的次子李端保竟意外夭折，這一連串的打擊，終於讓周后娥皇香消玉殞。臨終時她等於默認了李煜與妹妹的這一段情，並懇請薄葬，這年娥皇只得年二十九歲。周后之死李煜感到十分悲慟，親自撰寫了一篇署名為「鰥夫煜」的《昭惠周后誄》（誄，對死者哀悼之文，類似祭文，為文章體裁之一種），長達二千多字，也可

❶ 其實堯，舜都只是傳說中的人物，是否確有其人，還存有很大的爭議。

❷ 按開元，天寶為唐玄宗李隆基之年號，前者二十九年，七一三～七四一年，後者十五年，七四二～七五六年。天寶末有「安史之亂」，《霓裳羽衣曲》由是遺失。

說一往情深。周后雖死，李煜還是得活下去，於是娶了娥皇之妹，史稱娥皇為大周后，其妹為小周后。小周后聰明剔透不輸乃姊，而其青春秀麗更勝娥皇，李煜展開另一段生活。

北宋太祖趙匡胤於其開寶四年（九七一年），攻滅南漢（九一七～九七一年）。李煜心中頗為恐懼，不想如何勵精圖治整軍經武厚植國力，反而主動上表北宋皇帝，改南唐皇帝為江南國主，自行降格，冀望北宋不要加以兵力，把南唐尚書省改為司會府等，但北宋並未因此而「放過」南唐。如果南唐李煜能主動積極些，激勵全國軍民，提高士氣，南唐未必不能抗衡北宋，只是李煜不作此圖，依然終日借酒消愁，須知借酒澆愁愁更愁，此際李煜填了一闕《清平樂》如下：

別來春半，觸目愁腸斷。砌下落梅如雪亂，拂了一身還滿。雁來音信無憑，路遙歸夢難成。離恨恰如春草，更行更遠還生。

另外有一闕《相見歡》（或作《烏夜啼》見鄭振鐸《中國文學史》）：

無言獨上西樓，月如鉤，寂寞梧桐深院鎖清秋。

剪不斷，理還亂，是離愁，別有一番滋味在心頭。

這兩闕詞讀來頗有淒涼之感，但仍不失其為詞中極品，只是少了歡愉，更沒有絲毫振作意味，亡國之音哀以怨。

西元九七四年（北宋太祖開寶七年）秋，趙匡胤派使者到金陵，宣稱要李煜到北宋京師汴京（今河南省開封市）「面聖」。李煜當然知道此去，就沒有南返之日，於是託詞有病未去。但俗語說是福不是禍，是禍躲不過，同年冬，北宋軍隊就渡江包圍了金陵城。前線官兵正在拼死保衛金陵之時，李煜卻在宮中填了一闕《臨江仙》如下：

櫻桃落盡春歸去，蝶翻輕粉雙飛。子規啼月小樓西，玉鉤羅幕，惆悵暮煙垂。
別巷寂寥人散後，望殘煙草低迷。爐香閑裊鳳凰兒，空持羅帶，回首恨依依。

據傳這闕詞還沒填完，北宋軍隊已經攻進金陵，最後三句是後來補上的。這一年（九七四年）的十二月，李煜一家以俘虜身分被帶到北宋的都城汴京。

當李煜舉家要離開皇宮時，不禁悲從中來，填了一闕極帶傷感意味的詞：

四十年來家國，三千里地山河。鳳閣龍樓連霄漢，玉樹瓊枝作煙蘿，幾曾識干戈？一旦歸為臣虜，沉腰潘鬢銷磨。最是倉皇辭廟日，教坊猶奏別離歌，揮淚對宮娥。

嗚呼哀哉，國破身為俘虜行將離故國，不是揮淚別太廟，而是揮淚對宮娥，無怪乎他會是亡國之君。及至要離開石頭城，回首金陵城郭，不免依依之情，他又吟出了如下一闕沉痛的詩篇：

江南江北舊家鄉，三十年來夢一場。吳苑宮闈今冷落，廣陵台殿已荒涼。雲籠遠岫愁千片，雨打歸舟淚萬行。兄弟四人三百口，不堪閑坐細思量。（渡江中望石城泣下）

直到此刻才望石頭城而泣下，為時已晚。到了汴京後，宋太祖雖沒殺他，卻循往史羞辱降君的故例，「封」他為違命侯，著白衣紗帽，忍受難堪的俘虜生活。「違命侯」雖是「侯」的爵位，卻沒有侯的待遇，或者雖有侯的待遇，但與往日帝王的物質享受，當然有著天差地別，經常感到物質的不足。據《宋史》所載：

太平興國二年❶，煜自言其貧。

可見李後主到汴京後，在生活上感到貧乏，此外他給故宮人信中也說：「此中日夕以淚洗面。」❷試想曾經是一個帝王，而今淪落到如此困境，真是情何以堪，這種正如他在《浪淘沙》一詞所說的：

簾外雨潺潺，春意闌珊。羅衾不耐五更寒，夢裡不知身是客，一晌貪歡。獨自莫憑欄，無限江山。別時容易見時難，流水落花春去也，天上人間。

李煜在汴京的日子過得相當無奈，只能透過文字紓發心中的苦悶，在《相見歡》一詞中他說：

林花謝了春紅，太匆匆。無奈朝來寒雨晚來風。胭脂淚，留人醉，幾時重。自是人生長恨水長東。

在汴京的日子雖然無奈，回想往事感慨萬千，但李煜經常無視現實生活、或者雖有感卻無力改變，只好活在理想中，在詞的世界裡逃避現實的困頓，紓發心中的鬱悶。他對故國的懷念、對江山的易色，都有著無限的惆悵，就像滾滾江水向東奔流而去，不再回頭，往日的繁華也一去不回，《虞美人》一闋道盡心中的感傷：

春花秋月何時了，往事知多少。小樓昨夜又東風，故國不堪回首月明中。雕欄玉砌應猶在，只是朱顏改，問君能有幾多愁，恰似一江春水向東流。

李煜在字裡行間流露出對故國的懷念，而「小樓昨夜又東風」透露出昔日舊臣曾來探望，這觸怒了宋太宗趙炅，命人賜以毒酒，結束了李煜的生命，那時他只有四十二歲，死時正是七月七日的夜晚。綜計李煜從被俘北上到被毒死，前後只有兩年，這個末代皇帝留給後人的是無盡的感傷，而他的作品一千多年來一直被後人傳誦，他的詞為文學開啟新的視野，王國維就曾說：

---

❶ 太平興國是宋太宗趙炅的年號，炅，音窘，其意為明亮。其二年為西元九七七年。

❷ 《避暑漫抄》，但此處係轉引自劉大杰《中國文學發達史》，台灣中華書局，一九六三年，下冊，頁三十四。

詞至後主，眼界始大，感慨遂深。

李煜死後葬在洛陽北的邙山下，他的死對小周后的打擊很大，不久也離開了人世，並實現了她生前誓稱要與李煜同葬一穴的遺言：「只有北邙山下月，清光到死也相隨。」從古到今多少末代皇帝，但能讓後人謳歌其作品的，唯有李煜一人。

成吉思汗的霸業、容貌與陵寢

大約上個世紀八〇年代，日本曾對大學生做過一個問卷，要他們寫出他們所敬佩的世界一百位名人，結果是中國蒙古族成吉思汗拔得頭籌，這結果讓人感到相當意外。但如果能稍作探討，就會發覺雖在意料之外，卻在情理之中，以一個目不識丁的人，竟然能創建人類有史以來最大的帝國。他的容貌如何？他崩殂後的陵寢又在哪裡？七、八百年來始終都是個謎，有多少人試圖解開這個謎，但是都沒有成功。本文當然也不敢說要解開這個謎，作者也沒有這份能耐，本文只根據相關文獻就蒙古民族史方面加以敘述。其中當然會提到成吉思汗的容貌乃至他死後陵寢所在的記載，這些史料或文獻對要解開以上兩個謎，或多或少會有些助益，本文擬分下列幾個部分加以敘述。

一、蒙古族、本支與別支

北半球從中國境內大興安嶺、向西一直到裡海周邊，南起萬里長城陰山一線，北到貝加爾湖一線，就是所謂北亞洲❶，其間河西走廊以西，則稱之為西域❷。在這廣袤的地區中，孕育著許多草原游牧民族，如匈奴、東胡及其分裂後的鮮卑、烏桓、柔然、嚈噠、突厥、月氏、烏孫、塞種……回紇、契丹、女真、蒙古等。每一個民族都有其源遠流長的歷史，其中最晚登上政治舞台的，就是蒙古族，「蒙古」一詞最早見諸漢文史傳的是兩《唐書》，分作稱為「蒙兀」、「蒙瓦」，其為蒙古一音之諧譯無疑，為幾個室韋中的一部稱蒙兀或蒙瓦室韋，幾個室韋大致分布在黑龍江南、北，大興安嶺以西的廣大地區，其中蒙兀或蒙瓦室韋則位於大興安嶺以西，黑龍江上游額爾古納河呼倫、貝爾池一帶，這是兩《唐書》所載有關蒙古最早的記錄。

「室韋」，近代許多學者經考證後認為是「鮮卑」一音的諧譯，鮮卑是東胡族，如果蒙古族是東胡的一支，也應屬確定。雖然在一個世紀前有些學者主張蒙古與突厥同源共祖❸，但經過近百年學界之探討，此說已不成立，最簡單的理由莫過於突厥源起之地在今新疆阿爾泰山一帶，而蒙古源起於額爾古納河以東之地，兩地東西相距數千公里之遙，其不可能同源共祖至為明白。據蒙古耆老口述古老傳說而筆之於書的《元朝秘史》❹，對蒙古民族的源起、各氏族的成立，凡是《元朝秘史》所提到的孛爾帖赤那（**蒙古的始祖；其義為蒼狼**）與豁埃馬闌勒（**蒙古的始祖母，其意為白鹿**）所生之子子孫孫各成氏族，都可視為蒙古本支。

蒙古大約在九、十世紀時渡過額爾古納河，進入今日外蒙古東部。外蒙古東部及北部原有許多民族，如塔塔兒部、蔑兒乞部；其西邊則有克烈部、乃蠻部；其南邊則有汪古部等；沿唐努山、薩彥嶺林木密集地更有數不清的林木中百姓，稱之為「禿綿·斡亦剌特」❺。當蒙古逐漸強大後，四周

❶ 或有稱之為中亞者，可參看L·I·米羅尼科夫《中亞一詞的含義》，該文列《中亞文明史》第一卷，北京中國對外翻譯公司、聯合國教科文組織出版，二〇〇二年，頁三六〇～三六八。

❷ 西域有廣狹二義，狹義的西域，僅指中國新疆而言，廣義的西域則向西及於今中亞兩河地區，乃至更遠之地，可參看余太山《西域通史》，河南鄭州中州古籍出版社，一九九六年，頁一。

❸ 如波斯人拉斯特《史集》，國人褚作民《蒙古民族由來考》等。

❹ 此書係以回紇字母拼寫蒙古語，記述蒙古族源起、壯大乃至鐵木真稱成吉思汗以至窩闊台汗時之事，抄錄數部秘藏於大汗、諸汗國，故稱秘史。明成祖朱棣編修《永樂大典》時，將此書以漢字音譯蒙古語方式譯出，在逐字音譯之旁，再加以意譯，定書名為《元朝秘史》。但書中所載僅及於窩闊台時事，下距忽必烈元朝之建立尚有二十年之久，因此近人多稱之為《蒙古秘史》，對此特加說明。

❺ 禿綿，蒙語意為萬，形容多；斡亦剌意為棲息於林木中的人民或部族。

非蒙古族或被蒙古征服、吞併，或主動降於蒙古，時日一久，逐漸蒙古化了，這些原非蒙古而後併入蒙古的各民族，就稱之為蒙古別支。蒙古本支，有些史書稱之為黑韃韃；蒙古別支則稱之為白韃韃或野韃韃。在北亞（或中亞）游牧民族中，「黑」不作黑白之黑解，其讀音為「喀喇」，作「神聖」、「純粹」等解，如喀喇崑崙山，不能解讀為黑崑崙山，而是神聖的崑崙山，黑韃韃也只能解讀為純種的蒙古人（**當時多以韃韃或韃靼稱蒙古人**）。

「蒙古」這個詞最早出現在丘處機長春真人應成吉思汗之召，前往今中亞會見，後來東返，由其門弟子李志常撰著《長春真人西遊記》，書中首度用「蒙古」這兩個字，來稱兩《唐書》裡所指的「蒙兀」或「蒙瓦」，並從此成為定稱。在這之前對象的稱謂，用的是不同的漢字，不過其讀音都與 Mongol 相去不遠，茲以表列方式引錄如下：

文獻名稱	所用稱謂
遼史	謨葛設、萌古
松漠紀聞	盲骨子、朦古
契丹國志	蒙古里
蒙韃備錄	蒙古斯

胡僑陷虜記	韃刲子
蒙古源流	蒙郭勒
元朝秘史	忙豁勒
金史	孟古
黑韃事略	蒙故

自《長春真人西遊記》之後，「蒙古」一詞遂成為定稱，之後《元史》、《新元史》都用這一稱謂。不過民初屠寄在其著《蒙兀兒史記》一書，則用「蒙兀兒」一詞，仍與「蒙古」讀音接近，只是強調末尾「1」的發音。

蒙古自鐵木真成吉思汗崛起，建立「大蒙古國」❶後，其君王稱可汗，成吉思汗把他自己這一系稱為「黃金氏族」，他規定非黃金氏族不得為可汗。成吉思汗在蒙古民族中具有神聖的地位，他的這一規定，就成為草原上的鐵律。篡奪察合台汗國的帖木兒，論武功不在成吉思汗之下，所征服的版圖也不亞於成吉思汗，只因他不是黃金氏族，所以沒有稱可汗。清初準噶爾部的噶爾丹控制天山

---

❶ 蒙古語讀作：「伊克、蒙兀兒、烏魯斯」，此處「伊克」是大之意；「蒙兀兒」就是蒙古；「烏魯斯」可以作國家解。

南北，威震中亞，也不敢稱可汗，而且他的「博碩克圖汗」❶這個汗號，是五世達賴喇嘛給的，根本不具權威性與合法性，可見成吉思汗所定下「非黃金氏族不得為可汗」的鐵律有其權威性。後來成吉思汗的孫子忽必烈建立元朝之後，只有他的子孫才能稱「元裔」，所以我們知道元裔必然是黃金氏族，但黃金氏族未必都是元裔，讀蒙古史時這是頗為重要的認知。

至於蒙古別支，其內含頗為複雜，按漠北地區自遠古以來就有許多民族生息其間，例如敕勒系各民族、匈奴、東胡（**含後來的鮮卑、烏桓**）、柔然、回紇、黠戛斯、突厥……都曾生息於此。蒙古進入漠北，這些民族的後裔，必然還有部分分布在漠北，例如鐵木真時，克烈、乃蠻兩部都是突厥、回紇系民族的遺胤，後來被蒙古攻滅，大部分併入蒙古族而蒙古化了。一部分逃入中亞，成為今日哈薩克族的一部分。其併入蒙古者，成為蒙古別支，稱斡亦剌惕，明代稱之為衛拉特或瓦剌，主要是由準噶爾、杜爾伯特（**以上兩部同源共祖**）、土爾扈特（**係克烈部後胤**）、和碩特❷及輝特所組成的部落聯盟，到清代稱額魯特（**或作厄魯特**），主要分布在中國的西部地區。

蒙古族的源起，歷來有不同說法，如有匈奴說、華夏說、突厥說、吐蕃說……不一而足，但都不能成為定論。按人類起源原本就多元，在沒能找到充分證據確證蒙古是歷史上哪個民族的後裔之前，大可先假設蒙古自成一系也未嘗不可。蒙古先世除《元朝秘史》簡單地交代，自始祖孛爾帖赤那之後的十代的人名外，其事蹟則未見記載，到了孛端察兒之後，才有了比較詳細的記載，孛端察兒第十一代孫子叫也速該把阿禿兒，他就是成吉思汗的父親，據傳也速該與塔塔兒作戰時活捉了鐵木真兀格，恰巧也速該之妻訶額侖生下一子，所以就取名鐵木真。

二、成吉思汗的崛起

據《元朝秘史》稱鐵木真出生時「右手握著髀石般一塊血」（髀，音比，本意為大腿骨），「面目有光」；而柯紹忞的《新元史》則稱「太祖生時右手握凝血如赤石，面目有光。」可見聖者感天而生，看來是漢、蒙兩族的共同語言。

北方草原游牧民族自古以來就盛行早婚❸，鐵木真在九歲時，其父也速該就帶他到翁吉剌部去為鐵木真尋找一個合適的女孩，結果在德薛禪的廬帳遇到他女兒孛兒帖，親事就這麼訂了下來，由於雙方都還太小，也速該就把鐵木真寄養在德薛禪家，待年紀稍大些再正式成親。

也速該此時已經是部落的酋長，當然不可能離開部落太久，必須要趕回去。在返回駐牧地途中，經過塔塔兒的駐牧地，正趕上塔塔兒舉行宴會，而且也速該也感人飢馬疲，在草原上傳統習俗對路過者都不拒絕提供食宿，所以也速該不加思索就加入塔塔兒人的飲宴。但是蒙古部與塔塔兒本就不睦，有人認出也速該是蒙古部的酋長，於是便他的食物中下毒，也速該在酒足飯飽之後，又趕著回自己的駐牧地。途中感到腹痛如絞，幾不能支，於是快馬加鞭往回奔馳，幾乎馬不停蹄趕了三天。正在毒性大發時，望見自己的牧地，他便大聲求救，恰好察剌老人的兒子蒙力克在附近，立

---

❶ 可汗與汗是不同位階的，可汗在上，其下可以有幾個汗。

❷ 此部是蒙古本支，其部酋是成吉思汗之弟哈布圖哈薩爾之後人，嚴格說雖是蒙古本支，卻非黃金氏族，因其不是成吉思汗後人。

❸ 以鮮卑拓跋部所建的北魏諸帝幾乎都在十五歲以前就娶妻。

刻跑了過來，也速該說清楚來龍去脈，要蒙力克趕快去把鐵木真接回來，說完這些也速該便毒發而死。蒙力克依照遺言把鐵木真接回來，由於也速該已死，他的人民紛紛投向有實力的泰亦赤兀惕部，從此鐵木真與寡母幼弟開始向命運搏鬥，也因此養成鐵木真堅忍不拔、善處逆境的個性。

鐵木真二十歲那年❶，他想起早年曾與翁吉剌部德薛禪的女兒孛兒帖訂有婚約，於是便帶著弟弟別勒古台前往翁吉剌部迎親。德薛禪為人忠厚老實，信守承諾，並沒有因也速該去世、部眾離散而悔婚，仍然把女兒嫁給鐵木真，還以黑貂鼠皮襖作為陪嫁之物，德薛禪夫婦更親自護送鐵木真這對夫婦回到鐵木真駐牧之地。成婚之後的鐵木真立志要把失去的人民找回來，改善目前窘困的生活。

但要如何才能把離散的人民找回來？光憑自己是不可能辦到，在草原憑藉的是力，在他的記憶中，也速該生前曾與駐牧在土兀剌河（今外蒙古土拉河）一帶的克烈部長王汗交稱莫逆，並結為「安答」（**蒙語，意為盟友**），如能得到王汗的幫助，找回離散的人民將成為可能之事。

現在先介紹一下王汗，他本名脫斡憐勒，曾受女真的金封為「夷离堇」❷，而又自稱汗，所以一般文獻都寫作王汗，或作翁罕，是突厥回紇系民族。在草原上民族之間並無太大的畛域之見，只要利害不衝突，都能和睦共處，而且突回語與蒙古語都屬阿爾泰語系，互相學習難度不大。鐵木真要去拜望這位有實力的父執輩，必須帶上像樣的見面禮物，於是只得把妻子陪嫁的黑貂皮襖作為見面禮送給王汗，鐵木真見到王汗後，細說自己的來歷與多年來的遭遇，並對王汗說：

「你與我父親契合，便是父親一般，今將我妻上見公姑的禮物，將來與父親。」❸

王汗一則懷念故友也速該，再則得此名貴之黑貂鼠皮襖大為高興，乃對鐵木真說：

「你離了的百姓，我與你收拾，漫散了的百姓，我與你完聚，我心下好生記著。」（「心下」意為心裡，「好生」意為好好）

從此鐵木真與克烈部長王汗結盟，並奠下一生事業的基礎。

當初也速該曾經從篾兒乞人❹也客赤列都將迎娶的訶額侖搶來為妻，因此篾兒乞人與也速該一家有仇。此事也讓我們知道在十二世紀時，北方草原還盛行搶婚之俗。篾兒乞人對訶額侖被搶，始終耿耿於懷，二十幾年後才知道也速該已死，而其子鐵木真人少勢弱，便前來襲擊，而且把鐵木真新婚之妻孛兒帖搶走。鐵木真在無可奈何情形下，只好再向王汗求救，這次王汗答覆得很乾脆，他說：

「去年你應我貂鼠襖子來時，我曾說離了的百姓，我與你收聚，我心上常記著有來，我如

---

❶ 如果採用鐵木真生於一一五五年的說法，此時是一一七四年，南宋孝宗趙昚淳熙元年。

❷ 原為契丹語，其意為王，女真金沿用之。

❸ 《元朝秘史》卷，文中「契合」意為相處融洽，「將來」意為拿來。《元朝秘史》係由回紇人火原潔漢譯，從譯文中可看出明初一般口語情形。以下所引也均出自《元朝秘史》。

❹ 分布在今貝加爾湖東岸一帶，見格魯賽《蒙古史略》，或與今日之布里雅特蒙古有族源關係，布里雅特蒙古在中國境內者稱巴爾虎，依其來歸先後，分為新巴爾虎、陳巴爾虎兩部，清代將之編為兩旗。

今依著那言語，將篾兒乞特每滅著，你妻孛兒帖還救與你，你可教札木合兄弟知道，他在豁兒豁納黑主不兒之地面裡住著，我這裡起二萬軍馬做右手，教札木合起二萬軍馬做左手，相約會的日子，教札木合定奪來。」❶

終於在一一七七年把篾兒乞打敗，奪回孛兒帖，擄獲無數戰利品，鐵木真聲望大增，之前離去的百姓紛紛回歸。草原是崇拜英雄的，此時鐵木真是蒙古族的英雄，因為是英雄，又有一些蒙古部落前來歸順。鐵木真聲勢大盛，只是奪回來的妻子孛兒帖已是大腹便便，這一年鐵木真二十三歲，不久孛兒帖生下一子，取名朮赤，「朮赤」是蒙古語，其意是「客人」，這就說明朮赤不是博爾濟錦家族的血脈，但鐵木真對長子朮赤視同己出一樣寵愛、教養。

在這次戰役之後，鐵木真與王汗感情更為融洽，形同父子，之後又曾多次合作，鐵木真人望日隆。更多的蒙古部落投向鐵木真，這讓盟友札木合覺得不是滋味，也感到不安，兩人終分道揚鑣各奔前程，但反而有更多的蒙古部落投向鐵木真。部眾既多就自然需要有組織加以管理，這些部落首長都推舉鐵木真為蒙古汗，這一年是一一八九年（南宋孝宗趙昚淳熙十六年、金世宗完顏雍大定二十九年），鐵木真時年三十五歲。鐵木真立為蒙古汗後，曾派塔孩與速客該為使者，把稱汗之經過向王汗做了「簡報」，王汗也認為這麼多的蒙古部落，應該統一起來有一個汗，所以王汗說：

「鐵木真做了皇帝，好生是（**意為好得很或很好啊**），你達達每若無皇帝呵（**達達，指蒙古，每是漢語複數詞**），如何過，您每休把原商量的意思壞了。」（《元朝秘史》）

這裡王汗明白的說「你達達每」，就說明克烈部不是達達（蒙古），所以克烈的後裔土爾扈特是蒙古別支，於此也得到旁證。

在草原上唯力是尚，蒙古汗鐵木真勢力蒸蒸日上，王汗年歲已高，或許不太在意，但是看在其子亦剌合桑昆❷眼裡就很不是味道，再加上之前與鐵木真分道揚鑣的札木合，後來與鐵木真打了一仗，兵敗而投奔王汗。據《元朝秘史》說札木合結合了亦剌合桑昆，在王汗面前說鐵木真的壞話，一而再、再而三，縱然是謊言也會使人相信，何況王汗已年邁多少有些昏昧，而鐵木真力量膨脹、聲望日隆，又是個事實，於是與鐵木真之間就有了嫌隙。再經過札木合、亦剌合桑昆的推波助瀾，終於使王汗與鐵木真之間原本情同父子，激化成視同寇仇，而且都是錯在王汗，當然這些都是《元朝秘史》的記載。而《元朝秘史》又是在窩闊台汗（鐵木真第三子，繼鐵木真為大可汗）主導所記錄下來的蒙古族早期史，既有預設立場、又充滿主觀意識，未必全然可信。總之最後王汗與鐵木真以兵戎相見，結果王汗大敗，逃往乃蠻，被乃蠻守將所殺，其子亦剌合桑昆逃往西夏，埋下日後鐵木真五伐西夏的因子，這一年是西元一二〇三年。其實在草原上講究的力量，沒有真理、正義，更沒有所謂感情，試今日國際政治場域，又何嘗不是如此。

王汗死後，克烈部併入蒙古，鐵木真將之編為護衛軍，蒙古語讀作土爾扈特，這就是後來土爾

❶《元朝秘史》卷三。「篾兒乞特每」就是篾兒乞，「特」是蒙古語複數的後綴音，「每」是漢語多數的後加字，如你們、我們，當時讀音為「每」，本身無意義。至於札木合是鐵木真的盟友，有一批人馬，這裡所說的二萬軍馬，只是一個數字，表示多而已，以當時情況而言，無論王汗或札木合都無法動員二萬軍馬。

❷亦剌合是名，桑昆是號，北方游牧民族喜歡在名之後加上號，以示高雅，桑昆，是漢語相公的音譯。

扈特部的由來。鐵木真既征服了克烈部，其疆域已到達今外蒙古中部，而與乃蠻為鄰，乃蠻也作粘八噶，是突回語系民族，也是漠北文明大國，有文字記錄各項重要數據與大事，之前向西遼❶納貢稱臣，此際與蒙古為鄰。乃蠻首長稱太陽汗，先是乃蠻由亦難赤汗統治，有二子分別為拜不花與不亦魯黑，亦難赤汗死後，二子為爭父妾古兒別速而內訌，結果拜不花獲勝，以古兒別速為妻。西遼此時漸衰微，改向女真的金稱臣，金朝封之為王，遂自稱太王，訛讀為太陽，另襲乃父汗號，漢文史料遂稱之為太陽汗。

克烈部敗後，札木合前來投奔，當然又是說盡蒙古鐵木真的壞話，而此時乃蠻又與蒙古接壤，在天無二日，民無二王的思維下，而太陽汗又頗自大，完全無視新興鐵木真的實力，結果兩軍一接觸，太陽汗大敗且死，札木合也被捕處死。太陽汗之屈出律（**或作古出魯克**）及一部分乃蠻人逃往中亞草原，乃蠻亡，這一年是西元一二〇四年，鐵木真五十歲。

在攻滅乃蠻時，捕獲其大臣塔塔統阿，遂命其以畏兀字母（**即回紇字母**）拼寫蒙古語言，創制了蒙文，一直流行到今天❷，這在蒙古史上是一件大事，是鐵木真為蒙古族留下最珍貴的文化遺產。後滿族又用蒙文字母略加增減，拼寫滿族語言，是為滿文，記載了許多清初原始史料，滿文成為研究清初史事不可或缺的工具，這也可視為鐵木真對中國史的一大間接貢獻。

鐵木真滅乃蠻之後，今日的外蒙古已經完全在他統轄之下，鐵木真對付敵人的戰略是：對方不戰而降，可以秋毫無犯，對方如果頑強抵抗，則傾全力予以殲滅，而且是趕盡殺絕不留孑遺，當攻滅克烈時，發現王汗之子亦剌合桑昆逃奔西夏，於是攻滅乃蠻後，於一二〇五年首度揮師南下討伐西夏，拔西夏力吉里寨及乞鄰古撒城等地而還。按鐵木真攻滅乃蠻之後，志在天下，但在此之前，他所面對的敵人，都是草原游牧民族，並沒有攻城的經驗。

蒙古與女真的金有深仇大恨，早年金朝對蒙古極盡虐殺，並曾下過「滅丁令」。但是金朝此際統治區主要在黃河流域，是城市國家，邊境都有高大厚實的城牆。鐵木真之前沒有攻城經驗，而他又是極為謹慎的人，絕不打沒有把握的戰，而西夏正好是半城市半游牧國家，可以作為攻打金朝的練習戰，所以就以克烈亦剌合桑昆逃往西夏為藉口，南下討伐西夏。志不在佔領城池，而是培養、訓練戰力，西夏正應了所謂「匹夫無罪，懷璧其罪」，說來還真是無辜。

次年，西元一二〇六年，蒙古鐵木真汗在斡難河之源，建九斿白毛旗即皇帝位，群臣共上尊號為「成吉思汗」，所謂九斿白毛旗究竟是什麼樣子，據《蒙韃備錄》所載：

> 成吉思汗之儀衛建大純白旗以為認識外，並無其他旌幢，國王亦然，今國王（指成吉思汗）止建——白旗九尾，中有黑月，出師則張之。

這一段記載讓我們對「九斿白毛旗」有了概念。至於「成吉思汗」又是什麼意思呢？中外史家

---

❶ 喀喇契丹，係遼亡後，由遼宗室耶律大石奔西域所建立的王朝，統治今新疆全境、中亞兩河流域、外蒙古西部，中亞花剌子模曾向之納貢稱臣，享祚八十多年。

❷ 外蒙古因被前蘇聯統治，強迫改用息立克字母拼寫蒙古語言，是為新蒙文。俄文也採用息立克字母，因此新蒙文與俄文在外觀上幾完全一致。但據媒體報導，外蒙古官方已積極推動恢復使用回紇式蒙文，見二〇一四年八月二十五日台北《旺報》C5版。

對此也是眾說紛云莫衷一是，主要的有以下幾種解說：

（一）、蒙古語 Tchink 猶言剛強，Guiz 表示多數之語尾助，汗為可汗之縮稱。

（二）、太祖未起時，石上有異鳥對著太祖叫青吉斯，太祖以為瑞，就取牠的音來作號，成吉思，譯語是天賜。

（三）、成吉思這個名詞可能是騰吉思之訛轉，意思就是海，可汗是大汗、皇帝，合起來便是海內的皇帝。

（四）、蒙古語「成」義氣力強固，「吉思」義多數，義即多數擁戴之氣力強固之大可汗。

（五）、成吉思意為天賜。

（六）、成吉思汗之意為天可汗。

（七）、成吉思可汗就是萬汗可汗的意思，用通俗的話說就是萬王之王（King of the kings）。

以上各種說法，雖各有所本，但筆者認為以第七種「萬汗之汗」、「萬王之王」最為妥適。這一年鐵木真成吉思汗五十二歲。

三、大蒙古國的建立與蒙古首次西征

一二〇六年，鐵木真受部眾推戴稱成吉思汗，已不再是蒙古族之汗，而是萬汗之汗、萬王之王。也就是說胸懷統治萬邦的雄心壯志，將所建立的國家稱為「伊克、蒙兀兒、烏魯斯」意思就是大蒙古國。前文說過成吉思汗對待敵人（不戰而降就不是敵人）的態度是趕盡殺絕不留孑遺，當攻滅乃蠻太陽汗時，太陽汗之子屈出律及一部分乃蠻人民逃往中亞草原。當時中亞是在西遼（喀喇契丹）統治之下，其時西遼皇帝為耶律直魯古，國力早已衰微，花剌子模已不按時納貢，乃蠻更是早已改向金朝稱臣。然而直魯古尚未察覺，依然經常狩獵自娛，對於東方新崛起的蒙古渾然不知，乃至乃蠻屈出律逃到西遼首都虎思斡爾朵❶，直魯古一見大為賞識，不但予以收容，更將女兒嫁給屈出律。法人格魯賽在其《草原帝國》一書中，指名直魯古的女兒，也就是西遼的公主名叫渾忽，或許這是個誤解，因為屈出律後來篡了西遼，奪得帝位，把西遼公主立為皇后，渾忽應該是皇后的訛讀。西遼宮廷是以漢語為官方語言❷，所以把皇后誤為人名，是有可能的。

當屈出律被招為西遼駙馬時，手邊並無一兵一卒，這時耶律直魯古正苦於花剌子模近年總是不按納貢，想出兵討伐，又沒有足夠的兵力。屈出律認為機會來了，於是向直魯古說：如果給他少許衛士，讓他到草原去收集離散的乃蠻、克烈流亡群眾，用以補充西遼的兵源。直魯古不知道屈出律包藏禍心，竟然允准了這個請求，於是屈出律帶了些衛士，到草原尋找乃蠻、克烈流亡人民，果真找到幾萬人，他把這幾萬人當成自己私人武力，更勾結花剌子模，終於篡位，自己當上西遼皇帝，雖然尊直魯古為太上皇，但卻將之軟禁起來。從此在西遼境內倒行逆施，強迫境內穆斯林改宗佛教，虐殺伊斯蘭教傳教師（阿訇，訇音渾，為清真寺住持），惡名遠播。

這讓成吉思汗知道乃蠻孑遺不但還在，而且還成為西遼的皇帝，於是立刻任命大將哲別（或

❶ 原名八拉沙滾，今吉爾吉斯共和國托克馬克附近，唐時碎葉城，相傳有詩仙之稱的李白生於此城。

❷ 格魯賽《草原帝國》。

作者別）率軍討伐屈出律。屈出律潰敗，從可失哈爾（今新疆維吾爾自治區喀什地區喀什市），向西逃亡，進入巴達哈商（今塔吉克與阿富汗交界處）地區，被當地人擒獲，獻給蒙古軍，西元一二一八年屈出律被殺。至於流散在中亞草原的乃蠻、克烈遺民，後來都成為哈薩克族的一部分，這是後話，在此順帶一提。

西遼算是徹底滅亡了，西遼的疆域變成大蒙古國領土，從此大蒙古國與花剌子模接壤。花剌子模一詞，本來只是地理名詞，原名為 **Jurjaniya**，居民則稱之為玉龍杰赤（**Urganch**），據相關史傳所載，此地物阜民豐，是聖哲輩出的好地方，也是文明悠久的古國。西遼末期已經相當強大，拒向西遼納貢，其疆域：東至河中，西至今伊拉克、北達錫爾河，南至印度，既有適於游牧的草原，又有文明發達的綠洲❶。成吉思汗滅西遼屈出律後，當時花剌子模的統治者摩訶末沙，他已感受到蒙古的威脅，他曾於一二一五年派巴哈烏丁・拉濟（**Baha al Din Razi**）為使到成吉思汗處刺探蒙古的軍力及各方面的實情。

當時成吉思汗正派大軍討伐金，並打算如順利滅掉金，再「順便」南下侵宋，因此不想有事於西邊，所以對花剌子模來使給予相當的禮遇。告訴來使蒙古承認花剌子模摩訶末沙是西方的統治者，並要花剌子模承認蒙古是東方的統治者，更建議東、西雙方能夠自由貿易，當時摩訶末沙也同意了這項建議。當年成吉思汗已高壽六十一歲，自認是一個長者，所以把摩訶末視同兒子輩，但摩訶末沙卻認把自己當成兒子是莫大的侮辱，不過仍然與大蒙古國簽下和平與自由貿易的條約。如照此發展來看，東、西雙方應該可以和平共存，然事情的發展卻未如人願。

蒙古攻打金國，久攻不下，金以賠款、割地、嫁公主求和，成吉思汗也不願長期圍城而致師老兵疲，便順水推舟答應金的求和，同時把注意力轉向西方，於是派花剌子模人馬合木、不合拉人（即中亞布花拉）阿里大者及訛答剌人亦速普三人為使，攜帶許多珍貴禮物出使花剌子模去見摩訶末沙，說明和花剌子模貿易的意願，使者轉達成吉思汗對摩訶末沙說的話：

「我知君勢之強、君國之大，我知君統治大地之一廣土，我深願與君修好，我之視君猶愛子也，君當知我已征服中國，服屬此國北方之突厥民族，君應知我國戰士如蟻之眾，財富如銀礦之多，實無須覬覦他人領土，所冀彼此臣民之間，得以互市，則為利想正同也。」（多桑著、馮承鈞譯《蒙古史》，北京中華書局，二〇〇四年，頁一〇四）

摩訶末沙召見馬合木，問「成吉思汗征服桃花石了嗎？❷馬合木答以「此一大事孰能虛構」。摩訶末沙有些發怒地說：「我國之大，汝所知也，顧乃敢謂我為子，彼虜何物，兵力幾何？」馬合木見摩訶末沙發怒，不敢將成吉思汗及大蒙古國的實況回告，只敢避重就輕並以討好的話告以蒙古兵豈能與花剌子模盛大的軍隊相提並論，這一番奉承阿諛之言，才使摩訶末沙息怒，釋放了這三個使者，但是互市的問題，並沒有解決。

成吉思汗見三個使者安然歸來，在他的認知裡判定這次和平及自由互市是成功的，於是通知諸

❶ 志費尼著、何高濟譯、翁獨健校訂《世界征服者史》，江蘇教育出版社，二〇〇二年，下冊，頁九十八。

❷ 按中亞地區也即廣義的西域，都以桃花石指中國，或謂北魏時威震中亞，而北魏姓拓跋氏，轉至中亞訛讀為桃花石。此處桃花石是指女真族所建的金而言。

王、諸諾顏（諾顏係蒙語，意為長官）、諸將領私人出資（幾乎都在戰爭中掠奪而來的奇珍異寶）組織一支大約四百五十人的商隊，前往河中地區❶進行貿易，時為西元一二一八年（成吉思汗十三年，時已六十四歲）。

當商隊走到訛答剌時❷，當地花剌子模守將亦納勒朮，此人自稱是摩訶末沙母親禿兒罕哈敦❸的親戚。禿兒罕哈敦作風強悍，幾可左右花剌子模之國政，因此亦納勒朮也相當跋扈，眼見這一支蒙古商隊所攜帶的貨物價值連城，有了覬覦之心，竟想予以扣留。遂派人向摩訶末沙報告，誣指商隊是成吉思汗的間諜，摩訶末沙也貪圖商隊的財物，竟將商隊四百五十人處死，並把商隊所帶的貨物賣給布哈拉及薩馬爾罕商人。然而商隊中有一人僥倖逃出，向成吉思汗詳述事情經過，成吉思汗聽罷「驚怒而泣，登一山顛，免冠、解帶置項後，跪地求天，助其復仇，斷食祈禱三日始下山。」❹試想這一商隊所攜帶的貨物，乃是蒙古諸王、諸諾顏、諸將領多年戰爭中所掠得之珍寶，而今付諸東流，蒙古高層豈能不心痛、忿怒，對成吉思汗之矢志復仇、決心親率大軍西征，自然是敵愾同仇全力以赴。

成吉思汗為慎重起見，在動武之前，仍然先禮後兵於一二一九年在大軍出征前夕，派中亞人巴合剌為正使，另以兩個蒙古人為副使，前往向摩訶末沙轉達成吉思汗的旨意：

> 君前與我約，保不虐待此國任何商人，今遽違約，枉為一國之王，若訛答剌虐殺商人之事，果非君命，則請以守將付我，聽我懲罰，否則請即備戰。

沒想到這個摩訶末沙妄自尊大，絲毫沒有把萬王之王的成吉思汗放在眼裡，並殺了正使巴合刺，把兩個蒙古副使的鬍鬚給刮個乾淨，蒙古人視鬍鬚為男子的尊嚴，被強行剃鬚，是對人格的羞辱，摩訶末沙的愚蠢行為，更堅定了成吉思汗剿滅花剌子模的決心。

西方史料對這次成吉思汗親自率軍西征所動員的兵力，有各種不同的說法，從二十幾萬到六、七十萬人，而花剌子模則稱動員了四十萬人。不過我們如果從客觀角度看，當年（一二一九年）蒙古木華黎正率軍與金作戰，金朝牽制了不少蒙古軍，此外，蒙古龍興之地斡難河源一帶，必須固守，命成吉思汗幼弟帖木格斡赤斤率兵留守，以為鎮撫漠北新降的各民族，因此成吉思汗並沒有太多兵可供動員。為此他還向畏兀、阿力麻里、西夏等處徵兵❺，因此不可能動員六、七十萬人；而中亞地區動亂頻仍、戰事不斷，摩訶末沙也不可能動員四十萬人之多，這些數據都有誇大之嫌。成吉思汗兵分五路志在必得，其配置情形，大致如下：

1.成吉思汗命長子朮赤統一軍，附以畏兀亦都護所率騎兵一萬人，進攻位於錫爾河下游、鹹海東岸之氈的，預計攻下後再掃蕩錫爾河下游地區，而後溯河而上，與其他蒙古軍會合。

2.命成吉思汗次子察哈台及三子窩闊台統一軍，以進攻位於錫爾河中游之訛答剌城為目標，預

---

❶ 指今中亞錫爾河、阿姆河兩河之間地區，耶律大石建西遼奪得此一地區後，在今薩馬爾罕設河中府。

❷ 訛答剌係歷史名城，唐玄宗時高仙芝在此城為大食所敗，從此唐朝勢力退出中亞；晚於成吉思汗約一百八十七年的帖木兒，原已率大軍東進，要攻滅明朝，於一四〇五年軍次訛答剌病死，使明朝逃過一劫。

❸ 哈敦，指可汗之妻，也作可敦，此語或源於回紇，但也有可能源於更早之柔然，其後突厥、蒙古皆沿用之。

❹ 多桑《蒙古史》，另《世界征服者史》均載有此事。

❺ 當時蒙古稱西夏為哈申，以西夏在河西地區，河西訛讀為哈申，西夏因拒絕出兵，埋下後日成吉思汗討伐西夏的藉口。

計得手後也溯河而上，會合其他蒙古軍。

3.以大將阿剌黑、速亦客禿及塔孩（或作塔海）統一軍，預計沿拔汗那河谷進攻位於錫爾河上游之浩罕城，然後與前二軍會師。

以上三軍所攻擊的，都是面對錫爾河的三大主要城鎮，屬於正面攻擊，依照成吉思汗戰略，這三路軍應為「右手軍」，並非主力所在。

4.由哲別（或作者別）率領一軍，由今新疆西部出發，越帕米爾高原，沿阿姆河上源而下，進攻河中地區首府薩馬爾罕（時稱河中府）。哲別所率軍約二萬五千人，因要攀越帕米爾高原，沿途冰天雪地，極為艱辛，較之漢尼拔巴之攀越阿爾卑斯山更為艱難，此路可視為成吉思汗之「左手軍」，應也非主力所在。

5.成吉思汗親率一軍，約有五萬人，並由幼子拖雷及大將速不台偕行，預計俟朮赤一軍攻克氈的城並清除錫爾河下游地區後，秘渡錫爾河入紅沙漠，而後進擊布哈拉城（也作不花剌，在薩馬爾罕之西）。此軍當為這次西征的主要所在，可視之為「中軍」。❶

戰爭過程頗難描述，且本文也非戰史之作，如以圖示方式表達，或者更人使人一目瞭然，茲將成吉思汗此次西征以圖示方式呈現或有助於對地理方位之辨識。

成吉思汗這次西征是蒙古第一次西征，也是成吉思汗唯一主導、參與的西征，其後兩次西征都與成吉思汗無關（另兩次西征，一次在窩闊台任大汗時，另一次在蒙哥任大汗時）。在這次西征還有一個重要的插曲，就是成吉思汗邀長春真人西去，這讓成吉思汗接觸中國本土產生的道教，這在文化融合上具有歷史性意義。

長春真人原名丘處機，字通密，生於一一四八年（南宋高宗趙構紹興十八年，金熙宗究顏亶皇統八年，較成吉思汗早誕生八年），山東人，應為金之人民，十三歲出家，十九歲為全真，自號長春真人。師事王嘉十三年之久，學成乃出而濟世，在金、宋兩國都極負盛名，金宋兩國都曾邀請傳道都不應，社會上盛傳他有長生不老之術，門弟子極多。成吉思汗親自率軍西征，當時成吉思汗已高齡六十五歲，可能意識到人生有限，傳聞長春真人有長生不老之術，乃派人邀請他前往西域會晤。可能已看到無論北方的金、或南方的宋都已暮氣沉沉，或缺乏新氣象，天下終將被蒙古所統一。無論為道教全真派，或為中國人民而言，都必須了解蒙古並與之維持關係，因此成吉思汗派人召喚，欣然應允，不惜以七十三高

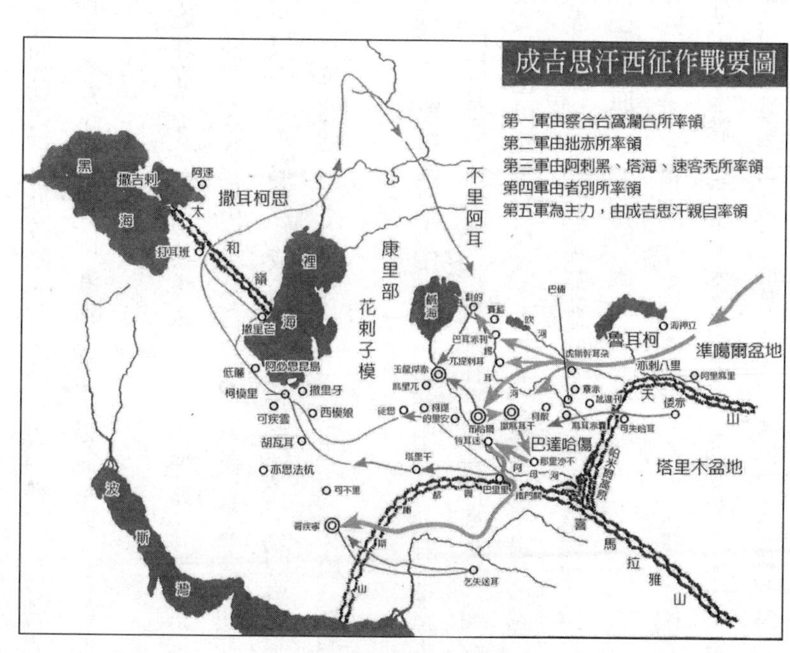

成吉思汗西征作戰要圖

❶ 參見劉學銚《成吉思汗傳略》，蒙藏委員會，一九七五年，頁九十五～九十六。

齡，率門弟子十八人應詔西去。

長春真人奉詔之後，於成吉思汗十六年（一二二一年）率門弟子十八人從宣德啟程出塞。先向北行出張家口，其所以向北而非直接向西者以其時西夏橫亙於今陝、甘、寧、青一帶，且成吉思汗決定西征前曾向西夏徵兵，西夏拒絕，恐其懷有敵意，所以先向北進入蒙古控制地區，再折而向西，雖然繞道，但可確保安全。

在一二二一年六月底，長春真人一行（沿途都有眾多蒙古士兵護送，且逢山開路，遇水架橋）到達今科布多一帶（在今外蒙古西部），其地有成吉思汗某一可敦之斡兒朵❶，長春真人一行便在其地駐營。這個營地駐有金衛紹王完顏永濟之女，以金公主名義嫁成吉思汗，在長春真人的遊記中，稱之為漢公主，可見在女真金統治後期，已習於將華北地區漢人、契丹人、統稱之為漢人，可見北方民族混融情形，已經極為普遍。

至七月二十五日，行至八剌喝孫（係蒙古語「城」之意），由守將田鎮海出迎，考其地望，此城當在今阿爾泰山支脈柴斯圖博格多山一帶。此地有漢民工匠，聽說長春真人一行到來，絡繹來迎。這裡所謂「漢民工匠」，固然有真正的漢人，也可能有契丹人、女真人，蒙古軍所到之處，對於有一技之長的工匠，往往都加以擄掠，投入蒙古軍中，所以蒙古軍隊可以說是人才濟濟，這些工匠及其後人，自然融入蒙古族之中，所以強調民族或血統，並無意義。

長春真人一行跋山渡漠，終於在一二二二年三月二十九日到達成吉思汗行在，大汗遣大臣喝剌播出迎時已是四月五日。成吉思汗以長春真人辭他國之徵聘（指金、宋之邀請），而應詔前來，大為嘉勉，並詢以有何長生之藥？長春真人很坦誠的告以「有衛生之道，而無長生之藥。」這是極具智慧的答覆。試想自古以來多少方術伎士多妄稱世間可煉出長生不老之藥，也有不少帝王信以為真，但從無成功者。成吉思汗何等人物，當然知道世間從無不老之藥，現見長春真人的回答，大汗對其誠實至為讚賞，呼之為神仙，這讓成吉思汗對中原漢人有了好的觀感。長春真人東返後由其門弟子李志常著《長春真人西遊記》一書，詳載長春真人西行、面謁成吉思汗及東返諸事，頗值一讀。

四、關於成吉思汗容貌

無論從哪一個角度看，成吉思汗都是一個重要的人物，從既有的歷史文獻看，成吉思汗從未接受過教育，他無法閱讀任何書籍，然而他卻是人類有史以來最偉大的「戰神」之一。在人類史上有許多人馳騁沙場、開疆闢土，留下可歌可泣的「豐功偉績」，但他們都無法與成吉思汗相提並論。這些歷史人物、甚至包括今天世界強權國家，面對帕米爾高原西、南邊阿富汗山區時，都束手無策。只有成吉思汗追擊花刺子模王子札蘭丁時，同時征服了這一山區，許之為萬王之王或汗中之汗，堪稱名副其實。他所獨創的閃電戰術、恐嚇戰術……在人類史都是前所未曾有的，由於他的西征，使東西交流暢通，他雖無意插柳，卻促進了東西文明，說他是一個重要的歷史人物，想來無人會予以否認。然而他的容貌究竟是什麼樣子？不免令人好奇，東方各民族似乎有個習慣，就是生前不畫人像，只在死後憑記憶甚至憑想像，再為死者作像，這或許有其某種信仰上的理由（認為畫像

❶ 斡兒朵，意為宮帳。既是成吉思汗某一可敦之宮帳，必有護衛、侍從等人之廬帳，所以應是一個帳篷群。

會把人的靈魂奪去等各種說法），因而在東方社會自帝王以至一般百姓，幾乎都找不到其生前的畫像，成吉思汗的容貌如何就像個謎，各憑想像而作。

就目前而言，漢文史料還是最豐富也最可靠（**雖然各正史對開國君王的記載，每多溢美之詞**），關於此點可參看美國學者麥高文（W. M. Mcgoven）著、章巽譯之《中亞古國史》❶，既是如此，我們且看南宋趙珙於其所著《蒙韃備錄》一書中對成吉思汗的容貌的描述：

「（**成吉思汗**）其身魁偉而廣顙，長髯。人物雄壯，所以異也。」按趙珙曾於南宋寧宗趙擴嘉定十四年（一二二一年）出使蒙古，而此時成吉思汗正率軍西征花剌子模，長春真人也於此年奉成吉思汗之召啟程前往西域，趙珙是否與長春真人結伴同行，文獻無載，難以推測，只是當年南宋之北金國，趙珙一行如何越過金境北行，頗令人費解，但趙珙既曾北使蒙古，想必親眼見到成吉思汗，因此對其容貌之描述應屬可信。趙珙稱成吉思汗「其身魁偉廣顙、長髯」，「魁偉」就是身材高大雄壯；「廣」是寬大之意，「顙」是額頭，「廣顙」就是額頭寬大；整句話就是說成吉思汗身材魁偉、額頭寬廣，這是典型的蒙古人長相。「長髯」，按髯與鬚是有區別的，據《辭源》的解釋：「在頤曰鬚，在頰曰髯。」❷「長髯」是指面頰上有長鬍鬚。台北故宮博物院所珍藏的歷代帝王像中的《元太祖像》（圖一），正合於此一描述。此畫像既題稱《元太祖像》，必是元朝建立後，追尊成吉思汗為「太祖」，按忽必烈於一二六〇年建立元朝，上距成吉思汗崩殂之一二二七年，只有三十三年，很可能是根據見過成吉思汗的人口述，然後

圖一

畫下來。畫中人物威嚴端莊，兩耳都戴有耳環，這是當時蒙古民族的特色，可見此一畫像應該是最貼近成吉思汗容貌，從而也可見台北故宮博物院館藏珍品都是稀世之寶。

一般內、外蒙古蒙族都視成吉思汗為神，而尊之為「聖祖」，如在臺蒙人每年農曆三月二十一日都舉辦「聖祖成吉思汗」祭祀大典，在內蒙古地區蒙人在蒙古包或家裡❸都會懸掛成吉思汗畫像。其畫像大致與台北故宮博物院所藏之歷代帝王像相似，只是鬍鬚是黑色的（圖二，故宮之畫像其鬍鬚皆白），因此有人推測此像應是成吉思汗壯年時的容貌，此說可成立。此像與故宮所藏有極高的相似度，可見都是根據親眼見過大汗的人口述，然後畫下，所以這兩種畫像都應該很貼近成吉思汗真實的容貌。

圖二

另有一幅是戎裝畫像，頭戴鐵盔，滿臉絡顋鬍，這種鬚髯在蒙古利亞種（即一般所稱的黃種人）中是極其罕見的（圖三），因此各界對之多有異議。除了上述鬍鬚過於濃密不是東方人應有的狀況，其次五官太過立體，也不是黃種人應有的體質特徵，而

圖三

❶ 北京中華書局，二〇〇四年出版。
❷ 台灣商務版，頁三四八七。
❸ 內蒙古許多地區都已城市化，都住固定家屋，純牧地區則仍住蒙古包，雖住廬帳但由於科技進步，多已利用太陽能發電，蒙古包內也已有電器化設備，切不宜再以舊思維看待蒙古包。

且與二圖出入太大。幾經查證，發現這幅畫像最早刊印在民國四年（一九一五年）上海中華書局出版的《大中華》雜誌上，之後拜讀了羅家倫先生所撰《成吉思汗遺像考正》[1]一文，羅氏在書中稱此像是一個日本人憑豐富的想像力，憑空畫出這幅成吉思汗像。這個資訊的由來，是西蒙古土爾扈特烏納恩素珠克圖東路盟盟長敏珠策旺多濟（漢名敏孟經）告訴羅家倫先生的，而敏孟經盟長則由其尊翁帕勒塔親王告知。按帕勒塔親王係清末民初，蒙古三大名王之一，早年赴日讀日本士官學校畢業之後，又到俄京聖彼得堡留學三年。就在帕勒塔留日時，知道此圖是由日本人憑想像畫出，後來也流傳到俄國，這一段過程極為重要。因為日、俄兩國對中國東北、內外蒙古、新疆始終懷有覬覦之心，而且也都曾經付諸行動，也曾達到部分目

圖四

的，如外蒙古的多次獨立，都是俄國一手操導。而日本扶立滿洲國❷，侵華期間又在內蒙扶植蒙疆自治政府，所以日本人憑空「創造」出一幅不像蒙古人的成吉思汗畫像，而俄國任其流傳，都有其政治目的。可惜國人不察，再經過《大中華》雜志的刊登，顯然有一段時間中國大地也流傳著這一幅由日本人創造的「成吉思汗像」。

另有一幅據稱是出自元代壁畫（圖四），其中左第二人就是成吉思汗，完全符合廣顙、長髯的文獻記載，這幅壁畫據說是一九五三年九月，中國大陸北京歷史博物館從民間徵集到。此畫長五百八十三公分，寬四〇八公分，經大陸學者專家於一九六二年鑒定，一致認為這幅畫從紙的質地、墨色、人物衣著、形像、筆法乃至題簽文字判定，這幅畫確是元代的作品。而且更進一步推測，這幅畫的作者可能就是元初的蒙古族畫家合禮霍孫❸。此幅元代壁畫既經諸多學者專家考定，自有其可信度，畫中所呈現的可能是大汗與其某一位可敦在閒話家常，可汗背後站立著護衛人員，而可敦身後則站立著聽候使喚的小廝，在人物配置上相當合理。不過仍有一點令人不解，就是畫中男主人（或即大汗）所穿的袍子是右衽，與北方胡族習慣左衽不同，不知當年大陸的學者專家考定此畫時，可曾就此點加以解釋？

---

❶ 此文輯錄入羅著《交響樂的震盪》一書，台北雲天出版社，一九七一年，第一冊頁三十一～三十三，該書分一、二兩冊。

❷ 內有呼倫貝爾、布特哈蒙古及哲里木、昭烏達、卓索圖三盟蒙古。

❸ 蔡桂定所著《成吉思汗靈櫬西遷紀實》，北京中央文獻出版社，二〇〇五年，頁五十五，作者注稱資料出自一九六二年第十期《文物》。

此外還有一幅有關成吉思汗的畫像（圖五），現在寧夏回族自治區銀川西夏王陵博物館，此畫係彩色繪製，顯然是當代作品。西夏王陵博物館所以會繪製此畫，因成吉思汗曾六度親征西夏，且最後也死於征西夏之役，時在西元一二二七年。西夏末主李晛已決定投降，但要求寬限一個月，以把城中百姓撤離，並準備呈獻給成吉思汗的貢物，成吉思汗答應了此一請求。只是這年成吉思汗已經是七十三歲（虛歲）高齡的老人，上年他曾墜馬受傷，在興隆養傷（興隆山在今甘肅省蘭州市榆中縣），此時舊傷復發，他自知將不久於人間，臨終前交代諸子及諸大將，他死後秘不發喪，以防西夏改變投降的決定。並且交代當西夏末帝開城投降時，要把西夏末帝、諸大臣全部殺死，所以成吉思汗之死，與西夏有密切關係。西夏都城興中府，即今銀川市，其繪製成吉思汗像，尤其臨終之像，有其歷史關聯。只是畫中成吉思汗仍是黑鬚髯，其台北故宮所藏元太祖畫像彩色複製品，早已流傳世界各地，絕非稀見之物，銀川西夏王陵博物館繪製此畫時，如能參考台北故宮之畫像，當更為逼真。

以上列舉五幅成吉思汗像，經過仔細推敲考究後，除圖三是日本人憑空想像胡亂繪製，最為離譜；圖五寧夏自治區銀川西

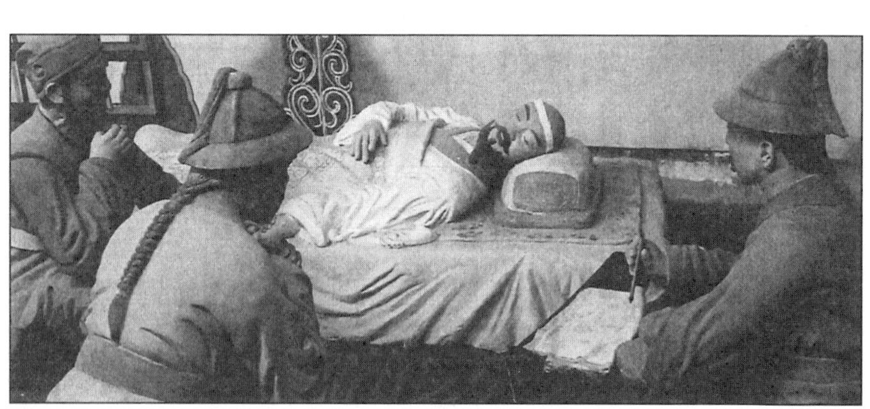

圖五

夏王陵博物館所繪製的成吉思汗臨終圖像，在年齡上有不合理之處；圖四則僅左衽、右衽的疑點；圖一、圖二，最為貼近史傳對成吉思汗容貌的描述。由於東方人忌諱生前畫像，而古代又沒有攝影術，所以目前只能以台北故宮博物院所藏元太祖像作為成吉思汗容貌最佳標本。

五、成吉思汗陵寢在何處？

成吉思汗於一二二七年於六征西夏時崩殂，其一生事蹟在人類史上絕對佔有相當篇幅，但是他死後究竟葬在何處，也就是說他的陵寢在哪裡，始終是一個謎。就如同西元六世紀中葉匈奴阿提拉威震歐洲，建立匈奴大帝國，但卻在新婚之夜猝死，死後葬在何處至今仍是一個謎一樣，令世人好奇不已。匈奴阿提拉由於距今已太遙遠，且有關其死後的文字記載太少，所以不再有人探尋阿提拉究竟葬在何處，但成吉思汗之死，距今不及八百年，而且也有若干文字記載流傳下來，所以每隔若干年總有有關成吉思汗陵寢的消息出現。在內蒙古自治區鄂爾多斯市（原為伊克昭盟，二〇〇一年改設為鄂爾多斯市）伊金霍洛的成吉思汗陵，只是他的衣冠塚，稱不上真正的陵寢。原來蒙古汗王的葬俗別具一格，據元末明初葉子奇於其所著之《草木子》一書中有以下一段記載：

元朝官裡（**官裡，指元朝帝王**），用梡木二片（**梡木是指把木板中間刮空**），鑿空其中，類人形大小合為棺，置遺體其中，加髹漆畢（**髹，音修，指紅黑色的漆**），則以黃金為圈，三圈定，送至其直北園寢之地深埋之，則用萬馬蹴平，俟草青方解嚴，則已漫同平坡，無復考誌

遺跡。（見《草木子》卷之三下，頁六十，北京中華書局，一九五九年出版）

因此元朝歷代皇帝向上推到成吉思汗，他們的陵墓埋在何處根本無處覓也不可考。另據兩《元史》記載，成吉思汗遺蛻埋葬地點在今外蒙古斡難河、克魯倫河、土兀剌河（**即土拉河**）三河之源的不兒罕山的起輦谷，這個起輦谷是個不確定的地名，雖然說起輦谷在斡難河等三河河源之地，但三河河源之地可能有上萬平方公里之大，要找一個深埋地下充其量只有五立方公尺的棺槨，其難度猶如大海撈針，更何況成吉思汗靈櫬是否埋在起輦谷，還無法確定，因此要找到成吉思汗陵寢其難度可想而知。

據蒙古民間傳說，遺體下葬後不留遺塚，只在埋葬處殺一隻小駱駝，將其血滴在埋棺之處，令母駱駝嗅之，來年草生，在一望無垠的茫茫草原，根本無從辨認究竟埋葬在何處，如要拜祭則牽來母駱駝，母駝嗅小駝的血味就會放聲悲鳴，這樣就能確定埋葬之地點。這個傳說或習俗有很大的盲點，只要母駱駝一旦死了，就無法得知埋葬地點，就這樣成吉思汗陵寢到底在哪裡，就成為一個解不開的謎。

現在且往深一層看，蒙古民族有一個神話般的傳說，稱成吉思汗在討伐西夏時途經穆納山（就是今內蒙古自治區包頭市西邊的烏拉山），望見這座山景色優美，當下曾說：

（**這座山在**）喪亂之世，可以隱遁；太平之世可以駐牧；當在此獵捕麋鹿，以遊晚年。

（朱風、賈敬顏《漢譯蒙古黃金史綱》內蒙古人民出版社，一九八五年，頁二十五）

從這段記載看，顯然成吉思汗有意終老於穆納山，所以當成吉思汗靈車北返途經穆納山時，相傳車輪突然深陷泥淖之中，任憑套上多少牲畜也無法拉出，所以有一個說法指既然靈車也無法拉出，便就地埋葬在穆納山，也就是今天內蒙古市區西邊的烏拉山。

然而許多史傳卻說成吉思汗歸葬故土斡難河等三河之源的起輦谷，在拉施特的《史集》也有記載，說這地距大汗出生地只有六天的路程，據說有一回成吉思汗在不兒罕山打獵（不兒罕山就是今天外蒙古肯特山），他在一棵孤樹前下馬，心情喜悅，便對眾人說：「這個地方做我的墓地倒挺合適，在這裡做上個記號吧！」❶所以不兒罕山更可能是成吉思汗葬身之地。前面提到成吉思汗靈車在穆納山陷入泥淖之中，任憑套上什麼牲畜都拉不出來，這時諸將們想到成吉思汗生前曾指定不兒罕山才是他合適的墓地，諸將中雪你惕部的吉魯格合把阿禿兒以手指北方，向靈車高聲唱道：

我的英傑聖主，
你威武創立的國家，
你可親可愛的后妃皇子，
你的黃金宮闕
都在那邊！

---

❶《史集》第一卷第二分冊，頁三二二～三二三，余大鈞、周建奇譯，北京商務印書館，一九八三年。另志費尼著、何高濟譯《世界征服者史》，江蘇教育出版社，二〇〇五年，也有相類記載。

你的蒙古百姓，
你的忠誠伴侶，
你的山岳、土地、河流，
你的戰旗、戰鼓、號角，
都在那邊！
讓我們將你的靈柩載還故土，
讓你那皇后孛兒帖觀看吧，
讓你那全體人民瞻仰吧！

說來也怪，唱完之後，靈車也就從泥淖中拉了出來，從此護靈隊伍繼續北上，最後到底是不是葬在三條河源的不兒罕山，始終是個謎。

西元一九八九年外蒙古科學院決定跟日本考古專家江上波夫等聯合探尋成吉思汗的陵墓，計劃三年完成探尋工作，調查地點是以外蒙古研究人員估預的東部肯特山地區的三個地方為重點，調查時運用了最新的科學儀器，然而三年過去了，調查的結果一無所獲。

成吉思汗真正葬身之處至今，仍是一團謎霧，因此又有人推測成吉思汗可能埋葬於唐努烏梁海（今土瓦自治共和國），果而這個說法可信，唐努烏梁海位處群山之中，要找成吉思汗葬身之處，將更是不可能之事，更何況成吉思汗崩殂時值盛暑，從西夏中興府（今寧夏回族自治區銀川市）到數千公里外的唐努烏梁海，遺體豈有不腐化之理，所以指成吉思汗埋葬在唐努烏梁海，實屬匪夷所思之說。

尋找成吉思汗陵寢的熱潮，始終未曾消退，西元二〇〇四年，日本一批「學者」再次與外蒙古合作，成立了聯合考古小組。同年十月十五日，考古小組宣稱在外蒙古中部阿維拉加發現一個建於十三至十五世紀之間的建築物廢墟（見附圖），進而認為成吉思汗陵墓應該就在此一建築廢墟十二公里方圓之內❶。然而至今已經十二年過去了，並沒有進一步考古發現，成吉思汗陵寢究竟在何處，仍然是一個謎。❷

二〇一二年有一個較新的說法，據《深圳特區報》稱：「由美國國家地理研究員艾伯特・林所組成的考古團隊，二〇一一年前往位在（外）蒙古的不兒罕合勒敦山尋找成吉思汗的陵墓。根據傳說，成吉思汗在八百年前曾下令，除王室成員外，禁止任何人進入不兒罕合勒敦山，據推測成吉思汗認為這座聖山是他將來的長眠之處。考古團隊在聖山的東南邊的高地上，發現一座掛滿了藍色經幡的大神龕，暗示曾有人在此地拜拜。考古團隊還在此地找到一些陶器碎片，推測可能是被地下水推到地表。此外，考古團隊還透過電磁測量儀，測出附近地底下人造物的圖像，是一個很大的人造結構物、和牆壁、墓室一樣帶有異常磁性。考古團隊在一場暴風雨過後再次上山，意外發現沖刷出陶製

傳說中的成吉思汗墓

❶ 不知道這十二公里的數據是依照什麼標準計算出來，縱或如此，十二公里方圓，面積還是相當大。

❷ 此項報導見二〇〇四年十月七日，台北《聯合報》A13版，圖片則為二〇〇四年該聯合小組所公布。

屋頂邊的陶磚，陶面還留下了製工匠指紋，讓考古團隊興奮不已。考古團隊將獲取的文物拿到美國加州文學實驗室進行檢測，對木頭和陶磚的熱釋光測年和碳測年結果出爐，木頭是七百四十二年前的，介於一二一九年到一二七五年之間，正是成吉思汗時代的文物。經考古團隊再度擴大排查，也發現了成百上千手工藝品散在地表面。報導稱，一旦這些研究被證實，這將是八百年來對成吉思汗陵墓遺址首次有科學依據的推測。不過，要解開成吉思汗陵墓之謎還言之過早。」❶

以上這一則新聞報導稱由「美國國家地理研究員艾伯特・林」所組成的研究團隊，很可能是「美國國家地理研究學會研究員」之誤。至於「艾伯特・林」從姓名來推測，或許是個華裔，似是研究地質的學者，對於地質筆者純然外行，對其所發現無由置評。報導中稱：「考古團隊在聖山的東南邊的高地上發現一座掛滿了藍色經幡的大神龕，暗示有人在此地拜拜」，艾伯特・林所見到的神龕只是一個鄂博（**意為堆**）而已。在草原上常見的鄂博，過往的牧人都會往上堆一塊石頭，於是鄂博會越堆越高，往往成為茫茫草原上的路標。其次成吉思汗時代還是泛靈信仰的薩滿崇拜，沒有神龕，至於掛滿經幡，那已經是成吉思汗之後幾個世紀的事，蒙古皈依喇嘛教後，過往旅人才會在鄂博上掛上經幡，與成吉思汗已經沒有關係了。這個考古團隊是在二〇一二年前往外蒙古考古，至今已經多年未見下文，想來與一九八九年日本江上波夫的探勘、二〇〇四年日本與外蒙古合作的考古一樣沒有結果，看來尋找成吉思汗陵寢的熱潮還會繼續燃燒下去。

如果只依據兩《元史》及《史集》的記載，成吉思汗確實應該埋葬在今外蒙古斡難河等三河之源的起輦谷，但是如果從當年（一二二七年）實際情況分析，或許別有發現。一二二二年成吉思汗命大將哲別等率大軍北越高加索，入阿蘭部佔領欽察草原時，成吉思汗親率大軍討伐西夏，就曾駐軍於今甘肅榆中馬御山麓的馬蓮灘，就深感該處水豐草美，景色宜人，大為讚賞；四年之後，也就是一二二六年秋，成吉思汗又率軍親征西夏，在攻克甘州之後，與部眾在阿爾布和草原上追逐野馬取樂，時已高齡七十二歲的成吉思汗不幸墜馬受傷。由於傷勢不輕，經部屬提議到興隆山暫住，因興隆山盛產各種藥草能治百病，山上佛、道寺廟頗多，成吉思汗選了一座「眼光殿」作為養傷之所，但是他仍命屬在殿旁搭建帳篷，也就是俗稱的蒙古包住下，部屬問他何以不住進眼光殿？大汗回答說我生於蒙古包，我如果住了進去，豈不是我就沒眼光了。興隆山景色優美，在此成吉思汗養好傷，因此對興隆山有特別的感情，如果說次年成吉思汗崩殂時，葬於興隆山也非全然不可能之事。蒙古族大汗帝王，既然都實行秘葬，是則越是不見於記載的地方，就越有可能。當然這也是僅供參考而已。

六、伊金霍洛的成吉思汗陵

成吉思汗崩殂之後，既是實行秘葬，因此他真正埋葬之處就無人得知，成為一個謎。目前在鄂爾多斯市（原伊克昭盟）伊金霍洛旗的成吉思汗陵寢，只是存放一些成吉思汗生前使用過的遺物。原先這個陵寢是在明熹宗朱由校天啟年間（一六二〇～一六二七年）由一支成陵守護者達爾扈特把八百室帶到伊金霍洛地方，當時並沒有引起明廷的注意，直到清嘉慶年間（一七九六～一八二〇年）

❶ 以上這一大段係引自二〇一二年十二月二十六日台北《旺報》C1版。

才被官方正式承認。成吉思汗陵於是正式問世，原本只是兩座簡陋的蒙古包所組成，由五百戶蒙族組成守護成陵的隊伍，這五百戶蒙古族人不必納稅、不服役，世世代守護著成吉思汗陵寢，他們稱為達爾扈特，如今已在伊金霍洛旗設了達爾扈特鄉，見證了幾百年的歷史。

成吉思汗在蒙古民族心目中如同神一樣，所以稱之為「聖祖」，因此成陵在蒙人意識裡，也具有神聖之地位，這座成陵雖然簡陋，但是絕不影響其神聖、莊嚴的地位。每年農曆三月二十一日，相傳是成吉思汗誕辰紀念❶，內蒙古各地蒙古族人，成千上萬趕到伊金霍洛向成陵致祭、致敬。外蒙古由於在蘇聯控制之下，禁止外蒙古人民崇拜成吉思汗❷，但其內心對成吉思汗的崇敬依然極為濃烈，因此成陵就成為全體蒙古人心中的燈塔，誰能掌控成陵，就等同掌握了蒙古民族。日本侵華期間，受日本扶植的蒙古王爺德穆楚克棟魯普（一般簡稱之為德王），在日本卵翼下成立蒙疆自治政治，控制著內蒙東部幾個盟，為想進一步控制全內蒙，竟想侵入伊克昭盟佔領伊金霍洛的成吉思汗陵寢，藉以向全體蒙古族發號施令。經伊克昭盟盟長沙克都爾札布郡王（一般稱之為沙王）、及蒙旗獨立旅旅長白海風（卓索圖盟喀喇沁蒙族）會同晉陝綏邊區總司令鄧寶珊派兵防守，終於擊退德王所派蒙疆偽軍，暫時保住成陵。

德王未能佔領伊金霍洛心有未甘，正好此時德王訪日，竟將要奪取成陵之事，向日本軍部透露，其目的當然是希望日本軍部出兵協助。不料日本別有居心，日本對蒙古的研究極為深入，知道成陵在蒙人心目中的份量，起初不敢有奪取成陵的念頭是怕全體蒙人的反對。現德王既有此意，正中下懷，而且更想在奪得成陵後運到東京展示，藉此號令全體蒙古族，並一雪元世祖忽必烈曾兩度攻日之恥。但事機不密，被一個留日蒙古青年得悉，急忙趕回內蒙，向沙王報告。沙王認為茲事體大，必須將成陵遷往安全地點，但遷移成陵乃是大事且前所未曾有，必須由中央主持始能成事，於是不辭辛勞跋山涉水前往重慶，面謁蔣介石委員長詳說成陵如被德王或日本所奪，不但是國家、民族之恥，更會引致無限危機，幾經周折，最後決定移陵。至於遷往何處？沙王告以成吉思汗生前曾在甘肅榆中興隆山養傷，對興隆山具有特別情感，似可移往興隆山，如再有危險可再向西遷往青海。蔣委員長同意此項建議，乃決定由國防最高委員會與蒙藏委員會主其事，於是遂有成陵遷徙之事。德王與日本得知有移靈之事，竟然準備以飛機炸毀成陵，因此在遷移過程中可說是步步驚魂❸，終於在一九三九年六月三十日，成陵移厝甘肅榆中興隆山太白宮，並於七月一日下午舉行安靈儀式，由甘肅省主席朱紹良主祭並親自宣讀祭文。這是政府致祭成陵之始，其致祭文具歷史、政治意義，茲將其全文引錄如下：

維中華民國二十有八年七月一日第八戰區司令長官、甘肅省黨部主任委員兼甘肅省政府主席朱紹良，恭率僚屬謹以香花清酒牲肴之儀，致祭於元太祖成吉思汗之靈前曰：亙古英雄，民無能名。鳴鋒專征，止戈為武。乃鑾亂德，難逃涿野之誅鋤；遼夏不庭，受正朔方之撻伐。橫絕沙漠，驚雷閃電；縱橫萬里，功無與侔。志匡社稷，吞吐山河；武烈文謨，邁古鑠今。是用

❶ 關於成吉思汗生殂年月，向有各種不同說法，詳情可參看程發軔《成吉思汗生殂年月日考》，蒙藏委員會出版，此處採其生於農曆三月二十一日之說法。

❷ 俄羅斯曾被蒙古金帳汗國汗統治二百多年，因而嚴禁外蒙人民紀念成吉思汗。

❸ 移陵詳細情形，可參看蔡桂林《成吉思汗靈櫬西遷紀實》，北京中央文獻出版社，二〇〇五年。

民族之共戴，亦由我武之維揚。伊金霍洛，靈寢巍然；稍就陵夷，忽遭窺覬。狂倭蠢犯，飛海鷗張；侵佔我版圖，奴役我民眾；神州到處，遍染腥膻；文化同胞，備受壓迫。國人齊起，共赴殤難；必遏凶鋒，雖死無二。洎今摶戰，卓絕兩載；敵勢已竊，內外周遮，乃其既敝，磔彼長蛇；還我國土，光復故物。敢告王靈，庶幾克家。神其降止，風馬雲車。今日者，掃一坯之仙塵，俎兵虔供；靖萬國之方輿，河山不改。時屬仲夏，典循夏祭，伏冀靈宵雷雨，助華夏之中興；復旦星雲，啟神州之景運。伏維尚饗。

抗日戰爭持續進行，日軍攻勢逐漸受阻，成陵無須再度遷徙，仍在甘肅榆中興隆山太白宮，直到抗戰勝利。但甫告勝利，國共內戰立即爆發，烽火遍地，兵連禍結，國民政府根本無暇想到還有成陵需要遷回伊金霍洛之事。及至一九四九年，中共向西北挺進，負責在興隆山守衛成陵的國民政府少許兵力完全撤退了，只有世世代代護靈的達爾扈特在煙硝戰火中，仍然忠心耿耿的護衛著成吉思汗陵寢。

此時西北馬家軍想趁天下大亂之時守住地盤並擴充勢力，認為只要奪得成陵，就能使內蒙蒙人俯首聽命。就在一九四九年七月三十一日，派了一些士兵及兩輛卡車在夜間奪取了成陵。在慌亂之中把大汗靈櫬及各種神器胡亂堆放在一輛卡車上，又將守護靈櫬的達爾扈特趕到另一輛卡車上，連夜開回馬家軍老巢青海西寧，把靈櫬寄放在塔爾寺。然而人算不如天算，僅僅一個月又六天之後，中共軍隊攻入青海，對成陵舉行了拜祭，但仍讓靈櫬停放在塔爾寺，並未加以處理。

一九五三年六月，內蒙古自治區政府應蒙人的要求要把成陵遷回伊克昭盟的伊金霍洛，當時中共總理批准了這份請求，並且撥了八十萬元人民幣在伊金霍洛新建成吉思汗陵園，為三座固定的蒙古包（見附圖），頗為雄偉壯觀，成為近年來內蒙旅遊景點之一。尤其自改革開放後，大陸經濟大見發展，鄂爾多斯更一度憑其「羊、煤、土、氣」（指羊絨、煤炭、矽土及天然氣）成為全大陸最富裕省區，對成吉思汗陵寢更是大事建設，成為一個綜合式的、帶有濃厚蒙古族色彩的旅遊園區。

前文提到成陵只是放些成吉思汗生前使用過的物品，然而究是哪些東西？從來就沒人看過，有這麼一個傳說，說是有一年烏蘭夫（就是雲澤，曾任中共內蒙古自治區主席）到成陵，他一直對大汗葬在何處感到困擾，就提出想打開成吉思汗的靈櫬一看究竟，守陵的人聽後說：「只有您能看，因您目前是蒙古人的汗。」烏蘭夫一人進去，打開棺木一看，出來後不說一句話，如今烏蘭夫已作古，這又成了一個謎❶。這個說法很

伊金霍洛成吉思汗陵寢

不可靠，以烏蘭夫對本民族史事必然有相當的認知，成陵裡的棺木豈可輕易打開，在蒙人的心目中成陵是無比的神聖，豈可以因好奇、困惑而輕易開啟。

相傳明朝時瓦剌（清時作厄魯特）的也先，自認實力已夠強大，想稱蒙古大汗。但成吉思汗曾規定非「黃金氏族」不得為大汗，當也先要稱大汗時去拜祭成陵，結果被靈柩裡飛出的箭所射傷。這雖只是蒙古民間的傳說，但可證明成陵在蒙古民族中是何等的神聖，只可膜拜，不可碰觸，更不用說開棺查看了。以烏蘭夫的學識、地位、政治經驗，絕不可能做出開棺查看的蠢事。

❶ 王族《上帝之鞭》，廣西師範大學出版社，二〇〇七年，頁二五一。

隋、唐先世多胡化

諸胡列國❶，至南北朝前後，近三個世紀❷是中國歷史上第一次最混亂、也是民族大融合的時代。在這個大混亂時代裡，中原的漢、魏、晉人民❸大量南遷，沿途有停下定居的，也有繼續南徙，最後止於沿海的閩、粵地區。

因此閩、粵地區的漢人保留，有較多的古漢語（河、洛地區語言），所以有許多古漢語詞彙，至今仍保存在閩南語，客語及粵語之中，如：「材調」（意為才幹）、「汗漫」（意為能力不足）、「剪綹」（意為扒手，今日許多年輕人，已不知閩南語稱扒手，為剪綹或剪綹仔），「就車」（意為上車），「子婿」（意為女婿），「有身」（意為懷孕）、「地動」（意為地震）、「哺」（意為嚼）、「不殊」（意為不輸）……都是古漢語詞彙❹。

至於未南遷的兩漢、魏、晉之人，則與北方南下的諸胡族，彼此互相混融，形成內涵更多的新漢人。基於歷史事實，我們不宜將之窄化為「胡族漢化」，事實上是彼此互相吸納對方的文化與習俗，是彼此混化，沒有誰「化」了誰的問題。這是很重要的一項認知，也唯有堅持此一認知，才能消除民族間的隔閡，對促進民族融合，建立中國民族意識才有助益。從中國歷史長河觀察，中國人的民族觀，是不重血緣的民族觀，所以自古以來，區隔民族的標準，是文化而非血緣，因此有所謂「夷狄入於華夏則華夏之，華夏入於夷狄則夷狄之」。近代史學大師陳寅恪先生更直指：

> 漢人與胡人之分別，在北朝（按係指北魏、東、西魏、北齊、北周而言）時代文化較血統尤為重要，凡漢化之人，即目為漢人，胡化之人，即目為胡人，其血統如何，在所不論。（陳著《唐代政治史述論稿》，北京生活、讀書、新知三聯書局，二〇〇一年，頁二〇〇。按此書

係與《隋唐制度淵源略論稿》合輯，此書在後，故列頁二〇〇）

陳氏所稱「漢化之（胡）人，即目為漢人，胡化之人，即目為胡人」，實際上就是上引「夷狄入於華夏，則華夏之，華夏入於夷狄，則夷狄之」，可見中國人一向秉持的是不重血緣的民族觀❺。

在北方各民族互相混融的結果，是漢人中含有胡族的文化因子，胡族中含有漢人的文化因子，形成新的、多元的、充滿活力的隋、唐時期新的漢人。由於隋祚短暫（五八一～六一八年，頭尾僅三十八年），唐承隋而一統天下，享祚近三百年（六一八～九〇七年，頭尾長達二百九十年），因此往往隋唐合而言之，其所創造之璀璨文明，其光芒四射為舉世所驚艷。至今世界各大城市，凡有中國人所聚居之處，多設有「唐人街」，可見隋唐所創造的光輝文明，到今天中國人仍享其餘蔭。隋、唐，不僅在中國史上具重要地位，即使在人類史上也佔有一定的篇章。創建隋、唐帝國的楊堅與李淵，其民族的血緣，文化的背景，又是如何？本文根據相關文獻，就以下幾點加以敘述，或有

---

❶就是一般史書上，所說的五胡十六國。但當時既不止匈奴、羯、鮮卑、氐、羌這五種胡族，還有盧水胡、稽胡、丁零等胡族，而且所建的政權，或國家也不止十六國，所以稱之為諸胡列國，較為周延。

❷自三〇四年匈奴劉淵建立「漢」政權，到五八九年隋文帝楊堅滅南朝陳，前後二百八十五年。

❸最早期的漢人，其內涵已經包含了華夏、東夷、百越、荊吳，乃至兩漢時代，自北方來歸的若干匈奴族這幾個族群。

❹詳情可參看劉學銚《國史裡的旮旯》，台北唐山出版社，二〇一四年，頁六十三～七十七，篇名為《漢人言語誰最純，河洛話裡多古文》。

❺見劉學銚《中國文化史講稿》，台北知書房出版社，二〇〇五年，頁二六四，第十九章《國史省察・中國歷史文化之特色》。

助於了解胡漢民族混融的情況。

一、胡族的界說

華夏、諸夏或漢人，對四周少數民族，雖然在內心從未有厭惡之心態，但在文字上稱呼四周少數民族名稱時，總是喜歡加上，不雅的犬、牛、豸、虫……等偏旁的字，具有相當的貶意，不利民族融合。本文特以不帶貶意的「胡族」稱之，何以見得「胡」字，不帶貶意？且看《漢書・匈奴傳》中，引一段匈奴狐鹿姑單于❶致漢廷「國書」中，起首所稱：

南有大漢，北有強胡，胡者，天之驕子也。

可見「胡」字（音）乃匈奴之自稱，絕不可能帶有貶意，再經許多學者研究後，「胡」之音為Hun，其意為「人」❷。由於「胡」、「匈」音近，中原之人一本歧視四周少數民族心態，初稱之為匈，或因其每於秋高氣爽草長馬肥時「南下牧馬」。心有不愉，特在「匈」字之下加「奴」，以洩心中之怒。因此「匈奴」絕非其自稱，而是中原之人所給予之他稱。但中原人並非不知其自稱為「胡」（Hun），因此對分布在匈奴東方之各民族，稱之為「東胡」，在匈奴西方之民族稱「西胡」，在匈奴北方之民族稱「北胡」。可見自戰國，經秦、兩漢、三國、魏、晉，而諸胡列國，直到北魏太武帝拓跋燾（四二四～四五二年在位）於其神麚四年（四三一年），攻滅匈奴赫連夏時，

「胡」是指匈奴而言，此後不復再有匈奴族在中國境內形成勢力。

而自諸胡列國時代或更早，有許多西域（含廣義之西域，即今中亞地區）胡族前來中國或興販、或傳教❸、或傳布文化（繪圖、音樂、舞蹈、雕塑……），因此，有不少的西域胡在華活動及定居。因此，自北魏太武帝拓跋燾之後，「胡」字，專指西域胡或西胡而言。

原來的「胡」即匈奴族，在人種上，與華夏或漢人同屬蒙古利亞種❹，在體質特徵上，匈奴族與中原華夏或漢人並無太大差異。因此，無論在《史記》、兩《漢書》或《晉書・載記》對匈奴族的容貌、體質特徵都未特別加以描述。但西域胡在人種上屬高加索種（即一般俗稱白種人）之泛塞迦族（吐火羅、粟特、烏孫、大月氏等），其體質特徵是「深目、高鼻、多鬚」❺，這明顯是白種人的體質特徵。《全唐詩》中，有許多吟詠胡姬、胡琵琶樂師，胡旋舞、胡騰舞的舞者，其所吟詠的胡人都是西域胡。以上之「胡」在不同時期所指的對象不同，這也是要談胡族問題必須先了解的。

不過縱或在不同時期，「胡」所指的對象不同，但都是中性用詞，不帶貶意，中國北方草原游牧民族，自匈奴以來，若東胡❶、柔然、敕勒系之堅昆、丁零、高車、突厥、回紇……契丹、女真、

---

❶ 匈奴君王稱單于，猶如漢人之稱皇帝；柔然、突厥、蒙古之稱可汗；吐蕃之稱贊普；古埃及之稱法老；伊斯蘭世界之稱沙或蘇丹。

❷ 馮家昇《匈奴民族及其文化》一文，即作此主張，文載《禹貢半月刊》，第七卷第五期；另李符桐《邊疆歷史》一書，也作此主張；劉學銚《匈奴史論》也作此說。

❸ 瑣羅亞斯德教即祆教、佛教、摩尼教，乃至聶斯托里教派之基督教。

❹ 即一般所稱之黃種人，蒙古利亞種是學名，非專指蒙古族而言。

❺ 《晉書・石季龍載記》，石季龍係羯族，羯族來自今中亞地區，另兩《唐書・西域傳》，也有相類似記載。

蒙古等。諸多民族，如都一一詳細敘述不勝繁瑣，且本文並非敘述北方少數民族志之專文，茲為行文方便，對北方草原，諸游牧民族，蓋以胡族稱之。

二、北魏統合諸胡及其與漢人之混化

中國自萬里長城，陰山一線以北，自古以來就是北方草原游牧諸胡族的活動空間，尤其今內蒙古西部，從呼和浩特到包頭一帶，古稱敕勒川，水豐草美。其所以稱敕勒川者，顯然曾經有敕勒族，生息其間，曾有《敕勒歌》一首民歌流傳下來，最初應該是敕勒語吟唱。北魏分裂為東、西魏時，東魏為高歡所把持，西魏則由宇文泰所掌控。某年雙方交戰，高歡處於劣勢，且在病中，為鼓舞士氣，命所屬敕勒族大將吟唱《敕勒歌》此一民歌，當時可能是以鮮卑語唱出，後將之譯為漢文，其歌詞如下：

敕勒川，陰山下。
天似穹廬，籠罩四野。
天蒼蒼，野茫茫，
風吹草低見牛羊。（宋．郭茂倩《樂府詩集》錄有此文）

短短二十七字，把一片牧野風光，躍然於文字之間。敕勒，古稱丁零，南方稱之為高車，曾經活動於敕勒川一帶。只要是有水草之地，都是草原各游牧胡族爭奪之地，所以北方草原都是各胡族活動的空間。

自西元三〇四年匈奴族劉淵建立漢魏式政權，並定國號為「漢」，兩傳之後，由其族子劉曜篡位，改國號為趙。因此時原劉淵手下，大將羯族石勒自稱趙王，於是史家，把劉曜的趙稱為前趙，將石勒的趙稱為後趙，以為區隔，但把劉淵的漢弄不見了，這對劉淵而言，頗不公平。所以當代有些史家把劉淵、劉曜一脈相承的政權合稱為「漢趙」❷，如此既合於史實，也兼顧到劉淵與劉曜。自漢趙國建立以後，北方諸胡族紛紛起而建立漢魏式政權，本文稱之為諸胡列國（一般史書稱之為五胡十六國），但是仍有一些胡族，雖建立政權，仍維持其草原模式，如高車汗國❸、柔然汗國❹，從而可見當時中國北方混亂情形。

鮮卑拓跋部是較晚進入北方草原的一支胡族，初建之代國❺為氐族前秦苻堅所滅，北方一時之間為前秦所統一。但苻堅急於統一全中國，於三八三年發動對東晉之戰爭，結果兵敗於淝水，至三八五年苻堅被羌族姚萇派將縊於五將山，未幾前秦亡，姚萇建立後秦。北方諸胡又紛紛起而建

---

❶ 其後部落聯盟，被匈奴擊破，分裂為鮮卑、烏桓兩大族群。前者又有段部、宇文部、慕容部、拓跋部、乞伏部……支系繁多。

❷ 如大陸西北師範大學教授周偉洲就撰有《漢趙國史》一書，山西人民出版社，一九八六年。

❸ 其兄弟分治，影響到日後突厥汗國之分為東西兩大汗國。

❹ 「可汗」一詞，就是柔然所創用，但到受羅部真可汗予成時，四六四～四八四年在位，也開始使用漢魏以來獨有的年號。

❺ 拓跋什翼犍所建，享祚三十九年，三三八～三七六年。

立漢魏政權，原鮮卑拓跋部之代國，拓跋什翼犍之孫拓跋珪在族人擁戴下恢復代國，但隨即改國號為魏，史稱北魏或拓跋魏、後魏、元魏，又逐漸進行統一北方，至其孫拓跋燾神䴥四年（四三一年），攻滅諸胡列國中最後一國赫連夏時，北方又告統一。

北方各胡族逐漸融入北魏鮮卑之中，而拓跋鮮卑自建立北魏之始，就積極擺脫游牧社會以部落結構的舊習，漸漸化部落為編民，在典章制度上也盡量採取漢魏式。但鮮卑族佔統治地位，在語言、服飾上，自然成為被統治之漢人與其他胡族模仿的對象。胡漢民族彼此互相混化，由於當時所有胡族都未曾創制文字，因此在記錄事件、發布告示時，都是使用漢字，但是由於北方諸胡族在語言上，都屬於阿爾泰系，在語言類型上為膠著語型，與漢語之孤立語型完全不同，因此有許多音原有的漢字無法精準的音譯。基於需要，在北魏太武帝拓跋燾始光二年三月下詔創制了一千多個漢字，其詔曰：

始光二年三月（**四二五年**）初，造新字千餘，詔曰：「昔在帝軒，創制造物，乃命倉頡，因鳥獸之跡，以立文字，自茲以降，隨時改作，故篆、隸、草、楷並行於世，然經久永，傳留多失其真，故今文體錯謬，會義不愜，非所以示軌於來世也。孔子曰：名不正，則事不成，此之謂矣。今創定文字，世所用者，頒下遠近，永為楷式。」（《魏書．世祖本紀》）

以往曾有學者認為北魏太武帝「初造新字千餘」，所造的字是鮮卑字，但經深入研析，其所造的字，仍是漢字❶。文字是文化的載體，由於各胡族都是用漢字記錄事件、發布號令，因此在胡漢民族互相混融中，漢人因擁有漢字的優勢，主導了向漢文化傾斜的結果。縱然如此，照上引鮮卑拓跋魏太武帝，曾新創漢字千餘，在促進各民族向漢文化聚攏，也是功不可沒。

北魏統一北方各胡族建立漢魏政權後，各胡族逐漸與拓跋鮮融合。其時在北魏的北方，還有游牧的柔然汗國，其西北方則有游牧的高車汗國，對北魏北方造成威脅，自北魏道武帝拓跋珪建國後，歷代北魏皇帝幾乎都曾親自統兵北伐柔然、高車。相對柔然、高車而言，北魏畢竟物博人眾，所以在北伐戰爭中，戰勝的機會居多。擄獲或主動來降的柔然、高車人民，少則三、五千，多則數萬、數十萬，這點在《魏書》都有詳細載錄，此處不予贅引。北魏朝廷對來降或捕獲的柔然、高車貴族都特予優遇，封官晉爵，使居於文武要津，男尚公主，女嫁皇室、將軍，既示懷柔、羈縻又對仍在草原的游牧柔然、高車之眾構成誘引、分化作用。那些來降的高車、柔然貴族既已位居要津，久之必然鮮卑化，而鮮卑本身又與漢文化混融，如是高車、柔然也間接融入漢文化之中。在北魏疆域內的漢人向權力（**統治階層多是鮮卑等胡族**）靠攏乃是一種自然趨勢，漢之學鮮卑語、著鮮卑服也成為一種風氣，甚至在孝文帝遷都洛陽推行全面漢化後，這種現象依然存在。在《魏書》中只提到鮮卑族官員仍多以鮮卑語為主流語言，孝文帝對此極不為然，但基於現實狀況也不得不有所妥協。他曾說：

---

❶ 劉學銚《鮮卑族可曾創制文字》一文，該文輯入劉著《少數民族史新論》一書，頁二六七～二七六，台北南天書局二〇一一年，二〇一四年。

「自上古以來，及諸經籍，焉有不先正名，而得行禮乎？今欲斷北語（**指鮮卑語**），一從正音（**指河洛地區之漢語**）。年三十以上，習性已久，容或不可卒革，三十以下，見在朝廷之人，語音不聽仍舊，若有故為，當降爵黜官，各宜深戒。」（《魏書・咸陽王禧傳》）

孝文帝祭出「降爵黜官」強制年三十以下，官員學習「正音」。對三十歲以上者，顯然仍聽其講鮮卑語，一個社會年三十以上顯然居多數，可見北魏遷洛之後，鮮卑語仍然是北魏的主要語言，只是《魏書》未提到北魏境內，漢人學鮮卑語或使用鮮卑語情形。孝文帝推行斷北語，從正音，事在其太和十九年（四九五年）。孝文帝薨於太和二十三年（四九九年），他死後鮮卑人極可能有所反撲，只在約半個世紀後，北齊社會、官場顯然又以鮮卑語為主流語言。試看曾在北齊為官之顏之推在其《家訓》中有如下一段話：

齊朝（**按指高氏之北齊**）有一士夫，嘗謂吾曰：「我有一兒，年已十七，頗曉書疏，教其鮮卑語及彈琵琶，稍欲通解，以此伏事公卿，無不寵愛，亦要事也。」

可見在北朝時，漢人在文化上也有向胡族傾斜者，如再看服飾方面，基本上是漢人胡化了，北魏孝文帝雖提出禁胡服，但在洛陽街頭所見的情況是：

昨望見婦女之服，仍為夾領小袖，我徂東山雖不三年，既離寒暑，卿等何為，而違前詔？

（《魏書．咸陽王禧傳》）

自此之後，漢人之服飾，幾乎全採鮮卑服飾，關於這一方面，沈括在其《夢溪筆談》及朱熹門弟子所撰《朱子語類》都有詳細的敘述，於此不贅。可見胡漢確實處於彼此互相吸納、混合之中，這是史實，既無須迴避，更不能否定。

北魏孝文帝遷都洛陽之後，全面推行漢化，但文化乃是自然形成，不宜以政治力加以推展或阻止，因此「北魏中央政權，所在之洛陽，其漢化愈深，則邊塞六鎮胡化民族，對於漢化之反動亦愈甚。」❶，可說是一針見血之論。陳氏所說，邊塞六鎮胡化民族，其中所謂六鎮是指沃野、懷朔、武川、撫冥、柔玄、懷荒，考其地望都位在今內蒙古及河北省張北縣以北一帶（張北原屬察哈爾省北部之內蒙錫林郭勒盟），面臨柔然、高車，為北方邊防要地。

在孝文帝遷洛陽之前，六鎮對北魏首都（在平城，今山西大同）的安危至為重要，因此六鎮之下不設郡縣，採軍民合一制。鎮將概由鮮卑人出任，戍守六鎮的兵卒也以鮮卑人與其他胡族為主，縱有漢人也是「中原強宗子弟」。當六鎮鎮將或兵卒都有很好的出路，因此對朝廷也就忠心耿耿。但自孝文帝遷都洛陽後距北方已遠，柔然、高車的威脅已無迫切感，逐漸忽略了六鎮的重要性，對六鎮兵將的出路也無合理的安排，只能停留在苦寒的六鎮。而遷都後的北魏中央日趨奢華，與六鎮形成極強烈的對比，六鎮兵將由是心生怨懟。何況六鎮兵將原就是以鮮卑族與其他胡族為主體，雖

❶ 引自陳寅恪《唐代政治史述論稿》，頁一九七。

有少數「中原強宗子弟」，但戍守北方一久早已鮮卑化，而六鎮所轄人民也是胡漢混雜，此所以北魏中央政權漢化愈深，北方六鎮胡化民族反漢化也愈強。陳寅恪治史，往往能從細微處著手，看出大問題所在，北魏最後就是亡於六鎮之亂。

三、北魏之分、齊周之崛起及山東文化與關隴文化之對立

北魏後期由於洛陽腐化、六鎮不穩，而宮廷內部因胡太后之胡作非為，於是朝政大亂，稽胡爾朱榮率兵入洛陽，沉胡太后於河，北魏名存實亡。爾朱榮另立元子攸為帝，是為北魏莊帝，同時大肆殺戮北魏文武大臣。初爾朱榮以女嫁北魏孝明帝元詡為嬪，及孝明帝死，又以之嫁莊帝。此女仗乃父之勢，跋扈非常，自認可以為所欲為，嘗宣稱：「天子由誰得立，今乃不用我語」❶。

爾朱榮死後，北魏政局又亂，爾朱榮家族皆叛。其弟爾朱兆率兵入洛陽執莊帝元子攸殺之，時爾朱榮舊屬高歡曾勸阻之，但爾朱兆仍執意殺莊帝，另行立元恭為帝，是為節閔帝。爾朱家族仍把持北魏朝政，但高歡與爾朱家族已有嫌隙，高歡另立勃海太守元朗為帝，稱安定王，後又改立平陽王元修為帝，是為孝武帝。孝武帝誘殺節閔帝，五三二年高歡擊破爾朱兆，由是爾朱家族瓦解。

高歡一手把持朝政，孝武帝自是不愉，暗中與關中大行台賀拔岳、賀拔勝兄弟聯絡，欲依賀拔兄弟以敵高歡，於是孝武帝與高歡漸形對立，之後孝武帝與關中集團關係漸趨密切。後賀拔岳被侯莫陳悅所殺，關中集團力量遂為宇文泰所掌握。

宇文泰原為關中大行台賀拔岳之司馬，之前曾奉賀拔岳之命東來謁見孝武帝，孝武帝加宇文泰

為武衛將軍，雙方算是有直接接觸。及宇文泰掌握關中集團後，孝武帝立即以宇文泰為大都督，雙方關係乃更密切。而高歡也覺孝武帝在洛陽難以節制，欲遷都於鄴（今河北臨漳）以便就近監控，但孝武帝不以為然，雙方關係更形緊張。最後孝武帝元修西奔長安投靠宇文泰是為西魏，而高歡遂另立元善見為孝靜帝，史稱東魏，時為五三四年，北魏於是分裂為東、西魏。距北魏孝文帝鼎盛時，尚不足五十年，由盛而衰何其速也。

高歡、宇文泰雖各奉一拓跋氏皇室為帝，但實權操諸己手，一如曹操之於漢帝，孝靜帝、孝武帝類如魁儡。高歡死後，由其子高澄接掌其位，高澄較其父更為跋扈。據《資治通鑑》載，某次高澄侍孝靜帝飲酒，拿起大酒杯要帝喝，口稱「臣澄勸陛下酒。」孝靜帝時已不勝酒力，乃忿然說：「自古無不亡之國，朕亦何用此生為！」高澄怒曰：「朕！朕！狗腳朕。」更命黃門侍郎崔季舒毆孝靜帝三拳。

東魏共僅十七年（五三四～五五〇年），西魏也僅二十二年（五三五～五五七年），分別為高洋（高澄被部下所殺，其弟高洋接其位）、宇文毓（宇文泰之子，時宇文泰已死）所篡，各自建立（北）齊、（北）周，歷史進入一個新局面。

---

❶《資治通鑑》，卷一百五十四，《梁紀十一》），莊帝在忍無可忍之情況下，託詞以皇后爾朱氏生太子，召爾朱榮入宮，伏殺之（見陽衒之《洛陽伽藍記》，卷一《城內・永寧寺》，台北華正書局，一九八〇年，頁九。為最早記載此事者，此後諸正史及《資治通鑑》，皆採錄之）。又陽衒之，一般均作楊衒之，但筆者仍堅持其為陽衒之，詳見拙撰《從〈洛陽伽藍記〉，看六世紀初葉之中亞》一文，該文輯入《從古籍看中亞與中國關係史》一書，台北知書房出版社，二〇〇九年，頁一六〇～一六三。

回過頭來追敘高歡其人，高歡自稱渤海蓨人，渤海高氏乃是望族，在東漢以來講究郡望門閥，因此許多因姓同冒稱系出望族，在當時是很普遍的情況。上文說過，自諸胡列國以來，北方胡族所建政權其軍隊多由胡族組成，縱有少數漢人從軍也是「中原強宗子弟」。而高歡在北方六鎮兵戶，極其貧窮，連馬都買不起，只得為步卒，之後因娶鮮卑富家女子婁氏為妻，始能購得馬匹。縱然高歡自稱漢人，但絕非「中原強宗子弟」，而且是一個已鮮卑化的漢人，更可能的情況是高歡根本就是鮮卑人，只因取了漢姓高氏，遂冒稱渤海蓨人，這是很有可能的。至於高澄、高洋等則稱為鮮卑人，絕對合適。如侯景見高歡立高澄為世子，心中不服就曾經對司馬子如說：

「王在（**王指高歡**），吾不敢有異，王無，吾不能與鮮卑小兒共事（**鮮卑小兒指高澄、高洋等，高歡後人**）。」（《北齊書．神武帝紀下》）

後來侯景果然投向南朝梁；高洋篡東魏建立北齊後，曾問大臣杜弼說：

「顯祖（**高洋的廟號**）嘗問（**杜**）弼云：『治國當用何人？』對曰：『鮮卑車馬客，會須用中國。』顯祖已為此言譏我。」（《北齊書》）

從這一段記載，可以看出高洋從自我意識上已經自認是鮮卑人，因此對於「有辱」及鮮卑人的話，從內心就會覺得像在侮辱自己而感到不悅。高歡本人在許多公開或官方場合都是講鮮卑語，只有高敖曹在場才說漢語（高敖曹是高歡所尊敬的漢人），《資治通鑒》對此有如下的記載：

時鮮卑共輕華人，唯憚高敖曹，（高）歡號令將士，常鮮卑語，（高）敖曹在列，則謂之華言。（《資治通鑒》卷一百五十七《梁紀》十三）

可見北齊高氏一族胡化之深，或許當時北齊社會整個情形就是如此，上文曾引顏之推《家訓》的一段話，也足以證明北齊社會的一片「鮮卑熱」。但是北齊具有山東（指太行山以東今冀魯豫一帶）古中原之地，自認是中原文化薈萃之所，而北齊又要與北周互爭雄長，常以佔有中原文化地區自詡，認為北周宇文氏位處關隴地區，久已不屬文化薈萃之地，因而輕之。

至於北周，自宇文泰把持西魏政秉以來，也積極從事民族凝聚工作。宇文部也是鮮卑一部❶，宇文泰自高祖宇文陵、曾祖宇文系、祖父宇文韜、父宇文肱以致宇文泰都生於北魏六鎮中之武川鎮（地當今內蒙古自治區呼和浩特市武川縣）。宇文泰掌握西魏政秉後，為凝聚鮮卑族的向心力，已請將有功者為北魏初期九十九姓之後，恢復鮮卑舊姓，其所屬之兵將都以主帥之姓為姓，如賜楊忠（隋文帝楊堅之父）姓普六茹氏，蓋楊忠之前曾與宇文泰同為武川鎮軍將。西魏、北周時依命恢復鮮卑或其他胡族舊有姓氏（按胡族原無姓氏，多以部落名稱為姓氏），或賜以胡族複音節之胡姓為

---

❶ 或有史傳稱其為匈奴，此處不作深論，但其與鮮卑混融已久早已完全鮮卑化，前文已提到在中國區隔民族主要因素是文化而非血統，此處把宇文部視為鮮卑，應屬正確。

數極多，散列《周書》各傳。近代史家王桐齡氏對此曾加以彙整，以表列方式呈現，使人有一目瞭然之感，可參見王著《中國民族史》一書❶。此舉對促進民族融合，實為背道而馳之作法，但以其能提高軍人地位使不廢仕途，更以政治力量使帶兵將領（**已恢復或已賜以鮮卑或其他胡族之姓**）與被統率之兵卒（**與統帥同一姓氏**）具有血統關係成為生命共同體，對提高戰鬥力猶如注入一劑強心針，其效果可說是立竿見影。而且鮮卑或其他胡族複音節姓者，在社會上似具有特殊地位。時北朝著名文人庾信（五一三～五八一年）曾有詩詠之，其詞為：

> 薊門還北望，役役盡傷情。關山連漢月，隴水向秦城。笳寒蘆葉脆，引凍紵弦鳴。梅林能止渴，複姓可防兵。將軍連轉戰，都護夜巡營。燕山猶有石，須勒幾人名。

其中「梅林能止渴，複姓可防兵」句，明顯點出複音節的胡姓者地位的提升，此種兵制形成府兵制之特殊社會地位，但此舉與民族融合形同背道而馳。而且自東漢建都洛陽後，關隴地區漸趨沒落形成文化邊陲，而且自東魏或北齊又以據有中原文化薈萃之地，自認是中國正統王朝的繼承者，以是輕視西魏、北周。

北周為扳回劣勢，認為自周、秦以至西漢，關中地區才是中國文化中心及正統所在。西遷關隴漢人中有山東（太行以東，非僅指後日的山東省）郡望者，一律改為關內郡望（**指北周境內**），以斷其對舊鄉之思念；北魏孝文帝遷都洛陽後，自平城南徙的北魏文武官員（**絕大部分為鮮卑或其胡族**）一律落籍洛陽，稱其郡望為河南各郡。此際有在北周境內的上述河南諸郡之人，一律改其郡望為京兆郡望（京兆指長安，北周都長安），其實這也是一種「土斷」，同時北周諸多典章制度刻意恢復周代舊制，用似表示中國正統文化確實在關中。

以上兩項措施看似矛盾，實則有其相輔相成之功，因當時北周處關隴地區，在人口物產方面，都無法與北齊或南朝梁、陳相提並論。其所以與北齊相抗衡者，實由於內部凝聚力強固，其內部凝聚力之所以強固，則是奠基於上述兩大措施。由於北齊、北周享祚都不久，在綿綿歷史長河中，只是一小片段，因此很少引起較多的注意，此處特予分析，因為如沒有北周的諸多措施，就不會有之後在在歷史上綻放萬丈光芒的隋唐時代。

在北齊、北周互爭雄長之際，正是突厥民族崛起之時。突厥崛起、壯大極為迅猛，其武力之強盛，視匈奴冒頓單于時似猶有過之，且其所處恰在周、齊正北，因此周、齊爭相結好於突厥，年輸財物貢品不計其數，驛車絡繹於途，更爭相求娶突厥公主。對突厥卑躬屈膝之狀更甚於後代石敬瑭之於契丹（**後晉石敬瑭對契丹自稱兒皇帝**），以致突厥他鉢可汗在躊躇滿志之餘，對其僚屬說：

> 「但使我在南兩個兒孝順（在南兩個兒指北齊、北周），何愁無物邪！」

可見其時北周、北齊之弱，突厥之強，而周、齊都已相當程度地向胡族文化傾斜，這也是一個

---

❶王氏任教北平燕京大學，此書早在一九二八年即已出版，但此處所引者係一九九七年台北華世出版社影印版，有關西魏、北周賜姓者，見頁二二一～二三三。

更易的史實。

四、隋、唐先世多胡化

隋、唐之創建者都自稱是漢人，然而也有疑之者，如宋代大儒朱熹其門下弟子仿孔門之例，集朱熹之言成《朱子語類》一書，書卷一一六《歷代類》三就稱：

> 唐源流出於夷狄，故閨門失禮之事不以為異。

朱熹以其一代大儒做此明確之指稱，必有其所本。只是中國古籍經清初修《四庫全書》時，凡有關夷狄胡族之舊籍，往往加以篡改，或者逕予焚毀，以致對朱熹之所本，難以追尋其出處，於此暫不深論。且看隋朝創建者楊堅之族源，據《隋書・高組紀上》所載：

> 高祖文皇帝姓楊氏，諱堅，弘農郡華陰人也。漢太尉震八代孫鉉，仕燕為北平太守。鉉生元壽，後魏代為武川鎮司馬，子孫因家焉。元壽生太原太守惠嘏，嘏生平原太守烈，烈生寧遠將軍禎，禎生忠，忠即皇考也。皇考從周太祖起義關西，賜姓普六茹氏，位至柱國、大司空、隋國公。薨，贈太保，謚曰桓。

按隋文帝楊堅生於西魏文帝元寶炬大統七年（五四一年），依上述引《隋書》所載，自楊堅之生，往上追六代為楊鉉，楊鉉為燕北平太守，這裡的燕，應是諸胡列國時的前燕。一般而言，一代以三十年計，自楊堅之生向上推六代一百八十年，應為西元三六一年，正值前燕後主慕容暐建熙二年。當時前燕已見衰象，而前秦苻堅正欣欣向榮，向外開疆拓土，前燕是否保有北平郡，頗有疑問，設前燕未能保有北平郡，則楊鉉何來「仕燕為北平郡太守」？

其次，《隋書》稱楊鉉為漢太尉八代孫，其間世代毫無交代，按自楊鉉上溯到楊震共八代，約二百四十年，大約是東漢安帝劉祜建光年間（一二一年）。東漢已經開始講究門閥，楊震貴為太尉，按太尉在東漢光武帝劉秀建武二十七年（五十一年）改大司馬為太尉，常與太傅一起參錄尚書事，地位提高，綜理軍政，與司徒、司空合稱三公❶。地位極為崇高，其子孫未有不修族譜之理。但《隋書》對自楊震至楊鉉八代，一片空白，衡以「南北朝庶姓冒稱世族之慣例」❷，所謂楊堅一門出自漢太尉楊震之後，很可能是冒稱的，甚至於楊忠以上的世次都不可靠。

至於《隋書》稱楊忠從周太祖（即宇文泰，太祖是後來追尊的廟號）起義關西，賜姓普六茹氏，「普六茹」是鮮卑語的音譯，是鮮卑族一個部落的名稱。鮮卑人以部落為姓，按賜姓絕大多數情況是：賜與帝王同姓，以為攏絡，用示恩寵，如唐時對四裔酋長有功於唐者，多賜以李姓，如突厥之李克用、党項羌的拓跋思恭賜姓李氏等；另一種情況則是自北魏建立後，有些鮮卑族或其他胡族自動改為漢姓，而孝文帝推行全面漢化後，強制鮮卑族、其他胡族一律改漢姓。到西魏、北周

---

❶ 徐達生主編《中國歷史官制大詞典》，廣東教育出版社，二〇〇二年，頁一五四。
❷ 引陳寅恪前引書頁一九四。

時又賜其恢復原來的鮮卑或胡姓，楊忠之被賜姓普六茹氏，不無可能是後一種情形。《魏書・官氏志》有：

普六茹氏後改為茹氏。

《姓纂》九御引志《氏族略》、《辨證》所載與《魏書・官氏志》同❶，可見鮮卑在孝文帝改漢姓前確實有普六茹氏。宇文泰賜楊忠姓普六茹氏，是否楊氏原本就是鮮卑族普六茹氏，在北魏時冒姓楊氏，並附儷於弘農華陰為郡望，宇文泰時乃賜其恢復其原來的部落姓，這應屬合理的推測；另一種可能就是前文說過，宇文泰為凝聚民族向心力，以有功諸將賜以鮮卑舊有部落之姓，並以所部之眾都以此為姓，以人為方式強行製造部將與其所統的兵卒同一血緣，這也是有可能的。但無論哪一種情形，隋的先世即使是漢人，也是胡化的漢人，何況楊忠之妻呂氏，乃是鮮卑叱呂氏所改。《魏書・官氏志》稱：

叱呂氏後改為呂氏。

從此可以得知楊忠即使是漢人，其子楊堅隋文帝已經有一半的鮮卑族血統，更何況楊忠是否為漢人，還存有疑問，所以說隋朝先人已胡化，應該說得通。再進一步看，楊堅皇后獨孤氏也是鮮卑族，是則隋煬帝楊廣的母親、祖母都是鮮卑族，楊廣身上還有幾分漢人血統，就可想而知了。筆者在分析中國歷代王朝或政權的創建者時，把隋朝列胡化的漢人，應屬合理。

至於建立中國史上最偉大朝代唐朝的李淵一族，其族源又是如何？近代史學大師陳寅恪先生將唐皇室族源分父、母兩系加以分析。其母系部分，陳氏稱為女系母統，以唐代創業及初期君王為例，如唐高祖李淵之母為獨孤氏、唐太宗李世民之母為竇氏，即紇豆陵氏；唐高宗李治之母為長孫氏❷。獨孤氏，紇豆陵氏，長孫氏都是鮮卑姓，獨孤有固不待言；竇氏，據《魏書・官氏志》稱：

> 次南紇豆陵氏，後改為竇氏。

無論據紇豆陵氏或竇氏，據《唐書・柳沖傳》論南北朝之世胄時曾稱：

> 代北則為虜姓，元、長孫、宇文、于、陸、源、竇首之。（《柳沖傳》引柳芳《氏族論》）

則竇氏為鮮卑姓無疑。至於長孫氏，據《魏書・官氏志》將之納為「宗族十姓」之一，同書稱：

> 拓跋氏後改為長孫氏。

❶ 姚薇元《北朝胡姓考》，台北華世出版社，一九七七年，頁六十六。

❷ 陳寅恪《唐代政治史述論稿》，頁一八三。

可見長孫氏乃是後魏帝室之姓，初獻帝分國命姓，不應有同，乃以其次兄為拔拔氏，後為長孫氏。是可知長孫氏乃是北魏皇室貴胄，因此陳寅恪先生稱：「故李唐皇室之女系母統雜有胡族血胤，世所共知」。陳氏以女系母統「雜有」胡族血胤，「雜有」二字如改為「均為」似更精準。是則到唐高宗李治時，如論其民族血緣，胡族血胤至少佔四分之三，即使逕稱之為胡族也無不可。

李唐政權建立後，為誇耀系出名門望族，自有自撰的譜牒。按自東漢之後中國社會特別重視郡望堂號，唐帝室所自撰之譜牒，原書早已散失，但兩《唐書》、《冊府元龜》等書有關唐皇室淵源世系之記載，必然採用唐皇室所自撰之譜牒，此實毋庸置疑。茲據《新唐書・宗室世系表》所載如下：

（**李暠子**）李歆字士業，西涼後主。八子：勗、紹、重耳、弘之、崇明、崇產、崇庸、崇祐。重耳字景順，以國亡奔（**南朝**）宋，為汝南太守。後魏克豫州，以地歸之，拜恆農（**弘農**）太守❶，復為宋將薛安都所陷（**所陷，意為所擒**）。後魏安南將軍豫州刺史❷，生獻祖宣皇帝諱熙，字孟良。後魏金門鎮將❸生懿祖光皇帝，諱天賜，字德真。三子：長曰起頭、長安侯。生達磨，後周羽林監太子洗馬長安縣伯。次曰太祖（**即李虎**），次曰乞豆。

這一段文字讀起來對世系不夠清晰，如就其自敘以表列方式較易讓人一目瞭然。按李歆是諸胡列國時期西涼王李暠之子，再補以李虎至李淵，表列如次：

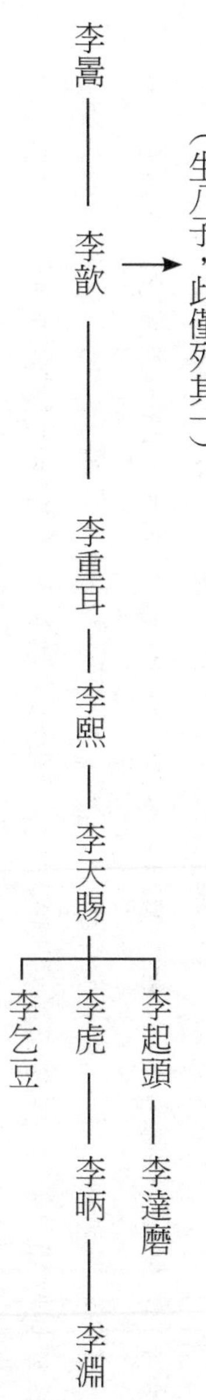

以上這個世系是依據《新唐書》所述，而《新唐書》又是採用李唐皇室自撰的譜牒，因此唐室李淵就成為西涼李暠的八代孫。而李暠稱其為隴西成紀人者有《晉書》，稱其為隴西狄道人者有《太平御覽》、《十六國春秋・西涼錄》及《魏書》，但後世都採《晉書》隴西成紀之說。按《晉書》修於唐代，其修者有二說：其一為房玄齡等奉勅所撰；其二為唐太宗御撰。實情如何，非本文探討重點，但《晉書》之修，唐室介入頗深，這是無可懷疑之事。成紀，今甘肅天水市秦安線北，而狄道則為今甘肅省定西市臨洮縣，《晉書》之所以持成紀之說，與西魏或北周將籍隸山東（太行山以東）各郡的將領，都讓它們的郡望改為關隴地區。李虎即在宇文泰時設其郡望為隴西成紀，為攀附史上的名門貴冑自稱李暠苗裔，於是也把李暠的郡望定在隴西成紀，而李暠又自稱是漢名將李廣之後，如是則唐室李氏也成為李廣之後，如此一來二十幾代都是系出名門，這與自東漢以來講究

❶ 恆農為弘農，因避免北魏獻文帝拓跋弘名諱，改弘為恆。

❷ 豫州刺史前漏一「贈」字，係死後追贈者。

❸ 舊《唐書・高祖》則稱：率豪傑鎮武川，因家焉。

門閥的社會習俗是相吻合的。

據上引《新唐書》稱西涼後主李歆國滅身死後，所生八子之一的李重耳南奔南朝宋，被任為汝南太守。茲查西涼李歆國滅身亡時為四二〇年，此年為南朝宋武帝永初元年，當然其子李重耳不可能立於當年南奔，在時間上可能要晚上好幾年。縱然確有其事，西涼位在今甘肅省西部敦煌一帶，李重耳的生活圈，與生活經驗也只局限於河西西部，對於河、洛一帶應該是相當陌生，何況汝南（今河南省駐馬店市汝南縣）為南朝宋的北方邊防要地，在常理上說，南朝宋不會把這麼一個重要的地方交給一個初來乍到「降人」去治理。而且上引史傳中稱「後魏克豫州，以地歸之，拜恆農太守」，據《宋書‧文帝紀》所載，北魏之攻伐豫州事在南朝宋文帝劉義隆元嘉二十七年（四五〇年），當時汝南太守另有其人，如是則李重耳就不可能是汝南太守，更進一步可以懷疑李重耳根本沒有南奔南朝宋之事。且再看《宋書‧柳元景傳》有下面這一段記載：

（**元嘉**）二十七年（**四五〇年**）八月（**隨王**）誕遣振威將軍尹顯祖出貲谷，奮武將軍魯方平、建武將軍薛安都、略陽太守龐法起入盧氏。……（**閏**）十月法起、安都、方平諸軍入盧氏。……法起諸軍進以方伯堆，去弘農城五里……諸軍造攻具，進兵成下。偽弘農太守李初古拔嬰城自固（**此處偽係指北魏**），法起、安都、方平諸軍鼓譟以陵城。……安都軍副譚金、薛係孝率眾先登，生禽（**同擒**）李初古拔父子二人。……殿中將軍鄧盛、幢主劉駿亂使人入荒田，招宜陽人劉寬糺，率合義從徒二千餘人，共攻金門隖，屠之。殺戍主李買得，（**李初**）古拔子也，為虜（**指北魏**）永昌王長史，勇冠戎類。永昌聞其死，若失左右手。

前引《新唐書》稱李重耳曾為北魏拜魏恆（弘）農太守，此處《宋書》稱南朝宋薛安都等諸將攻弘農，生擒北魏弘農太守李初古拔父子二人，顯然與《新唐書》所載「復為宋將薛安都所陷（所擒）」是同一回事，這樣我們可以確定李重耳與李初古拔是同一個人。而且「李初古拔」是胡語的漢字音譯，這個「李」也未必就是姓，「李初古拔」可能是胡語的一個詞，其意為何目前已不可考，只因其第一個音節是「李」，像漢人的姓，因此就以之為姓，這也不是不可能之事。例如明朝建立後，在內地的蒙古人早已失去優越地位，也不願再以蒙古名示人，於是往往把姓氏或名的第一個音作為姓，如博爾濟錦氏，往往改為姓包、姓鮑、姓白等；民初，滿族也有類似情形，如葉赫那拉氏，改姓葉，以此類推，「李初古拔」不必然就是姓李。再看《宋書》又說「……共拔金門隖，殺戍主李買得，古拔子也，為虜永昌王長史❶，勇冠戎類，永昌聞其死，若失左右手。」可見李初古拔一家都在北魏為官，李初古拔之子李買得，勇健過人且被北魏永昌王倚為左右手。以上《宋書》稱薛安都等在弘農生擒李初古拔父子。似確有其事，據《魏書・薛安都傳》也載有此事稱：

> 後自盧氏入寇弘農，執太守李拔❷，時秦州刺史杜道生討（薛）安都，仍執（李初古）拔等南遁，及世祖（北魏太武帝拓跋燾）臨江，（李初古）拔乃得還。

❶ 官府・軍府屬吏之長，與今文機關之秘書長、軍事單位之參謀長頗為類似。

❷ 即李初古拔之省稱，如魏收知李初古拔係胡語之音譯，則更不該省稱，如艾森豪威爾係音譯，不該省稱艾威爾。

可見李初古拔被南朝宋薛安都所俘，後因北魏太武帝率大軍臨江，薛安都可能自料難敵，遂釋放李初古拔。《宋書》稱薛安都等攻入弘農時生擒李初古拔父子，此時北魏太武帝大軍臨江時，李初古拔父子顯然都被釋放，只可惜史傳中沒有提這個兒子的名字。不過另一個兒子被殺死，他的姓名為李買得，李買得被殺死，他金門隝戍主的職位，很可能由這個被釋放回來的兒子接任。如果是這樣的話，那麼這個接任金門隝戍主李初古拔之子，就應該是《新唐書》上所提到的李熙。舊《唐書・高祖紀》稱李熙「率豪傑鎮武川，因家焉。」這個說法頗為可疑，很可能後來他孫子李虎與宇文泰同時在武川軍鎮，以倒敘的方式加以鋪陳。我們再看李天賜的三個兒子，除李虎外（居次），長子名起頭，三子名乞豆，顯然都是胡語的音譯。而起頭，乞豆讀音又極其相近，這也頗令人感到怪異，而起頭的兒子名達磨，更是帶有波斯或天竺（印度）的味道。說李淵先世充滿胡化，應該完全合於史實。

據《冊府元龜・帝王部・帝系門》對李唐先世有如下的記載：

> 唐高祖神堯皇帝姓李氏，隴西狄道人。其先出自李暠，是為武昭王，薨，子歆嗣，為沮渠蒙遜所滅。歆子重耳奔於江南，仕宋為汝南郡守，復歸於魏，拜弘農太守，贈豫州刺史。生熙，起家金門鎮將。後以良家子鎮於武川，都督軍戎百姓之務，終於位，因家焉。生天賜，仕魏為幢主，大統時贈司空。生太祖景皇帝虎，封趙郡公，徙封隴西公，周受魏禪，錄佐命公，居第一，追封唐國公。生世主元皇帝昞，在位十七年，封汝陽伯，襲封隴西公，周受禪，襲封唐國公（**以上所稱各皇帝都是唐建立後追謚的**）。高祖即元皇帝之世子，母曰元貞皇后，七歲

襲唐國公，義寧二年受隋禪。

在上引這段資料中，沒有提到李虎被賜姓為大野氏，但在舊《唐書・高祖本紀》則提到西魏文帝元寶炬大統時❶，而這一時期正是宇文泰以諸將之有功者繼承鮮卑三十六大部落及九十九小部落之後，凡改胡姓諸將，其所統之兵也都從其主將之胡姓，以政治力強行製造血緣體的時期，其賜李虎姓大野氏。上文曾提到賜姓絕大部分是賜與帝王同姓，或賜以其改漢姓前之胡姓。宇文氏當權後，賜漢大臣姓宇文者，據《周書》各傳所載有二十六人之多❷，李虎對宇文泰之獨攬西魏政秉居功闕偉，照理說應賜姓宇文氏。如說要以有功將領繼承鮮卑三十六大部落或九十九小部落之後，而賜以鮮卑姓，如賜隋之先人楊忠姓普六茹氏，鮮卑確實有普六茹氏。但遍查《魏書・官氏志》都不見有大野部或氏，是則賜李虎姓大野氏者，有可能李虎一族既非漢人也非鮮卑，而是北方其他胡族。按今日大漠南北，在諸胡列國南北朝時代，有許多不同的胡族生息其間，其中柔然、敕勒系的高車、丁零、突厥、回紇，可說是不一其族。據《魏書》、《北史》等史傳所載，有為數頗多的柔然、敕勒系民族降於北魏，或被北魏所俘之後逐漸融入北魏鮮卑之中，再隨同北魏與漢文化互相混融，但無論如何混融，其原有民族的特色多少都會保留一些下來。所以本文懷疑「李初古拔可能是胡語的漢字音譯，以其首音為「李」（其實也可音譯為理、裡、里、禮……）類似漢姓，於是冒姓李。既

---

❶ 大統共十七年，五三五~五五一年，雖號為西魏，實際上由宇文泰把持一切。

❷ 王桐齡《中國民族史》，頁二二四~二二六。

然冒姓李氏，就得找一個有身分地位的李姓人物作為自己的先人，於是西涼武昭王李暠，既是漢代名將李廣之後，又貴為西涼王。因此本文認為在李初古拔之前的世系都不太可信，攀附、冒認的成分居多，當然這只是本文的懷疑，尚無足夠的證據。

設若李初古拔確是鮮卑以外的胡族，那應該是哪一族？在茫茫書海之中，根本找不到任何有力的線索，如根據既有的資料來看，自李初古拔之子李熙以至李世民，其「女系母統」❶，以表列方式呈現如下（**此表也是根據陳氏之書**）：

李重耳	其妻張氏應為漢人	其妻賈氏應為漢人	其妻梁氏是否為漢人待考	其妻獨孤氏確定為鮮卑族	其妻竇氏確定為鮮卑族	其妻長孫氏確定為鮮卑族
李初古拔	李熙	李天賜	李虎	李昞	李淵	李世民

從上表看，自李昞以下，李氏一門染有濃厚的鮮卑風俗，應是很正常的情況。而且從上表中也看不出李氏一門與敕勒系民族（**突厥也屬敕勒民族**）有何牽扯，自然也談不上會染有敕勒習俗。但是我們且看唐太宗李世民，第一個太子李承乾，他的母親、祖母、曾祖母，都是鮮卑族，如說李承乾一身鮮卑習氣，那應該是極自然之事，然而這個李承乾，不但沒有鮮卑習氣，反而充滿了突厥習氣。《新唐書・常山王承乾傳》，有如下的一段記載：

常山愍王承乾，字高明，生承乾殿，即以命之，……太宗即位，立為皇太子，……又使戶奴數十百人習音聲，學胡人推髻，剪綵為舞衣，……又好突厥言及所服。選貌類胡者（**指貌似突厥之人**），被以羊裘、辮髮，五人建一落（**一落，指一個帳篷，通常一落以五人計**），張氈舍，造五狼頭纛（**按突厥崇拜狼，以狼頭為旗幡**）分戟陣，繫幡旗，設穹廬自居，使諸部斂羊以烹，抽佩刀割肉香啗，承乾身作可汗死，使眾號哭剺面❷，奔馬環臨之，忽復起曰：「使我有天下，將數萬騎到金城，然後解髮，委身思摩，當一設❸，顧不快邪！」……貞觀十七年……廢為庶人，十九年死。

按李承乾一生與突厥並無交集，而其所為完全是突厥生活模式，不可能從他的母親、祖母、曾祖母感染到突厥習俗，是則必然得之於父系。只是其父李世民乃是不世出的偉大帝王，其祖李淵能以隋末太原留守的身分，在群雄並立的亂局，建立唐朝，必然有過人的智慧，深知要做中國的帝王，必須融入全漢人之中❹，因此刻意塑造李氏一族系出西涼李暠，而李暠為李廣之後，如是李唐乃得為李廣之苗裔，隱瞞其胡族身分，而李承乾識見不足，流露出胡族習俗。突厥為敕勒系民族之一，俗乘高輪車，所以又稱之為高車，部落極多，可說是遍布北亞洲，甚至可以說從裡海至貝加爾

❶ 亦即配偶，「女系母統」係陳寅恪之用語，頗為獨特精煉。

❷ 突厥及塞種對長輩之死有剺面之俗，所謂剺面就是刀割面部使之流血，以示對死者之不捨。西方人稱之為殘破軀體。

❸ 設為突厥官名，可統兵，非可汗子弟不得為設。

❹ 其實所謂漢人，其內涵極為複雜，只是一般漢人對此並不了解，只要是說漢語，用漢文就自認是炎黃之冑、龍的傳人。

湖這廣袤的空間裡，都有敕勒系各部落散居其間。漢文典籍所記載的高車有六種十二姓，這只是中原人所知道的部分，就《魏書・高車傳》所載：

高車之族，又有十二姓：一曰泣伏利氏、二曰叱盧氏、三曰乙旃氏、四曰大連氏、五曰窟賀氏、六曰達薄于氏、七曰阿崘氏、八曰莫允氏、九曰俟分氏、十曰副伏羅氏、十一曰乞袁氏、十二曰右叔沛氏。

其中第四「大連氏」這是敕勒語（高車語）的漢字音譯。我們當知無論胡語音譯為漢字，或漢字詞彙音譯為胡語，都不可能求其絕對精準，如漢文詞彙「大官或達官」、「相公」、「令公」、「大王」、「夫人」、「皇太子」……音譯為胡語成為「達干」、「想昆」、「令穩」、「太陽」、「福晉」、「皇太極或鴻台吉」，是則胡語以漢字音譯，會「走音」、或「失真」，應該是理所當然之事。上述高車大連氏是否為「大野氏」之訛譯？如果是，則宇文泰賜李虎姓大野氏，李承乾之好突厥風乃至於唐宗李治之敢於娶其父李世民之才人武媚娘、玄宗李隆基之公然引其媳楊玉環入宮諸問題，都自然迎刃而解。

隋、唐兩代共三個多世紀，是中國歷史的一個盛世，與秦漢頗為類似，但對中國歷史文化的貢獻，又超越過秦漢。大唐盛世憑藉無比的自信、開闊的心胸，迎納世界各地各民族的文化，創造出光芒萬丈的大唐風。其所以能如此者，考究其因與胡漢民族的混融，相互吸納對方的文化、文明，當有莫大關係，而是又與隋、唐先世的胡族血胤語與胡化背景有著密切關聯。

五世達賴喇嘛、噶爾丹與中俄尼布楚條約

西藏喇嘛教格魯派的五世達賴喇嘛羅桑嘉措是一個極其黠慧而又工於心計的人，和當今世界上任一政治人物相較，不僅毫不遜色且有過之，就政治手腕而言，絕對堪稱頂尖高手；蒙古準噶爾部噶爾丹其驍勇與野心，妄想上追成吉思與帖木兒，再建蒙古大帝國，曾東掠漠北喀爾喀蒙古，令清康熙帝困擾不已，為此曾三度御駕親征；俄羅斯自推翻蒙古金帳汗國（或作欽察汗國）後，極力向東開疆拓土，掠奪西伯利亞大片土地，當俄羅斯越過貝加爾湖再向東時，不免與大清帝國碰觸，引起中俄雅克薩之戰。清廷在獲勝之後，本可趁勝仗之餘威一路向西，將俄羅斯勢力逐回貝加爾湖之西，但清廷卻與俄羅斯簽訂中國有史以來第一個國際條約《中俄尼布楚條約》，把今黑龍江上游額爾古納河以西，到貝加爾湖的一大片布里雅特蒙古族生息的土地，割讓給俄羅斯。

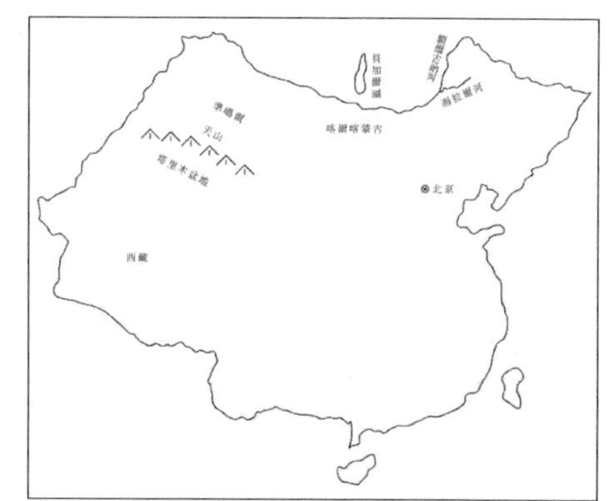

這三件事初看毫不相干，但如從細微處觀察，卻又是環環相扣，密不可分，形成西藏五世達賴、蒙古準噶爾噶爾丹、清朝康熙大帝與俄羅斯四方面的博弈賽局。從宏觀的地理角度看，、西藏、天山南北（當時尚無新疆一詞，而天山南北都在準噶爾控制之下）、漠北喀爾喀蒙古（當時也還沒有內、外蒙古這兩個詞彙）、貝加爾湖以東至額爾古納河，正好從西南、西、西北、正北包圍著大清帝國（見所附略圖），如處理稍有不慎，初建的大清帝國就有可能土崩瓦解，因此這一場賽局極為重要。在四方面鬥智、鬥力的結果，俄羅斯成為最大贏家；首先出兵動武的準噶爾噶爾丹則成為最大的輸家，不但部落瓦解，連身家性命都賠了進去；清朝雖丟了額爾古納河以西之三十多萬

平方公里之地，因親征準噶爾，漠北喀爾喀三汗及哲布尊丹巴呼圖克圖在懷德畏威情況下，自願歸附中國，比照漠南各部蒙古編設蒙旗，納入中國版圖。

對清朝而言，在這場賽局中是有失有得，也從此才有所謂內蒙古、外蒙古的稱謂；對西藏喇嘛教格魯派五世達賴喇嘛而言，他慫恿噶爾丹揮兵東掠漠北喀爾喀蒙古，其目的是要把清廷注意力，兵力引向北方，延緩清廷對西藏的經營，以便其在藏地能夠獨享政教兩權，繼續威福自作，也算是如願以償。這一場博弈以往很少人注意，也屬於較冷僻的歷史，本文特分以下幾點加以分析敘述。

一、喇嘛教、教派與達賴喇嘛

自有人類以來就有信仰，即使有人說他什麼都不信仰，事實上他已經信仰了「什麼都不信仰」的信仰。人類之所以有信仰，據社會學家、人類學家、宗教學家……研究，認為是由以下三種心理因素：一、恐懼、二、感恩、三、許願。前兩種心理因素，由於科學知識的普及，漸次退居次要地位，但不論時代如何推進，人類對未來，或對某事總會存有企盼心理，這種許願心理，在科技「發達」的今日依然存在，而且還必然繼續存在下去。雖然人人都有信仰，但不等於有宗教信仰，因為信仰與宗教之間還有很大的距離。人類有二、三百萬年的歷史，但宗教充其量只有五千年歷史，所以宗教對人類演進史而言，是較「近代」才產生的文化現象，可見宗教與信仰之間距離之大。據學者研究構成宗教必須具備以下全部條件，如有欠缺，則只能稱之為信仰：

1.可資遵循的傳誦的經典。
2.固定的禮拜場所。
3.傳統的、順序的禮拜儀式和禮拜節日。
4.專業的或專職的神職人員。
5.神職人員有正規的服式。
6.信眾永恆宗奉的「神」。
7.歆動信眾「趨吉避凶」、「徼福免禍」的說法。
8.最後的「審判」❶

由以上所舉八項條件以觀，則較早的瑣羅亞斯德教❷、佛教、基督教（含天主教）、摩尼教、伊斯蘭教、道教、猶太教等，都具備以上所列全部條件，其為正派宗教無庸置疑。

佛教創立較早，之後由於對教義的解釋不同，而產生不同的派別，而後期佛教本身又發生變化，演化出所謂「密宗」。「晚期印度佛教的特點，它含有色情成分和令人恐懼的神仙，這也就是構成西藏佛教的主要因素。」❸從任何一個角度看，喬答瑪・悉答多❹創設佛教時，首重色戒與殺生。後期所謂密教竟然發展出男女雙修之法，相信釋迦牟尼必然不會同意祂所設的佛教，最後竟然變成「含有色情成分和令人恐懼的神仙」，不知有何感想，其實既然與釋迦牟尼戒絕色情相違背，大可另立一教，不避假佛教之名，而遂雙修之實。西方（美國）摩門教雖也尊崇耶穌，但與基督教理念不同，於是另立摩門教，不攬基督教之名，也算是光明正大的作為。

後期佛教（帶有情色成分）傳入西藏後，信奉而出家者稱喇嘛，於是一般人習慣把這宗教稱為喇嘛教，也由於對經典解釋不同、修持方式有異，而有了教派的分立，在宗喀巴（本名為羅桑札巴，或羅桑札貝巴）創設格魯派之前，藏地喇嘛教已形成以下教派：

1. **寧瑪派**：「寧瑪」一詞在藏語中有「古老的」、「舊的」含意，指延續佛教前弘期的喇嘛教。其出家喇嘛都戴紅帽，所以一般習稱之為「紅帽派」或「紅教」❺。此一教派並不禁止喇嘛娶妻生子，其教法可以父子相傳，這不禁讓人懷疑，如果紅教喇嘛化緣得來的金錢或物資，是先給自己的妻子兒女，還是給真正需要的人。

2. **噶當派**（或作噶丹派）：此派是以所傳教法特徵作為教派名稱，「噶」意譯為教，就是指佛陀的教誨。十五世紀時，羅桑札巴以噶當派為基礎，另行創立格魯派，噶當派逐漸衰微終至消失。

3. **薩迦派**：「薩迦」在藏語中意為灰白之土地，因該派主寺薩迦寺所在地方土色灰白而得名。又因此派寺院圍牆塗有象徵文殊、觀音及金剛菩薩之紅、白、黑三色花條，以是該派俗稱花教。

4. **噶舉派**：此教派重口耳相傳，因此特重密法。相傳此一教派遠祖瑪爾巴，米拉日巴等修法

---

❶ 胡耐安《邊疆宗教》，蒙藏委員會，一九六一年，頁三。

❷ 傳入中國後稱之為祆教，倡二宗三際之說，其後各宗教幾乎都有善、惡二宗之說。

❸ 見德克林凱特 Hans-Joachin Klimkeit 著、趙崇民譯《絲綢古道上的文化》，新疆美術攝影出版社，一九九四年，頁一五九。

❹ 後被尊為釋迦牟尼，意為釋迦族的聖者。

❺ 彭英全主編《西教宗教概說》，西藏人民出版社，一九八三年，頁三十七～四十一。

時，沿襲印度僧人穿著白色僧衣，卻以世俗以「白教」稱之。

5. 覺囊派：此派對佛家「性空義」之解脫，有不同看法。此派認為一切事物有其真實體性，此種真實體性不宜視之為性空，其所以認為萬物皆空者，實由於人之「虛妄分別」有以致之，此乃「他空」，由外加之說，使人認為萬物皆空，故實為「他空義」。此派至十七世時出一名僧多羅那他，曾赴外蒙古喀爾喀傳法，出發前四世達賴喇嘛曾以「邁達理」❶稱號贈與多羅他那，四世達賴喇嘛本身即為蒙古汗王俺達汗之曾孫，因此蒙古人稱多羅那他為「邁達理活佛」，常駐庫倫，在喀爾喀蒙古活動二十餘年，極為喀爾喀蒙古漢王之信奉與支持，復稱之為哲布尊丹巴❷，遂成為外蒙古活佛哲布尊丹巴之前身。多羅那他在外蒙曾建有頗多寺廟，後金太宗皇太極天聰八年（一六三四年）圓寂。次年，喀爾喀蒙古圖謝圖汗適得一子，遂以此子作為多羅那他之轉世，並成為外蒙古活佛哲布尊巴呼圖克圖一世。

後來清朝為恐外蒙古政教合一，造成威脅，乃規定外蒙古活佛哲布尊丹巴必須轉世於藏地。哲布尊丹巴一世進藏學經時，已是五世達賴喇嘛受清朝封號後之時。五世喇嘛教格魯派勢力鼎盛之時，五世達賴強迫哲布尊丹巴呼圖克圖改宗格魯派，否則不准他返回外蒙古，從此漠北喀爾喀蒙古又淪入喇嘛教格魯派宗教殖民地。格魯派喇嘛王國版圖益形擴張，而覺囊派乃漸形沒落，不過據較新資料，目前尚有覺囊派寺廟三十四所❸。

6. 其他小派：除以上所敘五大教派外，另有二、三小派如希解派、覺域派、夏魯派等❹。

7. 格魯派：此派係羅桑札巴（一三五七～一四一九年，又以宗喀巴之名傳世），鑒於當喇嘛教風氣敗壞，喇嘛不事修行、道德淪喪，徒具喇嘛之行骸，更有甚者「專以吟咒法術（吞刀、吐火、幻形、移遁）立意炫俗」迷惑廣大信眾❺。在元代其具體腐化情形，介於元、明之間時人，葉子奇對其時喇嘛❻行為有如下之描述：

> 都下受戒，自妃子以下至大臣妻室，時時延帝師堂下戒師，於帳中受戒，誦咒作法。凡受戒時，其夫自外歸，聞娘子受戒，則至房不入。妃主之寡者，間數日則親自赴堂受戒，恣其淫泆，名曰大布施，又曰以身布施，其流風之行，中原河北，僧皆有妻（此處之僧指喇嘛），公然居佛殿兩廡，赴齋稱師娘，病則於佛前首鞫（鞫，音菊，審問，查問之意；首鞫，有自行認錯之意），許披袈裟三日，殆與常人無異，特無髮耳。」（葉著《草木子》，北京、中華書局，一九五九年，頁八十四）

元代情況如此，明初為招來吐蕃（時尚無西藏一詞，仍沿用自唐以來之稱謂），對喇嘛教各教派上層喇嘛多給予各種法王名號，對其行為刻意加以優容，因此腐化情況未見收斂。於是羅桑札巴（宗喀巴）對此亂象極不以為然，乃起而改革，在噶當派基礎上倡言戒、定、慧，創立「格魯」

---

❶ Maidari 係梵文 Maitrya 之蒙語讀音，其意為慈氏，即彌勒菩薩。

❷ Rje-btsun-pa，此一稱號乃蒙藏兩族僧人對精通佛法又嚴守戒律之大喇嘛之稱號。

❸ 蒲文城著《覺囊派通論》，青海民族出版社，二〇〇三年，頁二一〇~二一二。

❹ 克珠群佩主編《西藏佛教史》，北京宗教文化出版社，二〇〇九年，頁四一五~四三八。

❺ 胡耐安《邊政通論》、《邊疆宗教》，前者台灣商務，一九七〇年，頁七十四，後者蒙藏委員會出版。

❻ 按元時奉喇嘛教為國教，尊薩迦派大師為國師、帝師。

派。考「格魯」在藏語中意為「善行」或「善規」，又規定該派喇嘛戴黃帽（行法事時始戴），世俗遂以黃帽派稱之，或稱黃教。

宗喀巴圓寂後，並未採噶舉派之轉世方式傳世。其嫡傳弟子根頓朱巴（一三九一～一四七四年）起則以轉世方式傳世，再傳弟子根頓嘉措（一四七五～一五四二年），三傳弟子索南嘉措（一五四三～一五八八年，或作鎖南嘉措），其時藏地政治力量操諸噶舉派之手（此首創轉世制度），格魯派頗受約束。索南嘉措本身可能修為頗佳，聲名遠播青海、內蒙，索南嘉措深知欲擺脫（直言之就是打倒）噶舉派的約束，必須藉助有政治，武力之「護法」。

其時內蒙之蒙古阿勒坦汗（或作俺達汗），武力冠於一時，阿勒坦汗也聽聞索南嘉措之名，於是雙方會面，阿勒坦汗大悅，賜索南嘉措以「聖識一切瓦齊爾達喇達賴喇嘛」名號，索南嘉措則以「咱克瓦爾第徹辰汗」名號，回贈阿勒坦汗。

所謂「聖識一切」是「遍知一切」之意，「瓦齊爾達喇」是梵文「金剛持」之意，「達賴」為蒙古語，意為海洋。蒙古並不臨海，凡把較大的湖，皆稱之為海（達賴），其意可申引為智廣如海。「喇嘛」則為藏語，指出家之上師。至於「咱克瓦爾第」是梵文，意為「轉輪王」，「徹辰」係蒙古語，意為賢能，「汗」係可汗之省稱，元世祖忽必烈的汗號就是薛禪汗。

索南嘉措與阿勒坦汗各有所圖，索南嘉措想藉阿勒坦汗之武力掃除噶舉派之制約，而阿勒坦汗則想藉徹辰汗（即薛禪汗，與忽必烈同）名號震懾其他各部蒙古。無論阿勒坦汗賜予索南嘉措「達賴」名號，或索南嘉措贈阿坦勒以「徹辰汗」名號，都只是兩人的私人餽贈行為與藏人，蒙人毫無關係。

索南嘉措得「達賴」名號後，為示謙虛往前追尊根頓朱巴、根頓嘉措為一、二世達賴喇嘛，而自為三世達賴喇嘛，從此代代相傳，以至於今，縱或如此，「達賴喇嘛」一詞仍與西藏人民無關。可笑的是當今十四世達賴喇嘛竟然宣稱達賴喇嘛是否轉世，應視藏人意願❶。試問阿勒坦汗賜給索南嘉措的名號，索南嘉措是否要傳給其他一代，與藏人意願何關？或許十四世達賴喇嘛對於其名號之由來並不清楚，也或許刻意把「達賴喇嘛」與藏人捆綁在一起，使二者合而為一，形成不支持達賴喇嘛就是反藏人的假象。但是我們須知藏人中也有穆斯林❷，藏人不等於達賴喇嘛，這一點絕不可被誤導。

且說索南嘉措（**三世達賴喇嘛**）以阿勒坦汗為靠山（**護法**），要利用其武力將噶舉派（**其靠山為藏巴汗**）擊敗，這個目的最後也達到了。但人壽總有終了之時，且其時阿勒坦汗與索南嘉措均已年老，為想長久得到阿勒坦汗土默特蒙古的支持，唯一的辦法就是把土默特蒙古與格魯派達賴喇嘛綑綁在一起，成為生命共同體。於是很巧的，阿勒坦汗曾孫雲丹嘉措就被認證為是四世達賴喇嘛，如此一來蒙古之土默特部就與達賴喇嘛或格魯派榮辱與共了。這個「安排」真可說是巧奪天工，佛祖在天大概也會覺得巧得不可思議。

第四世蒙古族達賴喇嘛於十四歲入藏，但二十八歲就圓寂了。四世達賴喇嘛雲丹嘉措之死，或說是辛夏巴・平措朗杰派人刺殺，此因辛夏巴・平措朗杰得了重病，懷疑是雲丹嘉措對他進行詛咒所致，於是派人刺殺雲丹嘉措。不管此一傳說是否屬實，辛夏巴家族仇視與打擊格魯派則為事實❸。按辛夏巴家族為藏地蒙族，於一五六五年辛夏巴家族推翻仁蚌巴家族後，勢力益形壯大。一六〇五

❶ 二〇一四年十二月十八日台北《中國時報》A15版，同日台北《旺報》A11版。
❷ 伊斯蘭教信徒，一般漢人稱之為回教徒，是不正確的。
❸《西藏佛教史》，頁四六二。

年辛夏巴・次旦多吉聯合直貢噶舉派打敗在經濟上支持格魯派的第巴吉雪巴控制了拉薩地區，其孫辛夏巴・平措朗杰又攻破山南上部最大家族第巴雅覺巴及澎波的乃烏宗，至此辛夏巴家族控制了大部分西藏地區。噶瑪噶舉黑帽系第十世活佛曲英多吉與辛夏巴家族關係密切，承認辛夏巴・平措朗杰「王」的地位，並頒給平措朗杰一顆印，辛夏巴家族與噶舉派紅帽、黑帽系及直貢噶舉聯合壓制格魯派，所以才有以上的傳說。

藏巴汗既允准四世達賴喇嘛轉世，經過尋尋覓覓於一六二二年在四世班禪洛桑曲吉堅贊主持下，把六歲的阿旺洛桑嘉措認為是四世達賴喇嘛的轉世靈童，迎入哲蚌寺坐床，是為五世達賴喇嘛。此人黠慧過人而又雄心萬丈，當時藏地仍然在藏巴汗與噶舉派控制之下，為要奪得政治上的控制權，又想玩三世達賴索南嘉措利用蒙古武力為後盾的把戲，只是土默特蒙古已經風光不再。此時在青海的和碩特部固始汗的力量正是如日正當中❶，於是引和碩特固始汗力量入藏，推翻藏巴汗政權，固始汗常期駐藏。五世達賴喇嘛雖在宗教上享有至高的地位，但政權則握在固始汗手中，固始設置第巴一職協助處理政教事務，五世達賴喇嘛尚無法握政教兩權，自是意猶未足，此時所謂「空」對五世達賴喇嘛而言，只是佛經上的字而已。

不久固始汗死，和碩特內部對汗位的繼承有所爭執，經過三年始由固始汗長子達延鄂齊爾嗣立為和碩特汗。在這期間五世達賴喇嘛剽竊若干藏地的政權，直到後藏日喀則第巴諾爾布興兵作亂，達延鄂齊爾才率兵入藏平亂。亂平之後，達延鄂齊爾汗雖身在藏地，除了軍事，對政務毫不關心，這對五世達賴而言，正中下懷，可以上下其手竊取政權。西元一六五八年（清順治愛新覺羅・福臨十五年）第一任第巴索南饒丹去世（此任第巴係固始汗所任命），五世達賴向達延鄂齊爾徵詢新任第巴人選意見。達延鄂齊爾對如此重要職位人選，竟然沒有意見，任由五世達賴喇嘛自挑人選，於是年六月任命赤烈嘉措為第二任第巴。由於此人是五世達賴所提，所以處處唯五世達賴馬首是瞻，而達延鄂齊爾居然默不作聲，從此大權逐漸旁落。一六六八年（清康熙七年）達延鄂齊爾去世，青海和碩內部意見不合，遲遲未能推出新汗。此時五世達賴喇嘛竟然迫不及待不經和碩特汗同意逕自任命第三任第巴，此人名羅桑圖道，是五世達賴的親信。直到一六七一年（清康熙十年），青海和碩特才推出達延鄂齊爾長子貢綽克喇達繼承汗位並且入藏，五世達賴喇嘛給他上了個「丹津達賴札勒布」的尊號，簡稱達賴汗。此汗與其父一樣毫不關心政務，對於達賴喇嘛控制第巴、竊取政權並未提出異議，五世達賴喇嘛對政權的醉心，已由蠶食而鯨吞。之後更任命其弟子桑結嘉措為第巴，從此掌握了藏地政教兩權❷。

桑結嘉措是五世達賴喇嘛的弟子，極得五世達賴喇嘛信任，把藏地的政務幾乎都交給桑結嘉措處理，師徒二人看法幾乎一模一樣，五世達賴喇嘛曾發布如下一個告示：

> 他（指桑結嘉措）的任何行為都與達賴喇嘛本人的行為沒有區別。❸

---

❶ 和碩特部為蒙古衛拉特四部之一，和碩特係成吉思汗弟哈布圖哈薩爾之後裔，為蒙古本支，另三部為：準噶爾、杜爾伯特、土爾扈特，均為蒙古別支，其後土爾扈特西徙裡海北岸伏爾迦河下游駐牧，輝特遞之，衛拉特仍為四部。

❷ 關於五世達賴喇嘛與和碩特部蒙古及任命第巴經過詳情，見班布日、孛兒只斤・蘇和所著《衛拉特三大汗國及其後人》，內蒙古人民出版社，二〇一四年，頁六十七～七十三。

❸ 夏格巴・旺區得典《藏區政治史》或作《西藏政治史》，北京中國藏學出版社，一九九二年，漢譯本，頁二七一。原未註明何人所譯，唯據喜饒尼瑪所撰《熱振事件與帝國主義的陰謀》一文，頁二三八，指出《西藏政治史》係李有義所譯。喜饒尼瑪《熱振……》一文輯入《近代藏事研究》，西藏人民出版社，二〇〇〇年出版。

兩個人可說是一而二、二而一，都具有很高的政治嗅覺，察覺大清帝國終將統一全中國，如何不讓清朝進入青藏地區，最有效的方式是把清朝的武力引向北方。如何引到北方？就是慫恿準噶爾蒙古東掠漠北蒙古。漠北一旦有警，漠南各部蒙古必然騷動，漠南與北京近在咫尺，因此只要準噶爾東侵漠北喀爾喀三汗，清廷必然要出兵救援。

恰巧準噶爾酋長噶爾丹早年曾在拉薩出家當喇嘛，而且在奪取準噶爾部酋長過程中，五世達賴喇嘛曾派濟隆呼圖克圖等高階喇嘛前往準噶爾為之出謀劃策，並給了噶爾丹一個「博碩克圖汗」名號。試想一個出家喇嘛、活佛（**達賴既是喇嘛，也是轉世活佛**），豈能給他人以政治上的名號（**汗，就是政治名號**），然而五世達賴喇嘛固優為之，給了各部蒙古酋長以政治性名號❶。可見達賴喇嘛一系對擴張政治權力，遠大於傳播喇嘛教教法。準噶爾部噶爾丹遂在五世達賴喇嘛教唆、慫恿下率鐵騎東掠漠北喀爾喀三汗及哲布尊丹巴呼圖克圖牧地，所過殺戮至為殘酷。當時（一六八八年）俄羅斯派住噶爾丹大營為之出謀劃策的俄使基比列夫，於一六九〇年三月至七月間曾穿越喀爾喀地區，返回俄國後，於其報告書中指出喀爾喀遭噶爾丹蹂躪後之慘狀，報告書中稱：

> 在那些蒙古草原上，住所被卡爾梅克人博碩克圖汗❷洗劫一空，那些屢遭洗劫的殘餘蒙古人（**指漠北喀爾喀蒙古人**）在山溝和草原上飢餓地流浪著，並且人相食。（俄茲拉特金著．馬曼麗譯《準噶爾汗國史》，北京商務印書館，一九八〇年）

二、準噶爾、噶爾丹

準噶爾為額魯特（或作厄魯特，明時衛拉特或瓦剌）蒙古四部之一，係蒙古別支（其原非蒙古，被征服或降於蒙古，漸融入蒙古之諸民族）。所謂四部指準噶爾、杜爾伯特❸、土爾扈特❹和碩特❺，其後土爾扈特西徙，輝特遞之仍為四部。準噶爾以其駐牧之地左方，蒙語讀左為準噶爾遂以之為部落名稱。

明末清初時，準噶爾部獨強，土爾扈特西徙裡海北岸，和碩特東遷青海，天山以北遂為準噶爾所獨佔（杜爾伯特在今外蒙西部科布多盆地），其首領為巴圖爾鴻台吉❻，從未稱汗。一般文獻稱「準噶爾汗國」者不正確，只是五世達賴喇嘛私自給噶爾丹以「博碩克圖汗」名號，而訛稱之為汗國。

噶爾丹係巴圖爾鴻台吉第六子，少時到拉薩出家為喇嘛，在喇嘛教裡對出身貴族的喇嘛都會給予優待，不必從事任何勞務工作，而噶爾丹雄心萬丈，豈肯青燈木魚終其一生，因此在拉薩時不常禮佛誦經，時時玩弄短鎗❼。而準噶爾部在巴圖爾鴻台吉領導下實力強大，可與新興的大清帝國相抗

---

❶ 詳情可參看王力所著《明末清初達賴喇嘛系統與蒙古諸部互動關係研究》一書，北京民族出版社，二〇一一年。

❷ 案西方人稱額魯特或西蒙古為卡爾梅克或喀爾瑪克博碩克圖汗即噶爾丹。

❸ 以上兩部姓綽爾羅斯，其領導階層係蒙古初興起時，林木中百姓之後裔。

❹ 係鐵木真時克烈部後裔。

❺ 此部係蒙古本支，成吉思汗弟哈布圖哈薩爾之後裔。

❻ 台吉，係漢語太子之音譯，鴻台吉即皇太子。

❼ 溫達《親征平定朔漠方略》。

衡，其子噶爾丹既在拉薩為喇嘛，五世達賴喇嘛自然視之為可資運用的一枚棋子，對其不常禮佛誦經而時時玩弄短鎗，也就視而不見。後巴圖爾鴻台吉死，噶爾丹星夜趕回準噶爾，意在奪取「鴻台吉」之位。行前，五世達賴喇嘛特贈「博碩克圖汗」名號以提高其聲望，此外更派幾個高階喇嘛隨同赴準噶爾，以便從旁協助噶爾丹奪位。但從拉薩要回到準噶爾，路途遙遠，非三、五天可達，準噶爾不可一日無君，鴻台吉之位由噶爾丹之兄僧格承襲。噶爾丹返回準噶爾後，只得閒居，但卻與俄羅斯派駐準噶爾的使者私下來往，刻意拉攏。俄使為柏林，初時柏林與僧格曾就越界逃入俄境的屬民惕列烏特人有所交涉，僧格要求俄國應將之交回，雙方談判不洽。但噶爾丹卻在私人帳幕中接待柏林，持與其兄僧格完全不同的看法，其意在討好俄羅斯，企圖未來能結為外援。他說：

「我們，呼圖克圖和喇巴（**即喇嘛**）不是軍人，我們全卡爾梅克（**泛指額魯特蒙古**）的所有呼圖克圖和喇巴都主張，卡爾梅克人和台什（**即台吉**）在任何地方都不要發動對（**俄羅斯**）皇上陛下的戰爭。沒有什麼必要保護我們那些已經遷往皇上陛下那邊去的惕列烏特人。」（茲拉特金《準噶爾汗國史》）

試想追緝逃民乃是作為一領袖必須堅持的原則，而一心想當準噶爾領袖的噶爾丹竟然說出上引那一段話，顯然意在討好俄羅斯。之後，僧格為人所殺，噶爾丹輾轉奪得準噶爾鴻台吉之位，但他在離藏前，五世達賴喇嘛曾贈以博碩克圖汗號，以是遂稱準噶爾博碩克圖汗。五世達賴喇嘛既授意他東侵漠北喀爾喀蒙古❶，噶爾丹不會明白自己只是他人之手中的工具，他雄心萬丈，妄想恢復瓦剌時代也先、脫歡的聲勢，甚至還幻想統一全蒙古，再建蒙古國。他盱衡當時客觀情勢，天山南北（今中亞東部）都已在他掌控之下，而北方俄羅斯和東方大清帝國都是龐然大國，物阜民豐，只有杜爾伯特東邊的喀爾喀三汗，地雖大而民寡物薄且弱。只要聯合俄羅斯同時向東侵進，俄羅斯自貝加爾湖向東直趨清廷龍興之地東北地區，則清廷必然要出兵防禦，則噶爾丹揮師入喀爾喀，如同入無人之地。這個戰術思考也算相當周延，此所以之前他刻意討好俄羅斯。

噶爾丹為遂其東侵喀爾喀的願望，且也係五世達賴喇嘛所交付的任務，他也深知此時尚無力與清廷正式衝突，乃一方面遣使奉表入貢於北京，但「貢使」多達二、三千人，攜帶大量貨物，一則領取清廷的賞賜，再則趁機販賣貨物，如此與清廷委蛇，既可鬆懈清廷之戒心，又可探伺中國之虛實；另一方面積極結交俄羅斯，以遂其既擬定的戰術，既可免一旦東掠時的後顧之憂，又可令清有顧此失彼之慮❷。

西元一六七二年（清康熙十一年），俄羅斯政府藉護送僧格時所派往莫斯科交涉的代表涅烏蘆思返回準噶爾之便，遣俄人卡爾瓦茨基為使，到噶爾丹駐牧之牙帳一窺虛實。噶爾丹親自接待，並要求此後準噶爾所派赴莫斯科之使者，俄羅斯各地方當局不應阻擾，沙俄政府當即下令：

> 不要阻攔噶爾丹的使者，並遣送他們到首都。（見《準噶爾汗國史》）

---

❶ 當然不會告訴噶爾丹真正的目的是要把清朝力量引向北方，拖延清朝經營西藏，這種戰略思維，不會輕易說出，更不會筆之於書，噶爾丹在五世達賴喇嘛眼中只是其馬前卒而已。

❷ 時俄羅斯已向貝加爾湖以東的額爾古納河推進，使清廷對準噶爾用兵有所顧忌。

俄羅斯之所以下達此項命令，顯然認為噶爾丹已擁有相當實力，可以牽制大清帝國相當軍隊，如是則有利於俄羅斯奪取貝加爾湖以東，額爾古納河以西之地，甚至還可以越過額爾古納河掠奪大興安嶺以西的大草原（**即呼倫貝爾大草原**）。這也可視為噶爾丹聯俄政策有其成功之處，以是自一六七四～一六八一年（清康熙十三～二十年）的八年之間，除一六八〇年外，每年噶爾丹均派使赴俄羅斯，商談軍事聯盟事宜，噶爾丹之手腕亦云高明。

噶爾丹自奪得準噶爾汗位後，經多年之努力，自認已具相當實力時，遂發動對喀爾喀的戰爭，乃於一六八八年（康熙二十七年）夏，噶爾丹率三萬勁騎越杭愛山，侵入喀爾喀三汗之地。在噶爾丹軍中居然有五世達賴喇嘛所派濟隆呼圖克圖等多人，似負有相當使命。時喀爾喀三汗及哲布尊丹巴呼圖喀圖力不能敵，當時曾有向北或向南逃之兩種意見，經商議結果，決定向南投奔大清帝國。

事實上其時五世達賴喇嘛已於西元一六八一年圓寂，第巴桑結嘉措匿而不宣，「偽言達賴入定，居高閣不見人，凡事傳達賴命行之，自是益横，既袒準噶爾以殘喀爾喀蒙古，復唆準噶爾以鬥中國」。❶第巴桑結嘉措之所以秘不發喪，據近年藏人夏格巴所撰史料稱「五世達賴喇嘛圓寂後，第司（**第巴桑結嘉措**）不得不長期對喪事進行保密，其原因最主要的是根據五世達賴喇嘛臨終遺囑而決定的」。❷更詭稱「一旦知道了達賴喇嘛圓寂，漢人就會在蒙古人中進行挑撥，會有內部分裂的極大危險」，然而五世達賴喇嘛生前曾公開發布「第巴桑結嘉措之任何行為與達賴喇嘛本人行為並無差別」，是則唆使準噶爾噶爾丹東掠喀爾喀三汗及派濟隆呼圖克圖赴噶爾丹軍中等事實與達賴喇嘛自為之決定，並無二致。

據文獻所載，清聖祖於康熙二十九年親率大軍進剿噶爾丹，兵力遠較噶爾丹為多，遂大敗噶爾丹於烏蘭布通峰下。噶爾丹趁夜色昏暗偷渡西拉木倫河，向漠北潰逃，相隨者僅數千騎，沿途燒焚草場，意在阻絕追兵，噶爾丹最後逃回科布多。噶爾丹一方面逃回額魯特聚居地科布多，一方面則派濟隆呼圖克圖等七十餘人向清軍大營請求勿予進擊，此乃緩兵之計。濟隆呼圖克圖巧言能辯，除為噶爾丹入侵烏珠穆沁（在今哲理木盟）辯解外，並詭稱：

「噶爾丹之入侵係輕信伊拉古克三及商南多爾濟之言，深入邊內，部下無知，搶掠人畜，皆大非理。聖上（**指清康熙帝**）乃一統宇宙之主，博碩克圖汗（**指噶爾丹**）不過小部頭目，何敢妄行，但索其仇土謝圖汗及折卜尊丹巴（**即哲布尊丹巴**），致有此誤。」（溫建等《親征平定朔漠方略》）。

這個喇嘛教格魯派高階喇嘛濟隆呼圖克圖詭譎而善辯，試問當噶爾丹大軍攻入喀爾喀沿途燒殺擄掠，不僅殺死土謝圖汗（**時稱之為斡齊賚汗**）所屬的許多台吉，且掠奪哲布尊丹巴呼圖克圖及眾多牧民，據目擊者稱：

卡爾梅克博碩克圖汗，率領大批人馬進攻斡齊賚汗的兒子以及汗和格根呼圖克圖（**即哲布尊丹巴**），他殺死了蒙古斡齊賚汗的兒子以及呼圖克圖和其他許多台吉的大量烏盧斯（**即烏努**

---

❶ 魏源《聖武記》卷五《國朝撫綏西藏記上》，台北世界書局，一九六二年，頁一三六。

❷ 夏格巴《西藏政治史》漢譯本，頁二六一，按此書或作《藏區政治史》，中國藏學出版社。

什或兀魯斯，意為領地）牧民，將他們趕出故土，取了斡齊賚汗和呼圖克圖治下的許多村落，又將它們的烏爾嘎（**即營地**）夷為平地。（《準噶爾汗國史》）

另據清廷所派赴喀爾喀的使者錢良擇於其所撰《出塞紀略》一文中對被噶爾丹攻掠後的喀爾喀蒙人的慘狀有如下的描述：

以木為匣用盛小兒，置於駝背，「先者香枕，臭聞數里。」濟隆呼圖克圖在噶爾丹軍中，隨軍進入喀爾喀，對於上述準噶爾大軍屠殺掠奪及蒙古悲慘情況，不會沒有看見，但是為了遂行五世達賴喇嘛將清廷注意力或大軍引向北方的大戰略，所以對上述情況可以視而不見。如果喇嘛教還自認是佛教的話，所謂慈悲，將作何解釋？或者在五世達賴喇嘛或其第巴桑結嘉措眼中，死準噶爾人或喀爾喀人，甚至未來清廷大軍，都與西藏無關，只要能把清廷主力引向北方，死的人與西藏何關？這種為達目的不擇手段，死道友不死貧道的作法，顯然有違佛門慈悲為懷的戒律。

噶爾丹除派濟隆呼圖克圖向清軍詭詞解釋外，又以達爾漢格隆等攜帶請罪誓書到清大將福全大營，宣稱噶爾丹已經對佛作誓，保證不致再侵犯喀爾喀。這個福全似乎比喇嘛更像佛教徒，居然相信濟隆、達爾漢格隆等人的詭詞，所以沒有趁勝追擊噶爾丹。按其時清軍兵力倍於準噶爾，如果趁勝逐北，必將大獲全勝，甚至可生擒噶爾丹，可惜福全誤信其言，令大軍未再追擊，給了噶爾丹喘息機會。噶爾丹返回科布多後，收集殘部，休養生息，期冀東山再起。期間，噶爾丹又加緊與俄羅斯接觸，希望得到俄羅斯的援助，另一方面煽動漠南蒙古科爾沁部❶作亂，可見噶爾丹野心未戢。果然又於清康熙三十四年（一六九五年），復率軍東掠喀爾喀，康熙也再度御駕親征，重創噶爾丹於昭莫多❷，噶爾丹僅以數十騎遁❸，至此噶爾丹已是強弩之末，欲振不能。起初噶爾丹入侵喀爾喀，以其地廣人稀水豐草美，遂盤踞其地，久未回伊犁，留在故土的準噶爾之眾，漸被他侄兒（僧格之子）策妄阿拉布坦（或作策旺阿剌布坦）所併，因此自阿爾泰以西，已非噶爾丹所能節制。自此噶爾丹有如喪家之犬，想向北投靠俄羅斯，稍前中俄已簽訂《尼布楚條約》，俄羅斯在雅克薩戰敗之餘，還獲得自額爾古納河以西至貝加爾湖以東的三十多萬平方之地，自然不宜接納噶爾丹。又曾遣人入藏求援，所派之人又被清廷青海副都統所擒，實已走投無路，康熙要想招降噶爾丹，但噶爾丹個性倔強，終不肯降。回顧來時路不免感慨其進掠喀爾喀乃是受五世達賴喇嘛之蠱惑，曾嘆息地說：

> 「我（噶爾丹）初不欲來克魯倫地方，為（五世）達賴喇嘛煽惑而來。由今觀之，是達賴陷我，我又陷眾人矣！」（溫達等《親征平定朔漠方略》卷二十五，康熙三十五年五月癸酉。此處係轉引日人若松寬著，馬大正等編譯《清代蒙古的歷史與宗教》，黑龍江教育出版社，一九九四年，頁八十七）

❶ 在今東北地區，清廷將之編設為哲里木盟。
❷ 昭莫多係蒙語，其意為火樹林，其當今外蒙古烏蘭巴托市南之宗莫德。
❸《聖武記》，頁八十一。

歷來論噶爾丹之侵略漠北喀爾喀蒙古，純出於噶爾丹的野心，固然噶爾丹的野心不宜忽略，使其背後唆使者五世達賴喇嘛此一因素向來很少人注意。雖然五世達賴喇嘛早在一六八一年（康熙二十年）已經圓寂，但其生前曾說：

「他（**指第巴桑結嘉措**）的任何行為都與（**五世**）達賴喇嘛本人的行為沒有區別。」（夏格巴《藏區政治史》，頁二七一）

而且五世達賴喇嘛圓寂後，秘不發喪，只說是閉關修行，藏中僧俗官員一概不知實情，長達十多年。是則有理由認為噶爾丹之東侵喀爾喀，必然是出自五世達賴喇嘛親自交代，因此其圓寂消息必得保密，一旦公開，噶爾丹必然不肯續為馬前卒。喇嘛教格魯派認為「在中國人沒插手蒙古各大部進行政治挑撥前，使蒙古各部就像統一在西藏的屬下一樣。」❶，從這一段話可知喇嘛教格魯派有多大的野心。清廷當時還沒有實力統治西藏，所以對西藏措施都是刻意優崇、容忍，因此對五世達賴喇嘛唆使噶爾丹東掠喀爾喀一事也都未加指責。

三、中俄雅克薩之戰與尼布楚條約

俄羅斯自推翻蒙古金帳汗國，建立莫斯科公國，西元一五四七年伊凡四世（一五三三～一五八四年在位）加冕為全俄羅斯沙皇，從此俄羅斯也稱沙俄。之前，伊凡三世推翻金帳汗國後，就積極向外擴張，越過烏拉山北段，掠奪鄂畢河下游西部地區，及至伊凡四世時更是大舉東侵。一五八一年沙俄哥薩克頭目耶爾馬克率軍東侵，征服蒙古昔班汗國。昔班汗國係巴都（**成吉思汗長子朮赤之子**）建立金帳汗國時，以東部地區賜其胞兄斡爾達建立青帳汗國，之後分化為白帳汗國、昔班汗國。昔班汗國或譯之為西比爾汗國，曩昔曾有人主張西比爾音近鮮卑，以是西伯利亞應是古鮮卑民族生息空間，西北利亞應改稱鮮卑利亞或錫伯利亞❷，其實西伯利亞只是「西比爾」的音轉與鮮卑族應無關聯❸。當哥薩克耶爾馬克擊破蒙古昔班汗國後，從此一路東侵，如入無人之地。

中國的明朝，是歷史上很特殊的朝代，創建者朱元璋為了要推翻元朝建立明帝國，自南向北將大元朝廷逐出北京（**時稱大都**）。明成祖朱棣之所以派鄭和下西洋、派陳誠出使帖木兒帝國，表面上是宣揚大明威望，希望各國都能向大明貢獻，以掩飾其以「清君側」奪取大位的所謂「靖難之變」。更深層的原因，可能是要尋找傳說中並未被火焚死的明惠帝朱允炆❹。除此二帝之外，明代各帝幾乎都是平庸無能、閉關自守幾近昏庸的君王，但奇怪的是明朝享祚頗長❺，其中原因耐人尋味。

由於明朝的閉關自守，對北方新崛起的俄羅斯，可以說是一無所知，既無所知，自無警覺，更

❶ 夏格巴《藏區政治史》，頁二七二。
❷ 錫伯族是鮮卑族的後裔，後融入滿族之中，清乾隆平準噶爾部後，舉部遷往今新疆伊犁地區駐防以至於今。
❸ 有關西伯利亞與鮮卑問題，趙尺子先生曾收集不同意見之論文，輯編為《西伯利亞問題論戰集》一書可以參考。
❹ 係明太祖朱元璋之孫，繼明太祖為帝，一三九九～一四〇二年在位。燕王朱棣以清君側為名，自北京南下入金陵，奪得帝位，史稱靖難之變。朱棣史稱明成祖，一四〇三～一四二四年在位。
❺ 自明太祖至明崇禎享祚二百七十七年，一三六八～一六四四年。如含南明諸王，則長達二百九十四年，一三六八～一六六一年。

談不上如何防堵沙俄之東侵。整個明代的勢力未過長城，今日我們所見到的長城是明朝在九邊的基礎上修築而成，既不是秦長城，也不是漢長城。順便一提，在太空軌道上以肉眼看不到所謂的萬里長城。在明代長城以北仍然是蒙古的天下（或稱殘元、後元或北元），蒙古後來分裂為韃靼與瓦剌，彼此互相爭奪蒙古的主導權，更無力抵擋俄羅斯的東進。

稍後，十七世紀初，分布於白山黑水間的女真族愛新覺羅・努爾哈赤統一女真各部，於西元一六一六年在赫圖阿拉建立後金政權，建元天命。此時明朝內部則是盜匪遍地，外則後金虎視眈眈，準備問鼎中原，取明朝而代之；及至一六三六年（明思宗朱由檢崇禎九年，後金太宗皇太極天聰十年），皇太極即皇帝位並改國號為清❶。此際俄羅斯力量幾已達到西伯利亞東端瀕臨鄂霍次克海，但自貝加爾湖至額爾古納河之間廣袤地區，仍屬中國所有。

西元一六四〇年（明崇禎十三年，清太宗崇德五年），俄羅斯派哥薩克人（非哈薩克）保耀可夫（Poyarkoff）向中國黑龍江一帶侵略；而同年中國境內流寇張獻忠攻陷四川；清軍則奪取鄂爾多斯高原❷；李自成則進入河南。此刻明朝可說是遍地烽火一片混亂，而清朝雖有頗強之戰力，但其志在中原，且尚未入關，是則明朝既不知也無力對抗俄羅斯之東掠，清朝則志在逐鹿中原，無暇顧及遠在外興安嶺以北的俄羅斯。當時保耀可夫雖只擁兵一百二十七人，外加譯員二人、鍛工一人，但持新式武器，仍能一路向黑龍江北岸挺進，而進入黑龍江與松花江匯合處費雅克人聚居地區，憑其優勢武器征服費雅克人，這一百多人就在當地暫住。按費雅克人係通古斯族之一支（通古斯非東胡），為古肅慎族之一支，與女真族有血緣上的關聯。至一六四五年❸，清廷忙於消滅殘明勢力，致力國家的統一，一時之間也無心力注意到北方的俄羅斯。

俄羅斯保耀可夫東來之後，又有俄人哈巴羅夫（Ataman Habarov）率兵到黑龍江一帶，為求得到更大利益，請求沙皇派遣軍隊六千人東來佔領此一廣大地區。在沙俄大軍尚未東來之前，當地土著索倫族酋長洛夫加曾率領族人奮勇抵抗❹，但仍以武器落後終告失敗，俄羅斯遂在當地建立一小鎮名阿爾巴青（Albazin）。他們也明白此地是中國領土，必得中國政府認可才能合法長期居留，所以便於一六五四年（順治十一年）兩度派人到北京刺探北京政府情況，以便作應變措施。

按清廷入關後，認為東北白山黑水乃其「龍興」寶地，嚴禁漢人出關，以免破壞「風水」。雖已警覺「龍興」之地已然不寧，並未積極應變，一直拖到康熙九年（一六七〇年），清廷才兩度派人赴俄提出交涉，促其約束俄人不得在中國邊境製造問題。但俄羅斯竟然趁機派出使者隨同清廷所派之人來到北京，希望中俄能劃定邊界並進行通商等要求，清廷都加以拒絕，俄羅斯反而因此加緊其東侵行動。

清廷之所以未做積極處理其實有其內在原因，因面對吳三桂、尚可喜、耿精忠三藩日益坐大，頗有尾大不掉之勢；同時在台灣的鄭成功父子倡言反清復明，令清廷坐臥不安；而在西邊的額魯特蒙古準噶爾部噶爾丹聲勢日壯，雖表面偽示恭順，每年藉口遣使入貢，但貢使常多達二、三千人，等同趁機勒索賞賜，又同時販賣貨物，擾亂經濟秩序；凡此種種都必須先予處理，始有餘力攘外，因此

---

❶ 此因十二至十三世紀時，女真族完顏氏所建的金朝，統治北中國，在歷史上評價不高，所以改後金為清。

❷ 其地當今內蒙古自治區鄂爾多斯市，此市係二〇〇一年由原伊克昭盟改稱市。

❸ 清已入關，定都北京，此年為清世祖福臨順治二年。同年明史可法死，清軍攻入南京。

❹ 索倫係打牲部落，後納入成為滿族之一支，清乾隆平定準噶爾後，將索倫部派往新疆駐防，其後人今仍在新疆。

對俄羅斯之入侵，只能囑咐地方官員嚴加防範，並無出兵對付的打算。及至康熙二十一年（一六八二年），三藩之亂已大致平定，而台灣鄭成功父子先後亡故，由年僅十二歲的鄭克塽襲延平郡王之位（時為康熙二十年，一六八一年），台灣內部已呈不穩情況，由是海疆情勢清廷已能掌控。

此時康熙似已探知準噶爾部噶爾丹暗中勾結俄羅斯，準備雙方同時向東侵掠。準噶爾與俄羅斯雖為兩事，但實為一體，而此時俄羅斯已在額爾古納河西岸附近築雅克薩城時為一六八二年，並以之為東侵的據點（此城今名阿爾巴津）。清廷認為必須要加以抑制，主要還是清廷此時已能騰出兵力，如不加以遏止，俄羅斯必將由蠶食而鯨吞，遂派副都統郎談、公彭春前往雅克薩一帶巡察俄羅斯侵擾情形。同年底，郎談奏明俄羅斯犯邊情形，康熙乃命調兵舉行演習以為嚇阻，同時置造船艦、製造槍砲、屯田備糧、增設驛站等作戰的前置作業；同時建黑龍江城（今黑龍江省黑河市愛琿區，愛琿原作璦琿為縣）、呼瑪爾城（今黑龍江省大興安嶺地區呼瑪縣），此二城均係木造，並派寧古塔將軍巴海、副都統薩布素統兵前往此二城。次年（一六八三年）又命在二城之間建額蘇里木城（在今黑河市北），並命寧古塔將軍仍駐烏喇（今吉林市），副都統薩布素、瓦禮祜統兵往黑龍江城，此皆康熙二十二年四月之事。同年閏六月，俄軍頭目梅利尼克（也作機里郭禮）率六十七名兵卒，從雅克薩延江而下，航至額蘇里地方，被清包圍，梅利尼克等投降，清軍相繼收復雅克薩外圍之多倫禪、西林穆賓斯克及結雅斯克等地。清廷鑒於事態嚴重，必須加強部署，於同年（一六八三年）九月設置黑龍江將軍，使長駐黑龍江城，以薩布素為黑龍江將軍，又命副都統穆素於次年（一六八四年）三月率兵往修黑龍江城。自是從吉林到黑龍江設有十個驛站，以解決未來中俄一旦發生戰爭時，人員、物資的運補問題。

俄羅斯可能沒有察覺中國已在備戰，或者在準噶爾噶爾丹鼓吹兩者結合，同時向東侵掠，中國必然無法兼顧。因此停留尼布楚，雅克薩的俄軍，仍然不時擾邊，被中國沿邊土著民族奇勒爾族❶的奚魯噶奴等、鄂倫春族❷的朱爾鏗格以及費雅克人（以上三族後來納入廣義的滿族）起而抵抗，擊殺頗多俄兵，此時除尼布楚、雅克薩二地還留有俄軍外，黑龍江中、下游地區基本上已不見俄軍蹤跡。康熙二十四年（一六八五年）正月，清廷命黑龍江將軍薩布素等可於四月底江水解凍後，水陸並進到雅克薩城對俄軍進行招撫，如不成，則以武力攻城，如果未能攻下雅克薩城，則毀其田禾，然後回師。康熙又告諭薩布素等說：

「兵非善事，不得已而用之，向者羅剎（**清稱俄羅斯為羅剎**）無故犯邊，收我逋亡，後越界而來，擾害索倫、赫哲、飛雅喀（**即上文費雅克**），奇勒爾諸地，不寧違處。剽劫人口，搶虜村莊，攘奪貂皮，肆惡多端，是以屢遣人宣諭，復修文來使，羅剎竟不報命，反深入赫哲、飛雅喀一帶，擾害益甚。爰發兵黑龍江，扼其來往之路，羅剎又竊據如故，不送還逋逃，應即翦滅。今仰副天心，大兵逼臨雅克薩城，姑再以朕諭旨，遣人宣布羅剎，倘仍行抗拒，則大兵相機而行。」

❶ 今多稱之為世居民族，也為通古斯之一支。
❷ 習稱之為使鹿部，今內蒙古自治區呼倫貝爾市尚有鄂倫春自治旗。

於是命都統公彭春統兵、副都統班達爾沙及佟實等參贊軍務，命建議侯林興珠、都督何佑等率福建籐牌軍❶，並調直隸（今河北省）、山東、山西、河南省火器兵前往協攻。又命蒙古科爾沁十旗❷送牛羊到黑龍江軍前以供軍需，顯然清廷已有一戰之決心。同年（一六八五年）四月清軍在都統公彭春率諸將集滿、蒙、漢官兵三千多人，由水陸兩路分出黑龍江城、卜魁城（今黑龍江省齊齊哈爾市）向雅克薩出發。

彭春等軍抵雅克薩城下，即向俄軍發出咨文，要求俄軍退出雅克薩城，歸還逃人，中俄雙方以雅庫（今俄國雅庫次克）為界，但俄方拒絕。四月二十三日清軍開始布陣，以「伸威無敵大將軍」火砲置於陣前，並列置火器兵於其後。越明日，俄軍守將托爾布津（Alexi Tolbbuzin或譯為圖爾布青）見不能勝，乃向後方求援，於是哈薩克伯伊頓（Beiton）率六百多人前來支援。此六百餘人乘筏順黑龍江而下，而林興珠所率之福建籐牌兵激游江中，頭頂籐牌，手持攧刀，奮力殺敵，哥薩克勢絀而敗。當天夜間清軍水陸並進四面圍攻，經過一晝夜的鏖戰，俄軍傷亡慘重。二十六日，清軍郎談令積柴焚城，俄軍眼見即將走投無路，只得出城乞降，托爾布津誓言不再回雅克薩城。彭春將托爾布津及其所屬官兵、婦女、孩童全部釋放，於是清軍收復雅克薩城。俄羅斯殘兵敗將退回尼布楚（今俄羅斯聯邦涅爾琴斯克），清軍也班師回黑龍江城，雅克薩之戰暫告一段落，時一六八五年（康熙二十四年）八月。

當俄軍托爾布津得知清廷大軍撤離雅克薩城後，於一六八六年春，又帶領五百多人重返雅克薩修築城堡。清廷得悉此事，又命黑龍江將軍薩布素率所部官兵前往攻打雅克薩城，共出動官兵二千一百多人，於一六八六年五月二十八日，水陸兩路會師查克丹，逼近雅克薩城，俄軍退入要塞，挖地穴居，負隅死守，薩布素要求俄軍投降，托布爾津不作回應。至六月初，薩布素下令攻城，郎談從北面以「紅衣大砲」向城中射擊，班達爾沙領步騎自南猛攻，從夜至晝未曾停息，想來城內，必然受到重創，俄軍先後五度出城迎戰，想擊退清軍，但都被清軍逼回城內。之後，薩布素命在城外三面掘壕築壘，壕外設樁鹿角，分汛防禦，城西對江布水師，封鎖從尼布楚方向來援俄軍航道。雅克薩城中無井，城中飲水靠通向黑龍江之水道引水入城，雙方激戰四晝夜，清軍切斷城內水源，再以「神威無敵大將軍」大砲猛轟城內，俄指揮官托爾布津中彈斃命，由伯伊頓接任指揮官。雅克薩城被圍攻數月，缺水少柴、糧罄彈絕，官兵死傷殆盡兼以發生瘟疫，眼見即將被完全殲滅。但因之前俄羅斯曾派使者文紐可夫與法沃羅夫到北京「乞撤雅克薩之圍」，又有荷蘭使者從中斡旋，最重要的是康熙心中別有一套戰略考量，於是乃於康熙二十五年（一六八七年）九月二十八日令薩布素撤回圍攻雅克薩之兵。但仍列陣於城外江邊，通知城內俄軍可以自由出入，等候俄使來到再做定奪，同時清廷又派太醫到雅克薩城內為俄軍治病，更發給糧食以濟其困，歷時兩年之久的第二次雅克薩之戰，在清康熙刻意片面示好的情況下劃上句點。

---

❶ 按台灣於康熙二十二年降清，於是年八月將台灣入版圖，初未設省，歸福建省管轄。福建之籐牌兵中應有台灣兵勇，而且極可能有台灣原住民族。

❷ 即漢南蒙古哲里木盟十旗，以旗地處松遼平原，北距黑龍江較近，而當時尚未綏服漠北喀爾喀蒙古，因此未有內、外蒙古兩詞。

四、尼布楚條約與康熙的戰略

清廷在雅克薩之戰獲勝的情況下，何以接受俄使之乞求、荷蘭使者之斡旋，突然叫停，不僅如此，更對雅克薩城內之俄軍布食施醫，片面示好，必有更大的戰略思維（詳後）。因此必須處理好與俄國的關係，在無後顧之憂的情況下，才能遂行他的戰略思維。所以在雅克薩之戰中，動用重武器「神威無敵大砲」，大有割雞用牛刀，志在必勝用意。果然一如所願，以勝逼和，立於有利地位，於是中俄雙方在一六八九年（康熙二十八年）開始談判。清廷所派使節團人員為：領侍衛內大臣索額圖、督統公佟國綱、尚書阿喇尼、左都御史馬齊、護軍統領馬喇。由馬齊建議，認為與俄羅斯進行邊界談判，應有漢人官員參與，於是增派兵部督捕理官張鵬翮（音核，鳥翅，泛指鳥）、兵科給事中世安參與使團，代表團的翻譯由在清廷供職的耶蘇會士葡萄牙人徐日升（Thomas Pereira）與法國人張誠（Franciscus Gerbillon）擔任❶。談判代表團出發前向康熙請示談判機宜，奏稱：

> 「尼布潮（楚）雅克薩既係我屬所居地，臣等請如前議，以尼布潮為界。此內之地，皆歸我朝。」

以當時清廷挾雅克薩戰勝之有利地位，如堅持此項主張，應能迫使俄羅斯同意。但康熙或已察覺準噶爾噶爾丹野心勃勃即將東掠，與準噶爾發生戰爭已是勢不可免，必須與俄羅斯盡速簽妥和平協議，以免未來一旦與噶爾丹發生戰爭，有腹背受敵之虞，因此與俄羅斯談判不惜妥協、讓步。以是做如下的指示：

「今以尼布潮為界，則鄂羅斯遣使貿易無棲託之所，難以相通。爾等初議時，仍當以尼布潮為界。彼使若懇求尼布潮，可即以額爾古納（河）為界。」（《清聖祖實錄》卷一四〇，頁三十）

從此可見康熙急於結束與俄羅斯之爭執，以便騰出兵力、財力應付準噶爾，是以有向俄羅斯讓步之心理準備。清廷談判使團於一六八八年（康熙二十七年）五月二十日由北京出發，由索額圖為首率八旗前鋒兵二百、護軍四百、火器營兵二百，經張家口、歸化城（今內蒙古自治區首府呼和浩特），越大漠入喀爾喀界，七月六日至查哈瑪克免。此時準噶爾部噶爾丹正率兵東掠喀爾喀，路途不平靜，使團停止前進，索額圖派人通知俄使，因準噶爾之亂目前無法前往色楞格參加會議，希望將談判時間延至明年，至於會談地點另議。索額圖一行於九月七日返回北京。嗣後，雙方協調將會談地點，改在尼布楚附近，索額圖一行又於一六八九年（康熙二十八年）六月十三日從北京出發，此次談判代表又增加黑龍江將軍薩布素和都統郎談二人，此因所走路線係經東北越額爾古納河，向西到尼布楚。並由薩布素率大軍同行，強化談判陣容。

俄羅斯方面，則派陸軍大將費奧多爾（Feodor Alexndritoh Golovin）為特命全權公使，偕同尼

---

❶ 呂一燃主編《中國近代邊界史》，四川人民出版社，二〇〇七年，頁一〇三～一〇四。

布楚長官維拉索夫（Ivanzino Vlasof）及秘書庫爾尼次基（Semon Korniski）為談判代表。俄羅斯代表於八月十八日到達尼布楚，眼見中國談判代表有大軍相隨到達尼布楚，頗緊張。八月二十二日雙方開始首度會談，俄使提出雙方以黑龍江為界，江以南屬中國領土，江以北屬俄羅斯；索額圖則主張東自雅克薩，西至尼布楚及色楞格斯克，都屬中國領土。換言之，就是自後貝加爾湖沿外興安嶺為中俄國界，但俄羅斯代表堅不接受，談判一度中止，次日續談。此際索額圖似已了解康熙急於結束中俄爭執，因此做了讓步，主張以尼布楚作為中俄兩國國界，俄羅斯仍不同意，會議幾乎無法進行。此際擔任翻譯的徐日升與張誠居中斡旋，希望能打開僵局，經過索額圖一再讓步（**出發前康熙已諭知談判底線**），以額爾古納河為界，貪婪的俄羅斯仍不同意，此時索額圖已是讓無可讓，如再不能達成協議，準備動用軍隊包圍尼布楚。或許俄方以察覺索額圖準備動武的訊息，況且中方讓步使俄羅斯合法取得布里雅特蒙古族駐牧的一大片地方❶，於是態度軟化。雙方於一六八九年八月二日（康熙二十八年七月二十四日）達成協議，締結中國有史以來第一個中外條約，以其在尼布楚所簽定，所以稱之為《尼布楚條約》。同年九月七日（陽曆）雙方舉行條約換文儀式，中俄雙方各繕寫兩種文本，中方繕寫拉丁文、滿文本各一份，俄方繕寫拉丁文、俄文本各一份，雙方各自在自己的文本上簽字蓋章，又在對方的文本上簽字蓋章，目前所見漢文本的《尼布楚條約》當係從滿文譯出，此約對中俄界做出明確的界線，其要點如下：

1. 以流入黑龍江之額爾古納河為界，河之南岸屬於中國，河之北岸屬於俄羅斯，其南岸之眉勒爾克河口，所有俄羅斯房舍遷移北岸❷。

2. 將雅克薩地方俄羅斯所修之城盡行除毀，雅克薩所居俄羅斯人民及諸物，盡行撤往察漢汗之地❸。

3.凡獵戶人等斷不許越界，如有一、二小人擅自越界捕獵、偷盜者，即行擒拿送各地方官，照所犯輕重懲罰。或十人或十五人，相聚持械、捕獵、殺人搶掠者，必奏聞，即行正法。不以小故沮壞大事，仍與中國和好，毋起爭端。

4.從前一切舊事不議外，中國所有俄羅斯之人，俄羅斯所有中國之人，仍留不必遣還。

5.今既永相和好，以後一切行旅，有准令往來文票者，許其貿易不禁。

6.和好會盟之後，有逃亡者不許收留，即行送還。❹

《尼布楚條約》就其簽訂背景看，並非不平等條約，但如從實質面及後來的影響面看，中國損失慘重。自額古納河向西直到貝加爾湖的一大片土地面積約有二十三萬多平方公里，割讓與俄羅斯，而駐牧其間的布里雅特蒙古族，從此成為俄羅斯國民，效忠俄羅斯。但論民族血緣，與中國境內，內、外蒙古、新疆、蒙古，都有密切的關係，且東北境內的陳巴爾虎旗、新巴爾虎旗，根本就是布里雅特蒙古族。今日內蒙古自治區呼倫貝爾市有陳巴爾虎一旗，新巴爾虎左、右各一旗，俄羅斯利用這一關係，於一九一九年（民國八年）發動「泛蒙古運動」，希望布里雅特蒙古，內、外蒙

❶ 約二十多萬平方公里，幾乎有台灣七倍大。

❷ 按額古納河大致為自西南向東北流，故此處所稱之南、北，應為東、西岸。

❸ 察漢或作察干，係滿、蒙語，其意為白，察漢汗指俄國汗皇。

❹ 以上主要參採張習孔、田玨主編《中國歷史大事年表》，北京出版社，一九八七年，第五卷，頁一一六～一一七。另有關《尼布楚條約》談判、簽訂過程，呂一燃主編之《中國近代國界史》，四川人民出版社，二〇〇七年，上冊，頁一〇二～一一三，有較詳之敘述。另有該書附有簽約的中俄邊界圖，頗具參考價值，特將之引錄如次。

古合併建立「泛蒙古國」❶。又由於布里雅特蒙古族也信喇嘛教格魯派，於是俄羅斯又培養布里雅特蒙古喇嘛道爾濟❷進入拉薩。透過賄賂西藏僧俗高層，得為坐床不久的十三世達賴喇嘛的「伺講」（**實際形同年幼達賴的保母**），從此夜以繼日的灌輸十三世達賴喇嘛脫離中國，投靠俄羅斯的毒化思想。一九〇四年，英軍攻入拉薩前夕，十三世達賴喇嘛率數十僧俗官員（**道爾濟也在其中**）向北逃往外蒙古，本意要進入俄羅斯，只因當時日俄戰爭俄國戰敗，不敢收留達賴喇嘛，其後達賴喇嘛為急於要返回拉薩，由反英轉而親英。從此在英、印教唆下訴求西藏獨立，遺毒至今十四世達賴喇嘛仍想利用國際力量訴求藏獨，始作俑者就是布里雅特蒙古喇嘛道爾濟，也從而可見《尼布楚條約》遺毒之深，這是康熙所始料未及者。

康熙之所以在與俄羅斯爭執時，既臨之以兵威，志在必勝，然而在得勝之後，又急於與俄羅

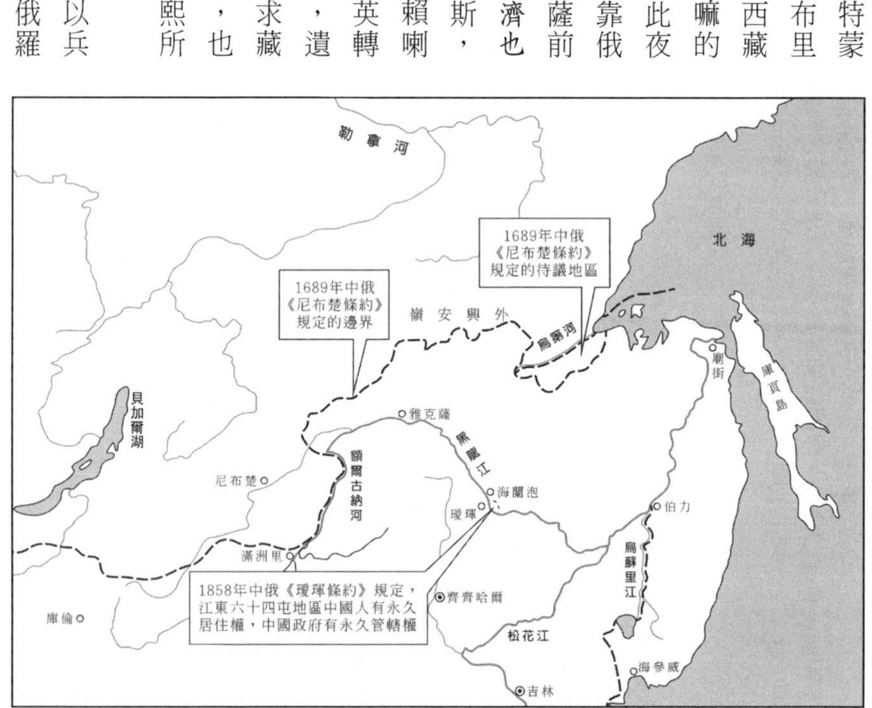

斯締和，在締和時又刻意向俄羅斯示好，將額爾古納河以西之地割讓給俄羅斯，有其戰略上的考量。按清朝入關之前，已綏服漠南若干部蒙古，將之編設為盟、部、旗制，取消汗號，但漠北喀爾喀三汗尚未歸順清朝。康熙嗣位後，繼續綏服未歸順的漠南各部蒙古，而漠北三汗也未歸服清朝，已歸順的漠南各部蒙古，情勢並非十分穩妥，一旦風吹草動，隨時可能叛離。而漠西的噶爾丹更是恃強傲慢，雖表面上向清廷入貢，事實上「貢使」常多達二、三千人，分明是來訛詐「賞賜」，兼做買賣。以當時清廷實力及國內諸多問題，尚未解決，對噶爾丹之惡行，只得虛與委蛇。及至三藩之亂平定，台灣也納入版圖，原應有力對付準噶爾，但又逢俄羅斯侵擾東北邊疆，在詳細研判之後，認為應先解北方俄羅斯問題。俄羅斯乃一大國，如不先與俄羅斯取得妥協，則一旦與準噶爾發生戰爭，俄羅斯必然趁隙南下，屆時面臨兩面作戰，極為不利。準噶爾畢竟人少力弱，其目的在貪利，暫時捨利便可相安無事，待解決俄羅斯問題後，只要準噶爾稍有挑釁行動，便師出有名，可以出擊準噶爾。是以對俄羅斯在雅克薩戰勝情勢下便與之議和，簽訂《尼布楚條約》，意在穩住北方，以便全力對付準噶爾。

偏偏噶爾丹智不如人，在五世達賴喇嘛教唆下，東掠漠北喀爾喀三汗，一旦漠北為準噶爾所有，漠南各部蒙古必然騷動，而漠南與北京近在咫尺，對清廷而言是臥榻之側豈容他人酣睡。原先派索額圖率團取道漠北前往與俄羅斯談判，恰逢噶爾丹入侵喀爾喀迫使使團折返北京，這就使康熙

❶ 關於此泛蒙古運動，幕後固然是日本趁俄共革命時幕後操作，但俄共革命成功建立蘇聯後，也想收割泛蒙古運動的成果。有關泛蒙古運動，詳情可參看劉學銚《外蒙古問題新論》一書，頁七十二～八十一，台北南天書局，二〇一四年。

❷ 此人有很多化名，關於詳情，可參看王遠大《近代俄國與中國西藏》，北京生活、讀書、新知三聯書店出版社，一九九三年。周偉洲主編《英國俄國與中國西藏》，北京中國藏學出版社，二〇〇一年等書。

更急於解決與俄羅斯的爭執。而索額圖一行在喀爾喀遇上準噶爾入侵，可能意識到康熙的用心，所以到尼布楚談判時，一讓再讓。而徐日升與張誠原本是翻譯人員，一般而言翻譯人員（古稱舌人）不能有自己的意見，更不可能出面斡旋，何況這兩個譯員又是外國人，其所以出面斡旋，頗有可能受到索額圖的指示。中國政壇往往以隱晦的方式傳遞訊息，居上位者尤其如此，居下位者能體會帝王或上官的旨意，便稱之為能臣，必受上寵。所以索額圖未必需要明白指派徐日升、張誠出面斡旋，只要略有暗示即可，這種推測應屬合理。

當康熙二十七年（一六八八年）準噶爾入侵喀爾喀時（**也正是索額圖使團，首次出發之時**），喀爾喀三汗不敵，損失人畜至多，當時喀爾喀三汗（**車臣汗、土謝圖汗及札薩克圖汗**）與王公、台吉集會研商，究竟是向北投奔俄羅斯，或向南投靠大清帝國，一時未有結論，最後取決於一世哲布尊丹巴呼圖克圖。據史傳所載此事經過情形，如下：

> 喀爾喀眾，康熙二十七年議就近投入俄羅斯，因請決於哲布尊丹巴呼圖克圖。呼圖克圖曰：「俄羅斯素不奉佛，俗尚不同我輩，異言異服，殊非久安之計，莫若全部內徙，投誠大皇帝（**此處指清康熙而言**），可邀萬年之福。」眾欣然羅拜，議遂決。（張穆《蒙古游牧記》卷七，引《松筠綏服記略圖詩註》，蒙藏委員會，一九八一年校定重印本頁一三一）

於是漠北喀爾喀三汗及哲布尊丹巴呼圖克圖之眾數十萬乃向南進入中國境內達里崗厓牧場❶，當時清廷廷議中曾有大臣建議「令（**漠南蒙古**）四十九旗蒙古攘取之。」❷，但康熙另有戰略思維，否決這項建議。更令附近張家口、獨石口等地，以牛羊、布帛、糧食、茶等賑濟之，並宣諭來年當將準噶爾逐出喀爾喀地方，使喀爾喀之眾得以重返故土，喀爾喀上下既得濟助，又獲允諾，自是感恩不已。次年（一六八九年）中俄簽訂《尼布楚條約》後，清廷已無北顧之憂，遂在康熙三十年（一六九〇年）六月，集大臣於廷說：

「噶爾丹勢熾，既入犯其志不在小，且喀爾喀不可使無故地游牧。」（《聖武記》頁七十八）

於是下詔親征噶爾丹，結果大勝，原可犁庭掃穴，一鼓滅之，但因福全誤信在噶爾丹軍中五世達賴喇嘛所派濟隆呼圖克圖之花言巧語，竟讓噶爾丹免脫，以至未竟全功。但喀爾喀之地均已光復，喀爾喀三汗及哲布尊丹巴呼圖克圖之眾都得以重返故土駐牧。康熙之加恩於喀爾喀，自有深層的政治用意，康熙認為漠北地雖廣但貧脊，且人口稀少，但以其地北接俄羅斯、西連準噶爾、南鄰漠南各部蒙古，地理位置極為重要，只宜智取，不宜力奪。以當時大清實力在擊敗準噶爾之際，趁機佔領漠北，易如反掌，但漠北土地廣袤而人煙稀少，如何治理是一大問題，而強行佔領自會激起喀爾喀之眾的反感，或將引起各部蒙古（如喀爾喀、額魯特、布里雅特乃至漠南各部蒙古）同仇敵愾之心，轉而離心，因此康熙不採佔領方式，運用其政治智慧要漠北喀爾喀蒙古自動歸附中國。

❶ 屬清上駟院，專供宮廷所用牛、羊，在漠南蒙古錫林郭勒盟之北，清末民初被外蒙古所佔領，面積約有二萬三千多平方公里，現為外蒙蘇赫巴托省一部分。

❷ 魏源《聖武（記）》卷三《國朝綏服蒙古記二》，台北世界書局，一九六二年，頁七十。

康熙乃於其三十一年（一六九二年）在漠南多倫諾爾舉行滿洲八旗及漠南各部蒙古會盟比丁大典❶，邀漠北喀爾喀三汗及哲布尊丹巴呼圖克圖前來觀禮，其意在耀武揚威，同時藉機調和三汗間之嫌隙。喀爾喀三汗目睹大清軍威壯盛，又深感大清有恩於己，於是在懷德畏威情況下，喀爾喀三汗自動請求歸附中國，比照漠南蒙古之例編設盟旗，但要求三汗汗號保留，康熙自是准其所請，從此（一六九二年）將漠北喀爾喀納入版圖，並以大漠為界，在漠南者稱內蒙古，在漠北者稱外蒙古。自康熙三十一年至宣統三年（一九一一年）二百多年間外蒙古幾無重大叛亂事件，可見康熙決定以恩、以德取漠北喀爾喀蒙古，確有其過人的政治智慧。

五、結語

五世達賴喇嘛、噶爾丹，清康熙大帝，俄羅斯，雅克薩、尼布楚、漠北喀爾喀蒙古，這幾個人名與地名，初看似是毫無關聯，但如仔細分析，則又是環環相扣密不可分。論其源頭，一則五世達賴喇嘛慫恿噶爾丹、漠北喀爾喀蒙古，再則俄羅斯一意東侵，於是在五世達賴喇嘛，噶爾丹、康熙、俄羅斯四者一連串的博弈中，最大的贏家是俄羅斯，獲得二十萬平方公里的布里雅特蒙古族聚居地區，以之作為以後掠奪中國大片土地的根據地。

五世達賴喇嘛自認是個出家人，所謂出家人當然是不去碰觸政治，理論上也不會有爭權奪利的心態，然而這個五世達賴喇嘛卻不然，從和碩特蒙古固始汗子孫拉藏汗手中剽竊政治權力❷，為了拖延清帝國經營西藏地區，以便他能獨享政教兩權。政治權力雖然可以操控人的生命，但不能控制人的靈魂思想；宗教雖然左右了人的思想，甚至靈魂，但卻無權奪人生命。唯有同時擁有政教兩權的人，既能奪人性命，又能控制人的思想，極為恐怖。五世達賴喇嘛威福自作，只為了能繼續享有政教兩權，對其統治下的人民既能生殺予奪，又能控制其思想，不惜鼓動噶爾丹大舉東侵漠北，多少準噶爾青年喪命漠北，又多少喀爾喀蒙古人死在準噶爾刀劍之下。他則抱持死道友，不死貧道的心態，也確實延緩了幾十年清廷對西藏的統治，如果純就這一點而言（**不談因他的自私害死了多少蒙古人**），五世達賴喇嘛也算是個贏家。

就康熙而言，此人睿智天成，為了愛新覺羅一家或滿族一族的統治權，不惜實行民族隔絕政策，嚴禁蒙、回（**指日後的維吾爾**）、哈、藏等邊疆民族與中國的主體民族漢人來往❸，在康熙三十八年（一六九九年）之前，清朝主管邊政的理藩院（**清末改為理藩部**）還有三個職缺，可以由漢人出任，但康熙三十八年之後，裁去這三個漢人可以出任的職缺❹，而有清一代駐紮內、外蒙古、新疆、西藏的大臣，將軍、都統、副都統……等邊臣疆吏幾無漢人，等於不准漢人碰觸邊疆民族與邊政事務，造成二百多年後，外蒙古的多次獨立、新疆的東突分離運動及西藏問題的國際化，撥其原因都是肇端於民族隔離政策。至於對付準噶爾及將漠北喀爾喀納入版圖，則展現康熙高人一

❶ 多倫諾爾，意為有七個湖之地；多倫，意為七，諾爾，意為湖；其地當今內蒙古自治區，錫林郭勒盟多倫縣。會盟比丁，意同閱兵大典。

❷ 詳情可參看班布日、孛兒只斤・蘇和《衛拉特三大汗國及其後人》，內蒙古人民出版社，二〇一四年，頁三十九～一一九。

❸ 《大清會典理藩院則例》，或蒙藏委員會摘錄之《清代邊政通考》。

❹ 余梓東《清代民族政策研究》，遼寧民族出版社，二〇〇三年，頁一三八。

等的政治智慧，與漢武高宗相比毫不遜色，但對俄羅斯之忍讓，其惡果在二百年後逐漸浮現，所以在這一場博弈中，康熙也算是贏家。至於二百多年後的惡果，也不可怪罪於他，古往今來有幾個政治家能預測到百年之事？

在這一場四人的賽局中，有三家贏，剩下的一家噶爾丹就是唯一的輸家，而且是大輸家，輸到連身家性命都賠了進去，雖然臨死前說出：

「我初不欲來克魯倫地方，為達賴喇嘛煽惑而來。由今觀之，是達賴喇嘛陷我，我又陷人矣！」

雖是由衷之歎，但已於事無補，悔之晚矣！

匈牙利是匈奴的後裔？

有很多人，包括中國人、外國人甚至一些匈牙利人都以為匈牙利人是古代匈奴人。因為匈奴阿提拉曾率軍西征歐洲，建立了以今匈牙利為中心的匈奴大帝國，因而有此看法，也不算太離譜。然而事實是否如此？則大有商榷餘地，要探討這個問題，必須從源頭說起。就史論事，才能對這個問題做出較詳細的說明，此處擬分為以下幾項逐次說明。

一、匈奴源起與「胡」的關係

中國漢人有一個習慣，總喜歡把四周不同民族（**也就是邊疆民族或少數民族**）解釋為炎黃的苗裔，如舉世最早以文字記載有關匈奴事蹟的《史記》，對匈奴的起源就有如下的記載：

> 匈奴，其先祖夏后氏之苗裔也，曰淳維。（《史記．匈奴傳》）

所謂夏后氏，就是夏禹，而夏禹又是黃帝軒轅氏的後人，如此則匈奴就是黃帝的後代，也應該是華夏之族。但事實上匈奴的語言、習俗都與華夏民族完全不同，何況同樣在《史記‧五帝本紀》裡，記述黃帝的功績時又說：

> 黃帝者，少典之子，姓公孫，名曰軒轅。……東至於海，……西至於空峒，……北逐葷粥，合符釜山。

歷來《史記》的注疏家都明指所謂「葷粥」就是秦漢時的匈奴，可見在黃帝時代已有匈奴，如是匈奴就不可能是黃帝後人夏后氏的後裔，這是最簡單的推理。只是華夏族或漢人大民族意識誇張性的說法，所以說匈奴是夏后氏之苗裔，是不足採信的。

漢人有以上所說的心態，有其自大的心理因素，但北方諸草原游牧民族，建立漢魏式政權後，也每每自稱是炎黃之胄，如鮮卑族也自稱為黃帝少子昌意之後，《魏書・序紀》即作此說：

> 黃帝有子二十五人，……昌意少子，受封北土，國有大鮮卑山，因以為號……

鮮卑慕容部之起源，《晉書・慕容廆載記》稱：

> 慕容廆字亦洛瓌，昌黎棘城鮮卑人也。其有熊氏之苗裔，世居北夷，邑於紫蒙之川，號曰東胡。……曾祖莫護跋，魏初（**指三國曹魏**）率其諸部入居遼西，從宣帝伐公孫氏有功，拜率義王，始建國於棘城之北。時燕代多冠步搖冠，莫護跋見而好之，乃斂髮襲冠，諸部因呼之為步搖，其後音訛，遂為慕容焉。或云慕二儀之德、繼三光之容，遂以慕容為氏。

這裡說鮮卑慕容氏是有熊氏之苗裔，而有熊原為地名，其地當今河南省鄭州市新鄭市，少典國於此，故稱有熊氏。黃帝為少典之子，所以鮮卑慕容氏也是黃帝之後。至於宇文部有的說是鮮卑族，有的指稱是匈奴之後，此處不作析論，據《周書・帝紀》稱其族源於炎帝神農氏，《周書》稱：

（北周）太祖文皇帝宇文氏，諱泰，字黑獺，代武川人也。其先出自炎帝神農氏，為黃帝所滅，子孫遯居朔野。有葛烏菟者，雄武多算略，鮮卑慕之，奉以為主，遂總十二部落，世為大人，其後曰普回。因狩得玉璽三紐，有文曰皇帝璽，普回心異之以為天授，其俗謂天曰宇，謂君曰文，因號宇文國，並以為氏焉。

是則建立北周的宇文氏是炎帝神農氏之苗裔。再看中國境內最後一個匈奴人所建的政權「夏」，對其族源如何說，按夏是匈奴劉（**後改姓赫連**）勃勃所建立，他自稱其族源及改姓的原由為：

朕之皇祖自北遷幽朔，姓改姒氏（**按夏禹姓姒氏**）音殊中國，故從母氏為劉❶，子而從母之姓，非禮也。古人氏族無常，或以因生為氏，或以王父之名，朕將以義易之。帝王者繫天為子，是為徽赫，實與天連，今姓名赫連氏，庶協皇天之意，永享無疆大慶。（《晉書．赫連勃勃載記》）

是則赫連勃勃也自承是夏禹姒氏之後，而其改姓「赫連」氏，初看像是匈奴語，但從上引《晉書》看，仍然是漢姓，是自創的複姓。像上引胡族建立政權後，也往往託稱是炎黃之胄，上引只是部分例子，在各史傳中還能找到許多例子，此處就不加贅錄。推測其所以如此者，大多是其所建政權境內以漢人居絕對多數，為了方便統治，因而託稱自己也是系出炎黃，與被統治者同源共祖，以減少排斥感。以上兩種心理因素，稍加分析是可以理解的。但心理因素與民族是否同源，是兩個問題，不會因為心理認同，其遺傳基因也隨之改變，所以匈奴或其他胡族非炎黃之胄，是一個難以否定的史實。

西方有許多學者也對匈奴有所研究，或認為匈奴為蒙古族、為突厥族、為芬族，甚至認為是斯拉夫族。按無論蒙古族、突厥族……都是晚於匈奴出現的族稱，指匈奴是蒙古族、是突厥族……是一種祖孫顛倒的說法，頗為荒謬。姑且不論事實真相如何，僅就語意邏輯而言，充其量只能說：蒙古族、突厥……可能是匈奴族的苗裔。西方人（含日本人）治中國史者，常犯隨心所欲，亂下結論的毛病，在邏輯上，前提錯了，結論就不可能對。像說匈奴是蒙古族、是突厥族……這種完全不通的說法，就是前提錯了，其後結論就不言而喻了。

至於匈奴究竟源於何族？人類起源多元論，到今天為止，還是主流學說，當我們沒能找到更多的、確切的古文物、文獻，足以證明匈奴與某族同源共祖之前，何必師心自用硬要替匈奴找一個祖先。以今天考古人類學知識，對北京猿人是否就是華夏系民族的祖先，還無法一槌定音，我們憑什麼為匈奴找一個祖先？在沒有足夠的證據前，匈奴就是匈奴，不是比較客觀些？一旦未來有確切證據出土再作推論豈不是更符合科學原則，因此本文認為匈奴就是匈奴，其先人與黃帝時代相同，同樣是源遠流長的民族。

有史以來漢文都是以葷粥、獯粥……匈奴等稱之，這些字或詞，就漢字字面看都有不雅之意。而華夏或漢人，又習慣上對四周非華夏或漢人，往往以帶有貶義的偏旁如犬、牛、豸、虫……來稱他們，如狄、蠻、貊、閩……，因此這些名詞都是華夏或漢人所給的「他稱」，而不是那些民族的

---

❶ 兩漢與匈奴和親，以良家子為公主嫁匈奴單于，故匈奴以公主皆劉氏女。

自稱，因為沒有一個民族會把帶有貶義的詞彙作為自己的稱謂。因此「匈奴」絕對不是他們的自稱，而是華夏或漢人所給予的他稱，那麼他們的自稱又是什麼？據近現代許多學者考證，匈奴的自稱應該是 **Hun**，如果較正確而不帶貶義的漢字音譯，應譯為「胡」，這個字既中性又不帶貶義，應該是匈奴的自稱，然而何以見得「胡 **Hun**」不帶貶義呢？試看匈奴單于曾致書朝廷稱：

> 南有大漢、北有強胡；胡者，天之驕子也。（《漢書・匈奴傳》）

可見「胡 **Hun**」這個音絕不帶貶義，而且具「天之驕子」之義，然而 **Hun** 或胡在匈奴語中是什麼意思？據近代學者馮家昇考證，在許多阿爾泰語系民族中，**Hun** 或 **Kun** 其意都是「人」❶。以「人」作為自稱乃是極自然之事，華夏或漢人之所以稱之為「匈」者，以「匈」字音近「胡」，且與凶相同。匈奴營游牧生活，逐水草而牧、居無定所，且認為穀物水果是大地自然生成，因此每屆秋高氣爽、草長馬肥之際，也正是塞下（**長城以南**）秋收之時，匈奴經常「南下牧馬」。農業的華夏或漢人雖恨之卻無可奈何，只得在口頭或文字上予以醜化，所以在「匈」字之下再加一「奴」字以洩其被掠奪之恨。「匈奴」一詞自《史記》之後，遂成為定稱，帶有貶義、恨意，這種心理也是可以理解的。試想日本侵華期間，中國人稱日本為倭寇或日本鬼子、鬼子；可以回想二千多年前稱「胡 **Hun**」為匈奴也是一種心理的自然反射。

然則華夏或漢人並非不知道匈奴的自稱是胡 **Hun**，從何可知？試看對分布在匈奴東方的非華夏或漢人的各民族，稱之為東胡（**意為東邊的胡**），對在匈奴西邊者，稱之為西胡，在匈奴北邊的稱之為北胡，可見華夏或漢人對匈奴的自稱並非不了解，只是不想用。此外，自漢代以至諸胡列國的五百多年間，在匈奴赫連夏被北魏攻滅之前（夏於四三一年被北魏攻滅），史傳上的胡，都是指匈奴而言，之後的胡則指西域（含今中亞）各民族，這是頗為重要的一項認知，因為之前的胡（匈奴），在赫連夏滅亡後，間接或直接地與北方華夏或漢人相混融形成新的內涵多元的漢人。

二、強大的匈奴帝國及其分裂

北亞草原生息著許多游牧民族，各依其語言、習俗接近度形成部落聯盟，如鮮卑與烏桓（或作烏丸）形成東胡部落聯盟。匈奴也是個部落聯盟，可能其領袖階層是由匈奴人出任，所以泛稱為匈奴。漢文文獻出現有具體名字的匈奴領袖叫頭曼，領袖匈奴語稱「單于」，有日本學者以晚於匈奴一千年以上才出現於文獻的蒙古語，來附會「頭曼」的意思是「萬」，表示統治很多人的首領❷。按據史傳所載匈奴故地在今內蒙古鄂爾多斯高原一帶，而蒙古族源於東北大興安西端額爾古納河一帶，兩地相隔數千公里，以後來的蒙古語來解讀匈奴語，是否合適存有很大的疑問。

當頭曼單于時代，匈奴並不強大，東方受制於東胡；西方被月氏❸所困，且以其冒頓為質於月

---

❶ 馮撰《匈奴民族及其文化》一文，文載《禹貢半月刊》第七卷第五期。近人劉義棠於其所著《中國邊疆民族史》，台北中華書局一九七一年，今人劉學銚《匈奴史論》台北南天書局，一九八七年，均作此主張。

❷ 白鳥庫吉著、方壯猷譯《東胡民族考》，上海商務印書館，一九三四年。

❸ 月氏，要讀為肉支，在種族上與其相鄰的烏孫，都屬於高加索種，也就是習稱的白種人。

氏；南邊又被秦所派蒙恬所逼撤「河南地」（鄂爾多斯高原在黃河之南）。但頭曼單于所愛閼氏為了要藉月氏之力殺掉冒頓，以便自己所生的兒子能夠接單于之位，鼓動頭曼出兵攻打月氏。沒想到冒頓英勇過人（**為質子並非單身一人，也有當屬員**），不但躲過月氏的殺害，更奪得月氏的寶馬，逃回匈奴。游牧民族崇拜英雄，見冒頓以極少的人能在月氏層層包圍之下，安然返回匈奴，且奪得月氏名駒，因此特別崇拜。在這種情勢下，頭曼單于不得不俯順「輿情」分了一萬多落❶歸冒頓統領，換言之冒頓有了五萬多人民歸他統領。對於「冒頓」一詞，日人白鳥庫吉又以蒙古語巴圖爾與冒頓等同起來，其意為英雄❷，縱然此說為真，也必是他從月氏盜得名駒返回匈奴後，匈奴國人崇拜他而呼之為「英雄」，如是他必然原本就有名字，只是文獻無徵。

冒頓有了人民之後，加以精心訓練，他自創了一種「鳴鏑箭」，就是箭射出後會發出聲音，他規定凡是鳴鏑箭所射之處，所有士兵❸都必須射同一標的，如有不從者殺無赦。經過一段時間訓練之後，可能也殺了一些不服從命令的人，之後他的士兵凡鳴鏑箭所指，莫不射之。冒頓覺得他的兵可派上用場了，某次他與頭曼單于一起狩獵，他的鳴鏑箭突然射向頭曼單于，他的部屬也一起射向頭曼單于，頭曼死了，而且像刺猬一樣全身是箭，冒頓奪得單于之位，過程中殺了不少叔伯、兄弟及不服從者。

殺父奪位的消息可能在草原上傳開了，東胡認為冒頓單于得位不正，同時認為自己強大，便派使者到匈奴討要他從月氏奪來的寶馬。冒頓與群臣討論是否要將寶馬送給東胡，眾大臣都認為這是匈奴的國寶，豈可輕易給人。但冒頓則輕描淡寫地說，與人為鄰，何在乎馬，主張送給東胡，還有一、二個人堅持不能送，冒頓也是殺無赦，於是寶馬就由使者帶回東胡。東胡食髓知味，聽說冒頓的閼氏貌美，於是又派使者向匈奴討要閼氏。冒頓仍交由群臣討論，而冒頓也仍然一副雲淡風輕的認為與人為鄰，何惜乎一個女子，堅持不給的一樣被砍了頭，閼氏也交使者帶回東胡。東胡王認為冒頓虛有其名，根本是一個懦夫，胃口也越來越大。

原先匈奴與東胡之間有一些不能放牧的棄地，雙方約定都不佔有這個叫做「甌脫」的棄地。由於東胡認為冒頓怯懦，於是三度派使者到匈奴，要求要甌脫之地。冒頓仍然交由群臣討論，有些大臣認為寶馬、美人都捨得給，這種不能放牧的棄地自是不足惜，主張可以給。這次被殺的卻是主張可以給的大臣，因為冒頓認為土地是國家的根本，寸土尺地都不能丟，於是立刻全面總動員殺向東胡。這完全出乎東胡意料之外，在毫無準備的情況下，被打得落花流水，東胡部落聯盟崩解，向東逃亡，藏匿在大鮮卑山與烏桓山中，分別稱為鮮卑與烏桓，暫時退出政治舞台，二百多年後才重新站上政治舞台。

匈奴冒頓單于伐東胡大勝，獲得牲畜、人口不計其數，實力猛然壯盛，成為北方草原上的霸主。此時正是西漢初立，漢高帝劉邦認為能滅強秦，自己的實力應該是無敵於天下，漢高祖五年❹韓王信（不是韓信，而是六國韓襄王之孽孫）以馬邑降匈奴，劉邦大怒，便於其七年（西元前二〇〇年）親自率大軍三十多萬北伐匈奴。時值隆冬，雨雪紛飛，漢兵係南方人，難耐嚴寒，凍壞手指者有十之二、三，而冒頓單于採取佯退戰術，誘漢軍深入，越往北則越冷，劉邦不知是計，引兵進擊。冒頓把精兵駿馬都藏匿起來，漢軍所見到的匈奴都老弱兵卒與瘦馬，更使劉邦輕敵，令步騎

---

❶ 一頂帳篷為一落，類似一戶，通常以五人計。

❷ 白鳥庫吉《東胡民族考》

❸ 匈奴採全民皆兵制，除了老、幼、婦女全都是戰士。

❹ 西元前二〇二年，其時未有年號，建元始於漢武帝。

三十二萬北逐匈奴，而他本人則先到平城（今山西省大同市東），步騎隨後跟進。此時冒頓縱精騎四十萬，在步、騎異勢的情況下，匈奴將劉邦之眾團團圍在平城東北的白登山，凡七日之久，使漢兵中外阻絕。劉邦幾乎就要被冒頓所俘，最後用陳平「奇計」，冒頓才解開包圍圈的一角，劉邦之眾才得脫困，狼狽逃回長安。

至於陳平「奇計」內容究竟是啥？《史記・陳丞相世家》只記載：「其計秘，世莫得聞」，但是根據後來漢朝對匈奴的作為，大致可以揣測出所謂「奇計」其內容不外「厚遺」與「和親」。所謂「厚遺」就是提供大量的物資如糧食、布帛、酒等，「厚遺」其實就是漢朝向匈奴進貢，只是撰寫歷史的筆握在漢人手裡，所以用「厚遺」這兩個字以自我安慰；至於「和親」，原本承諾以漢帝公主嫁冒頓單于，但是漢高帝只有魯元公主一個女兒，呂后不捨，漢人就是「黠慧」（**其實是狡猾**），以宮中良家子命為公主，嫁匈奴單于。兩漢與匈奴和親，可能有四、五十個之多，可是沒有一個是真公主。

白登之圍後，匈奴更形強大，幾年之後漢高帝劉邦崩殂（西元前一九五年），冒頓單于曾致書漢廷（**匈奴與漢往來書信，都是用漢文，由降匈奴的漢人執筆**），等同調戲呂后，《漢書・匈奴傳》錄有此信，其文為：

> 孤僨之君❶，生於沮澤之中，長於平野牛馬之域，數至邊境，願遊中國。陛下獨立，孤僨獨居，兩主不樂，無以自虞（**同娛**），願以所有，易其所無。

這封「國書」極其輕浮，但也凸顯其時匈奴力量之強大與傲慢。呂后接到此信後自是大怒，召丞相陳平、樊噲、季布等研商如何回應，準備殺了匈奴所派送信使者。而樊噲更是義憤填胸，大言稱：「臣願得十萬眾，橫行匈奴中」，呂后問季布意見，季布是冷靜不莽動的人，他回應：

「（樊）噲可斬也！前陳豨反於代，漢兵三十二萬，噲為上將軍，時匈奴圍高帝於平城，噲不能解圍。天下歌之曰：『平城之下亦誠苦！七日不食，不能彀弩。』今歌唫之聲未絕，傷痍者甫起，而噲欲搖動天下，妄言以十萬橫行，是面謾也。且夷狄譬如畜獸，得其善言不足喜，惡言不怒也。」高后（即高帝之后呂氏）曰：「善。」（《漢書・匈奴傳》）

於是漢廷忍下這口氣，令大謁者❷張澤作書答覆，這封回信語氣謙卑，可見自古以來國與國之間比的是實力，而不是信義，更不是禮儀。

之後，匈奴西擊月氏、烏孫，使之離開祁連、敦煌間的牧地，西徙到今新疆西邊的伊犂河一帶，此時匈奴力量邁向鼎盛。自漢高帝之圍後，歷呂后、文帝、景帝乃至漢武帝初期，前後六、七十年對匈奴都是採厚遺、和親政策，雖然屈辱，但漢、匈之間沒有大戰事。眾所周知戰爭是最大的消耗，打敗仗固然損失慘重，縱使勝仗也會消耗不少人的生命和財產，漢朝由於六、七十年沒有

---

❶ 僨，音奮，孤僨，單于自謙之稱，就像中原帝王自稱寡人。

❷ 官名，秦時置，也稱謁者僕射，掌賓贊受事，類似禮賓、邊政官員。

戰爭，累積了相當多的財物。到了漢武帝劉徹時，國庫豐盈、糧食飽滿，可以說是國富民豐，有了發動戰爭的本錢。而漢武帝本身又是個雄才大略、豪氣干雲的帝王，認為前此以厚遺、和親換取漢匈間的和平是屈辱外交、是守勢國防。他要改變這種情勢，要化被動為主動、改守勢為攻勢，憑藉豐厚的國力，開始討伐匈奴，終漢武一生都在與匈奴作戰。恰巧當時名將輩出，衛青、霍去病、公孫賀、李息等都是一時將才，經過幾十年的戰爭，匈奴經不起消耗，由盛轉衰。

此時匈奴內部發生搶奪單于之爭，又逢大雪凍死頗多牲畜，匈奴元氣大傷。此時匈奴單于為握衍朐鞮，派其弟伊酋若王勝❶來漢求和親，漢朝此時為宣帝劉詢神爵四年（西元前五十八年），漢朝是否准其和親，惜文獻未載，無從推測。而握衍朐鞮之立為單于，匈奴國人多有不服者，而他又排除異己，暴虐無道，國人多怨之。此時烏桓❷襲擊匈奴東方的姑夕王，匈奴人多擁戴姑夕王，於是單于怒。姑夕王怕單于對己不利，就與一些左地諸貴人共擁立前單于虛閭權渠之子稽侯狦為呼韓邪單于❸，於是發左地兵四、五萬人，西擊握衍朐鞮單于。單于未戰而潰，向右賢王求助，右賢王反責其濫殺貴人，拒絕其求援。握衍朐鞮羞愧自殺，匈奴陷入一片混亂，一時之間有五人自立為單于。茲將自頭曼以來至五單于分立的世系，以表列方式呈現，較之以文字敘述更能一目瞭然：

❶ 此人《資治通鑑》作呼留若王，此處從《漢書》。
❷ 就是前百多年被冒頓單于擊破東胡部落聯盟中的一支。
❸ 匈奴傳統將國家分為左、中、右三部，單于居中，左、右各置一賢王統之，又所謂左、右，是背向地圖，頭北腳南，左是東邊，右是西方。

❶頭曼單于（？—前209年）— ❷冒頓單于（頭曼子，前206—前174年）— ❸老上單于（冒頓子，前174—前161年）

❹軍臣單于（老上子，前161—前126年）— ❺伊稚斜單于（軍臣弟，前126—前114年）— ❼烏師廬兒單于（烏維子，前105—前102年）

❽呴犁湖單于（烏師廬季父，前102—前101年）— ❾且鞮侯單于（呴犁湖弟，前101—前96年）— ❿狐鹿姑單于（且鞮侯長子，前96—前85年）

⓫壺衍鞮單于（狐鹿姑子，前85—前68年）— ⓬虛閭權渠單于（壺衍鞮弟，前68—前60年）

⓭握衍朐鞮單于（烏維耳孫屠耆堂，前60—前58年）— ⓮呼韓邪單于（虛閭權渠子稽侯狦，前58—前31年）

屠耆單于（握衍朐鞮從兄薄胥堂，前58—前56年）

呼揭單于（呼揭王，前57年）

車犂單于（右奧鞬王，前57—前56年）

烏藉單于（烏藉都尉，前57年）

閏振單于（屠耆從弟休旬王，前56—前54年）

— 五單于分立

呼韓邪單于雖立，但感到實力不足，他有一個異母兄郅支，流落民間（未分到官職），此時呼韓邪單于將他找來，分了一些人民給他，封之為骨都侯，用以增加自己的聲勢。沒想到這個郅支骨都侯也有野心，有了部眾之後，逐漸壯大起來，而且極為匈奴本位主義，呼韓邪單于竟無法節制。在五單于分爭中，呼韓邪居於弱勢，為了生存、為了名位，最後呼韓邪單于決定接受漢朝援助與保護，乃在西元前五十二年（漢宣帝甘露二年、呼韓邪單于立之第七年），決定南下附漢。西元前五十一年入長安朝漢，郅支骨都侯遂自立為單于，從此匈奴分裂為南、北兩部。

西元前五十一年（呼韓邪單于八年，漢宣帝甘露三年），呼韓邪單于朝漢宣帝於甘泉宮（在今陝西省咸陽帝淳化縣，西北之甘泉山），漢宣帝厚贈之。之後於西元前三十四年又入朝漢元帝劉奭，並請和親，漢廷以宮中良家子王嬙為昭君公主嫁之，這就是歷史上有名的「昭君和番」。唐詩咏昭君和親的詩，有數十首之多，有詩聖之譽的杜甫於其《詠懷古蹟五首》第三首就是吟咏王昭君的，全詩八句如下：

群山萬壑赴荊門，生長明妃尚有村。一去紫臺連朔漠，獨留青冢向黃昏。畫圖省識春風面，環珮空歸月夜魂。千載琵琶作胡語，分明怨恨曲中論。（《全唐詩》，北京中華書局版，第七冊，頁二五一一）

晚到宋代王安石也有詩詠昭君，題為《明妃曲》如下：

明妃初出漢宮時，淚濕春風鬢角垂。
低徊顧影無顏色，尚得君主不自持。
歸來卻怪丹青手，入眼平生幾曾有。
意態由來畫不成，當時枉殺毛延壽。
一去心知更不歸，可憐著盡漢宮衣。
寄聲欲問塞南事，只有年年鴻雁飛。
家人萬里傳消息，好在氈域莫相憶。
君不見，咫尺長門閉阿嬌，人生失意無南北。

明妃初嫁與胡兒，氈車百輪皆胡姬。
含情欲語獨無處，傳與琵琶心自知。
黃金桿撥春風手，彈看飛鴻勸胡酒。
漢宮侍女暗垂淚，沙上行人卻回首。
漢恩自淺胡恩深，人生樂在相知心。
可憐青冢已蕪沒，尚有哀弦留至今。

王昭君故事在中國留傳千古，象徵漢、匈兩大民族和諧相處，也體現漢、匈民族的混融。

至於呼韓邪單于異母兄郅支單于所領導的北匈奴，在漢朝與呼韓邪的合作下，無法立足漠北，向西逃竄。恰好康居不堪烏孫的侵擾❶，想利用以往匈奴的威名，就迎郅支單于到康居境內。郅支正在走投無路之際得康居王之邀，立即率北匈奴西徙，入康居築郅支城。康居王以女兒嫁郅支，而郅支也以女兒嫁康居王，彼此互為翁婿，郅支果真擊敗烏孫，威震西域（含今中亞），西域各國多懼之，儼然為西域大國。此時漢所派駐西域副都護陳湯，此人胸懷大志，想立功異域，眼見郅支日益壯大，如不加以處置恐後患無窮，於是趁都護甘延壽生病時，矯詔發西域戍卒及各屬兵西討在康居的北匈奴郅支單于。及大軍已集合，甘延壽才知道，此際已是箭在弦上不得不發。於是兵分兩路，分由甘延壽，陳湯統率奔向康居、郅支城，結果大獲全勝，斬郅支，傳首長安，懸於藁街❷，用於表示：犯強漢者，雖遠必誅，漢朝的聲威至此達於鼎盛。

在攻打郅支城時，有一個相當有趣的插曲，據《漢書‧陳湯傳》所載，郅支城的防守除了步騎外，還有百多人布置「魚鱗陣」，中外有些學者考證所謂「魚鱗陣」，是羅馬兵團獨有「兵法」。而恰巧在二十多年前，羅馬與波斯（**時為安息**）有一場戰爭，羅馬大敗，有一萬多人被波斯所俘。波斯將這批羅馬俘虜派往北方戍守北疆（**與康居為鄰**），或有一部分賣給康居，康居又轉送郅支。陳湯大勝後，將北匈奴之眾，分給西域各屬國，但是把這會布置魚鱗陣的一百多人解回長安。漢帝看完之後，可能將他們送到今甘肅省金昌市永昌縣，讓他們「自謀生活」，相傳這一百多人就是被安息俘去的羅馬兵團的一部分。而今天甘肅永昌縣焦家莊鄉者來寨還有四百多人，明顯具有歐洲人的體質特徵（**棕髮藍眼**）❸。

三、東漢時的匈奴及其分裂

西漢時北匈奴被消滅後，原來附漢的南匈奴呼韓邪單于及其後人，由於沒有戰爭，無論人口、牲畜都大幅增加，與漢朝也維持和睦關係。原本漢匈之間可以長時期和平共存，只是漢朝在漢武帝長達幾十年討伐匈奴後，國力大見減弱，西漢已經走向衰亡期。及至王莽當政，此人雖博學卻食古不化，且具有大漢族意識及天朝思想，為展現其影響力，且討好太皇太后，曾強要王昭君在匈奴所生的兩個女兒到長安朝見太皇太后。

這裡要回述王昭君嫁呼韓邪單于後的情形，王昭君嫁後，呼韓邪單于立之為寧胡閼氏，生了一個兒子叫伊屠智牙師，封為右日逐王。不久呼韓邪單于死，子雕陶莫皋嗣立為單于，稱復株絫若鞮單于，依匈奴習俗又以王昭君為閼氏。這種娶父親群妻（**生母除外**）的婚俗，稱烝報婚，北方草原各游牧民族多採這種婚俗。其實人類婚俗從來就是多樣性，只有不同，無所謂對錯，草原游牧民族之所以採烝報婚者，有其社會背景。他們採行財產公有制，閼氏是單于的配偶，可以享有若干牛、羊、馬，若干帳篷、若干衛士、奴隸等，但一旦單于賓天，已不具閼氏身分，依「法」其所享的各種待遇都要收歸「國有」。可是這些前閼氏都是出身高貴的部落（**即使是漢人，也是以「公主」名**

---

❶ 康居地當今中亞撒馬爾罕一帶；烏孫則在今新疆西邊界外。
❷ 多是各胡族國家使者聚居之處，類似後代使館區。
❸ 二〇〇五年三月二十一日，台北《聯合報》A13版）。整個事件來龍去脈，可參看筆者所撰《奇特軍威震歐亞，羅馬兵團曾來華》一文（該文輯入劉著《國史裡的旮旯》一書，台北唐山出版社，二〇一四年）。

義嫁娶），且多有兒有女，如將所有待遇收回，立刻陷於凍餒。唯一解決方法，就是由新單于「概括承受」，仍然擁有閼氏身分，如是則仍可享有原來的一切待遇。談文化問題，最大的忌諱就是「以己度人」，所謂文化最簡單的說就是生活方式與思維模式，不同的生存空間，孕育出不同的生活方式與思維模式，所以不同民族的文化，只有不同而不能比較。

王昭君嫁新單于後，生兩女，長女為須卜居次，次女為當于居次，按匈奴語「居次」意為女孩，須卜為匈奴貴族姓氏，則可知其長女嫁須卜氏；當于為匈奴官名，則可知次女嫁當于之官，王莽要兩女到長安謁見太皇太后，頗得太皇太后喜愛，得到許多賞賜。其後王莽篡漢自立，國號為新，一意孤行，一則以新刻的「新匈奴單于印」詐騙漢朝所頒「漢匈奴單于璽」，又改匈奴為恭奴。不僅如此，妄想把呼韓邪單于後人立為十五個單于，企圖以此分化匈奴，同時王莽對西域各屬國也是以類似方式對待，於是西域各國紛紛叛去而降附於匈奴。王莽又以此責問匈奴，雙方產生齟齬，此時匈奴人畜既多，實力也頗強大，而王莽倒行逆施，中原大亂，群雄並起，最後由劉秀平定群雄，建立政權，仍以漢為國號，史稱東漢或後漢。

由於國家初建，無力處理四周各民族問題，匈奴乃趁機侵入西域。西漢時，在西域派有都護，用以統籌西域各國事務，並協調西域各國間的關係。由於東漢初立，一方面匈奴日益壯大漸次侵入西域，再則西域莎車見中原動盪，趁機兼併附近小國，獨大於西域。此際幾十個西域小國遣侍子到敦煌，希望到洛陽入侍（**東漢都於洛陽**），想以東漢的聲威震攝莎車，但東漢光武帝劉秀以國家初立，國內尚未完全平定，百廢待舉，沒有接納這些西域國家的侍子到洛陽。時敦煌太守建議可否讓這些侍子暫住敦煌，這樣可使莎車誤以為東漢接納了這些侍子，或許東漢即將派出都護，如此或可使其收斂向外擴張行為，朝廷也同意了這項「權宜」措施。

現在姑且以西域二十個綠洲國家派出侍子，每個侍子有二十個侍衛，一時之間敦煌有四百多個西域人長住，這些西域各綠洲國家都是操吐火羅語的白種人，這對二千年前的敦煌而言應屬特別景觀。按東漢光武帝建武中元二年（五十七年），全東漢僅有二千一百萬人❶，其時中國人口結構已是長江及以南人口多過黃河流域。姑以南方佔一千五百萬，則北方約有六百萬，冀、魯、豫人口又佔北方大半四百萬，則晉、陝、甘僅有二百萬人，敦煌位處河西之西邊，推測其人口應不會超過五千人。如果敦煌一時湧進四百多個具體質特徵異於漢人的西域人，幾乎佔十分之一，這個景觀相當特殊，以往中國史書對這個現象幾乎都沒有加以記載，此處特別予以提出，有時細微處看歷史，會看到另一種形貌。

此時匈奴既已強大，東漢又初立國，無力北擊匈奴，匈奴遂不時南下侵擾東漢北方沿邊各郡。西元三十年（東漢光武帝建武六年），匈奴與東漢安定郡三水縣（今寧夏回族自治區同心縣）地方割據勢力盧芳勾結，封之為「漢帝」，在匈奴支持下，控制了五原（今內蒙古自治區包頭西南）、朔方、雲中、定襄、雁門五郡，具有一定程度的聲勢，匈奴也玩起「以華制華」的把戲。這裡把呼韓邪單于後的匈奴世系以表列方式分析如下：

❶ 魏勵《中國文史簡表彙編，中國歷代人口簡表》，北京商務印書館，二〇〇七年，頁一八八。

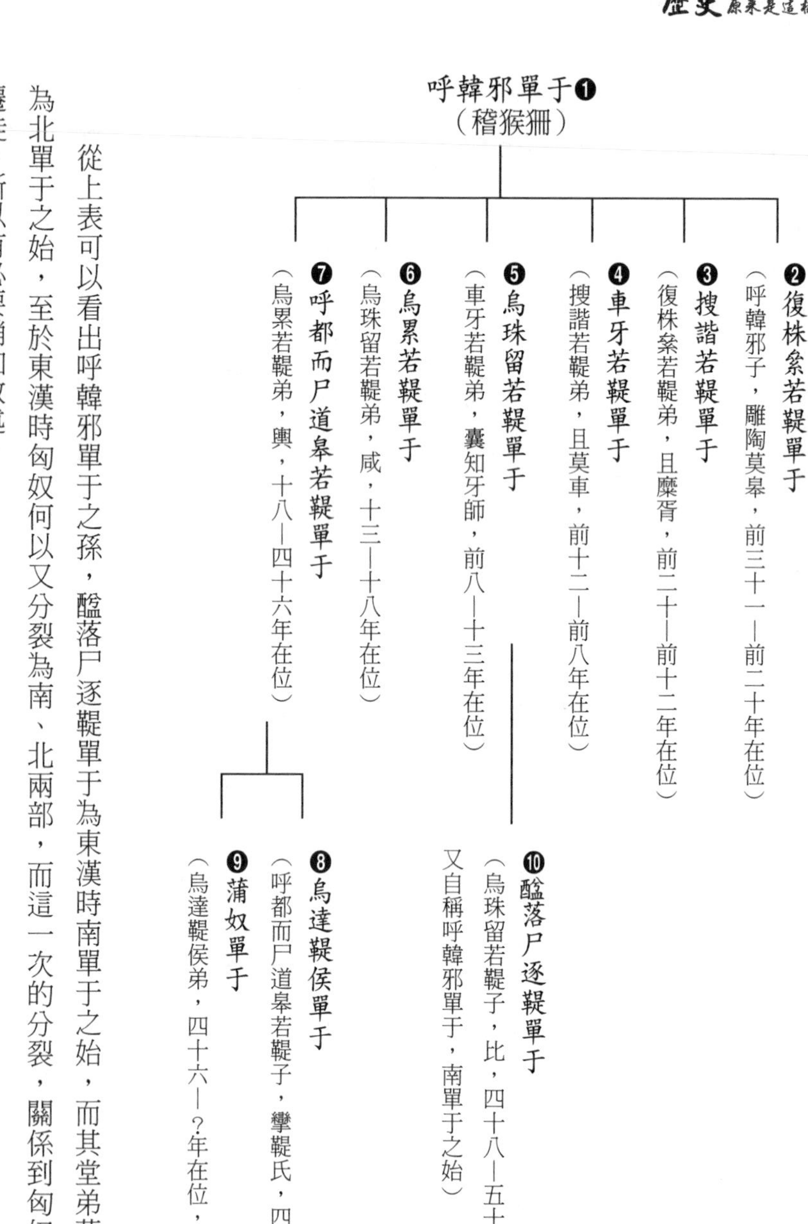

從上表可以看出呼韓邪單于之孫，醢落尸逐鞮單于為東漢時南單于之始，而其堂弟蒲奴單于則為北單于之始，至於東漢時匈奴何以又分裂為南、北兩部，而這一次的分裂，關係到匈奴的向歐洲遷徙，所以有必要稍加敘述。

當王莽要把匈奴分為十五部時，匈奴與王莽的新朝已經沒有和平相處的可能。上文說過匈奴扶植三水漢人盧芳為「漢帝」，佔領了一些地方，此時匈奴單于為呼都而尸道皋若鞮，雖則匈漢處於對立狀態，但雙方仍不時有使者往來。只是此際匈奴自認居優勢地位，因此單于態度相當傲慢，似乎算定東漢奈何他不得，但東漢一本大國風度仍以禮相待匈奴使者。但東漢光武帝早已體會到國與國之間只講實力，於是一方面積極平定內部，另一方面整軍經武，厚植實力。同時對匈奴所扶植的盧芳進行招降，許以高爵厚賞。在匈奴單于的想法裡，是要盧芳假意降漢，如是東漢的賞賜照拿，而匈奴與盧芳仍然可以隨時「南下牧馬」。但盧芳早已感受到在匈奴羽翼下的「漢帝」並不好當，既然漢朝許以高爵厚祿，確實讓人心動。雖然匈奴單于只是要他假降，他卻假戲真做真心降漢，漢廷也未食言，封之為代王，並以他手下閔堪為代相。盧芳既然真心降漢，原來漢廷許諾匈奴的諸多賞賜自然就免了。這下呼都尸道皋若鞮單于真可說是賠了夫人又折兵，心中不免愧悔交加，於是大舉入侵，時為西元四十一年（東漢光武帝建武十七年）。盧芳雖然真心降漢，但內心總是恐懼朝廷有所猜忌，心中因而忐忑不安。歷來降將、降臣幾乎都有這種心理，所謂疑心生暗鬼，次年（四十二年，東漢光武帝建武十八年），盧芳又舉兵反漢再降匈奴。但他的手下代相閔堪反對他這種出爾反爾的做法，雙方反目成仇，以致各自擁兵相向，打殺了幾個月，難分勝負。匈奴單于得知盧芳再度反漢，也不計前嫌派兵南下迎盧芳北上，盧芳回到匈奴又活了十幾年，死於匈奴，匈奴之於盧芳可說是有情有義。

此後匈奴一直騷擾東漢沿邊各郡，後來東漢名將馬援自告奮勇出擊匈奴，東漢就派他在襄國（今河北省邢台市邢台縣西南）駐守以防備匈奴。西元四十五年，匈奴與烏桓、鮮卑（鮮卑開始登上歷史舞台）聯兵掠東漢沿邊各郡，馬援出擊，惜未能建功；同年冬匈奴又寇上郡、中山，東漢仍然無力抵抗，任由匈奴飽掠而去。次年，匈奴呼都而尸道皋若鞮單于死，由其子左賢王烏達鞮侯嗣立，不久又死，再由烏達鞮侯單于之弟蒲奴嗣立，匈奴內部從此進入多事之秋。

蒲奴單于嗣立之年（四十六年）氣候反常，又逢旱災與蝗害，原本就缺少農作物的草原（**游牧民族在河谷地帶，也有少許農業**），更是赤地千里，牲畜無草可吃多半飢餓而死，人則無牛、羊可食也死亡過半。蒲奴單于面對這情況，無計可施，又怕東漢趁機來襲，於是派使者到漢廷求和親，漢廷也派中郎將李茂出使匈奴，這次有否完成和親，於史傳無載，此處也不宜多作推測。只是漢朝並未因匈奴旱災蝗害而趁機攻打匈奴，但烏桓則認為這是天賜良機，於是起兵攻打匈奴。在天災人禍雙重打擊下，匈奴在漠南已無法立足，只好退到漠北（今日外蒙古）。漠南一時空虛，東漢沿邊各郡也得到休養生息的機會，同時又以財物招降烏桓，利用烏桓以牽制匈奴。這是戰略的運用，也就是以夷制夷，就如同之前匈奴豢養盧芳為漢帝一樣，都是敵對雙方牽制對方的一種手法，不必給予對錯的價值判定。

古往今來常因天災而引起人禍，此時匈奴內部對單于的繼承有了爭執，原先呼都而尸道皋若鞮單于嗣立時，依以往順序應該以當時任右谷蠡王的伊屠智牙師為左賢王❶，但呼都而尸道皋若鞮單于有私心，想傳位給自己的兒子，於是便藉故殺了伊屠智牙師。但前單于烏珠留若鞮的兒子比❷，時為右薁鞬日逐王，統有南邊八部，擁有相當實力，見伊屠智牙師被殺，認為不妥，心中有怨。他認為：如以兄終弟及方式來說，右谷蠡王伊屠智牙師應被立為左賢王；如以父子相承的方式來看，他是先單于的長子，應立為左賢王。從而可見匈奴內部對於單于繼承方式已有了異見，因此藉故不參加匈奴每年幾度的龍庭聚會。

後來蒲奴單于嗣立，對比的猜忌更加深了，於是派兩個骨都侯南下監領比所部之兵，這就更令右薁鞬王比的怨上加恨，於派部下漢人❸郭衡帶了匈奴的地圖到河西去見東漢河西太守，表示有意內附。這件事似乎被那兩個派來監督的骨都侯發覺了，當然向蒲奴單于通報，恰巧此時是匈奴五月大會龍庭之期，蒲奴單于想在此時殺了比。不料被比的弟弟漸將王知道了（**他恰巧在蒲奴單于帳下**），立刻派人通知比，比也立即動員八萬兵之四、五萬人，準備當那兩個骨都侯南下時加以撲殺，這兩個骨都侯知道比要殺他們，當然逃之夭夭了。蒲奴單于只得率兵南下，想以武力逼比就範，但他率兵只有萬餘人，一見比的兵多達四、五萬之眾，不敢前進，只好退回。

這下匈奴又分為南北兩部，此時是西元四十七年（東漢光武帝建武二十三年，蒲奴單于二年）。次年，匈奴南邊八部共立比為單于，並效法其祖父稽侯狦附漢之例，也稱呼韓邪單于，於是率眾南下到五原塞（今內蒙古自治區包頭市一帶），並致書東漢朝廷表示願意永為藩蔽，以抵抗北單于蒲奴。光武帝將此案交付廷議，贊成與反對者，幾乎各居一半，最後光武帝裁決接受第二個呼韓邪單于的歸附，於是稱之為南單于，稱蒲奴為北單于，幾乎是西漢時南北匈奴分裂重演。

歷史事件往往會以不規則的方式重複出現，這一波南單于的後裔劉淵在二百多年後（三〇四年），成為歷史上第一個北方胡族在中國大地建立漢魏式政權者，同時也掀啟諸胡族建立漢魏式政

---

❶左賢王是匈奴單于的法定繼承人，類如中原王朝的太子；而伊屠智牙師是呼韓邪單于與王昭君所生之子。

❷王莽時曾以半強迫方式要匈奴單于家族改用單名，可說是極其無知而蠻橫的做法。

❸兩漢時，漢、匈之間經常有人員、軍隊投降對方，所以比的部屬中有漢人。

權的序幕，造就中國境內各民族的大混融，為中國民族注入新血液，最後都融入隋唐時所謂漢人之中。享譽千多年的大唐詩人劉禹錫，其《陋室銘》千多年來始終是青年必讀的作品，如論其族源，就是這一波南匈奴的後裔❶。南匈奴之歸漢，在歷史上應視為一重大歷史事件，對之後的民族融合實具有很大的影響。

南匈奴第二呼韓邪單于比，於西元四十九年遣使到東漢京師洛陽，請朝廷派使者到南匈奴監護，並遣子到洛陽入侍，一切都比照前呼韓邪單于時的模式辦理，此際南匈奴與東漢的關係可以說是至為融洽。次年漢派中郎將段彬、副校尉王郁出使南匈奴，在五原西八十里立單于庭，使者請單于跪拜、接詔書。呼韓邪單于雖曾猶豫片刻，最後還是跪地接朝廷詔書，之後，單于要「舌人」（口譯人員）告訴漢使說：「單于新立，誠慙（音殘，同慚）於左右，願使者眾中無相屈折也。」這句話的意思是說：單于初立還沒有完全威服左右，希望使者在大庭廣眾下不要過份讓單于受到屈辱。這完全合於常情，試想南匈奴雖然降漢，但單于在南匈奴人心目中，仍然是高貴的統治者，漢使何苦要他跪接詔書，其實這種形式上的尊崇並無實質意義。設若當時如能在單于行將下跪之時，漢使立即將他扶起，這樣雙方裡子、面子都顧到，一定會讓南單于心懷感激，對增進漢匈雙方關係必會產生更多正面作用。可惜歷代中原王朝都太過重視形式，而忽略了對四周邊疆民族的尊重，有時適度的尊重，較豐厚的「賞賜」更具有民族和諧的功能。

東漢光武帝所頒的詔書中提到：准許南單于之眾到雲中放牧。按雲中這地方，秦時設為雲中郡，考其地望約當今山西省長城以北以至內蒙古自治區一部分地方。漢時從雲中郡東北部地方劃出一塊建置為定襄郡，所以東漢光武帝時的雲中郡，約當今內蒙古自治區呼和浩特市托克托縣一帶地方。二百多年後諸胡列國時，稱這一帶地方為敕勒川，可見敕勒這個民族曾經生息於這一帶，否則不會有敕勒川這一辭彙。敕勒，南方稱為高車，與代的突厥、回紇等有族源上的關聯。

早先由於南匈奴的騷擾，東漢北方沿邊雲中、五原、朔方、北地、定襄、雁門、上谷及代，這八郡的人民多遷到塞內。現在南單于既已降漢，漢匈已然和睦相處，這八郡的漢人又紛紛返回故土重建家園，沿長城一帶重現和平、繁榮景象，北方的生產力又見恢復、增加，可見和平乃是最大的資產，而戰爭則是最大的消耗與破壞。

四、北單于與東漢之關係

南單于既降東漢，北單于則仍與東漢對立，西元四十九年，東漢遼東太守祭彤以財物招降鮮卑大都護偏何，要他率鮮卑之眾攻擊北匈奴蒲奴之眾以立功領賞。偏何果然率兵攻擊北匈奴，斬殺北匈奴二千多人，提著北匈奴的人頭領賞，祭彤也不食言，給予應得的賞金。從此鮮卑就經常攻擊北匈奴，一有斬獲就到遼東領賞，這讓北匈奴防不勝防，因此實力大不如前。同年，南匈奴單于之弟左賢王莫，見北匈奴日益衰微，就率萬餘騎討伐北匈奴蒲奴單于之弟薁鞬左賢王，不但大勝，而且還生擒之，蒲奴單于受此打擊，立即向北撤退一千多里。但北匈奴薁鞬骨都侯與右骨都侯則率三萬

❶ 關於此點可參看姚薇元《北朝胡姓考》，台北華世出版社，一九七七年，頁四十八～四十九。另有關劉禹錫之生平事蹟可參看筆者所撰《中唐詩豪劉禹錫，其先本是匈奴裔》一文，該文輯入劉著《文化外史》，台北麥田出版，二〇〇三年，頁一〇七～一一六。

多人投奔南匈奴。

就在這一年夏季（四十九年），被南匈奴活捉的北匈奴左賢王及其人民，不安份守己的放牧，竟然鼓動南匈奴的韓氏骨都侯、當于骨都侯、呼延骨部侯、郎氏骨都侯及粟藉骨都侯一共五個骨都侯，各自率領所統轄人民一共三萬多人，向北投奔北匈奴。這一夥人北上到離北匈奴三百多里地時停了下來，居然想另行成立一個匈奴國，而且要產生一個單于。可能這五個骨都侯為了要爭奪單于的位置，發生內訌，彼此互相殘殺，幾場打殺下來，原北匈奴薁鞬左賢王及五個骨都侯都命喪沙場。但其所屬人民又各自推舉首領自稱骨都侯，各自擁兵自守，成為南、北匈奴間的另一股勢力，不過人數不多、力量也不大。到了這年（四十九年）冬天，實在撐不下去，只好南下回歸南匈奴第二個呼韓邪單于比。就在南下時，北匈奴蒲奴單于派兵南下追趕，想把他們攔截回來，而南匈奴呼韓邪單于也派兵北上迎接這批人，於是南、北匈奴兩軍相遇，一場廝殺下來，南匈奴大敗。原在五原西八十里處的單于庭已無法立足，東漢朝廷就將南匈奴之眾向東遷到西河美稷駐牧（其地當今內蒙古自治區鄂爾多斯市東勝市），以避開與北匈奴正面衝突。可見其時北匈奴尚有一定的實力，東漢當時也還無足夠的武力可以制服北匈奴，所以採取避之則吉的做法。不過還是派段彬、王郁率兵長駐西河以保護南匈奴，原來任命的使匈奴中郎將也隨之遷到西河美稷，從此南匈奴趨於穩定，無論人、畜也都大量的增加，呈現一片榮景。

北匈奴蒲奴單于派兵攔截要南返的五新立骨都侯之眾，與南匈奴之兵接觸獲勝後，遇到漢軍前來接應南匈奴，北匈奴一見漢軍人多勢眾只好撤兵北返。史傳對那新立五骨都侯的餘眾，未作明確交代，很可能是被北匈奴蒲奴單于裹脅而去，雖說可能只有二萬來人，可是在二千年前北方草原而言，還是一股不容小覷的力量。西元五十一年（東漢光武帝建武二十七年）北匈奴遣使到東漢邊境請和，並求和親，光武帝交付廷議，太子劉建說：

「南單于新附，北虜懼於見伐，故傾耳而聽，爭欲歸義耳。今未能出兵，而反交通北虜，臣恐南單于將有二心，北虜降者且不復來矣。」（《後漢書．匈奴傳》）

太子劉建這一番分析頗有見地，光武帝深以為然，於是通知武威太守不要接受北匈奴使者入境，東漢既不准北匈奴使者入境，則求和親之事自然沒有下文。次年（五十二年），北匈奴又派使者來東漢，此回使者帶來貢馬與皮裘，再度請求和親，而且還請求頒賜音樂，表示偃武修文，不再窮兵黷武，這顯然是經過降於北匈奴漢人而且是知識分子的指點。不僅如此，還請求東漢准許北匈奴率同西域各綠洲國家胡客一起來朝貢，這一招偽示討好漢朝，實際上是暗示漢朝西域各國又成為北匈奴的附庸，不無示威之意。我們研究北方草原游牧民族政權時，切不可拘泥於游牧民族都是樸實無文、有勇無謀的既定模式，其實凡是人，除了上智（天才）下愚（白癡）之外，其智慧都沒有太大出入，游牧民族與定居的農業民族一樣聰明黠慧。當然這裡北匈奴宣稱願率西域各國胡客前來朝貢，也可能是虛張聲勢而已，端看東漢如何解讀、判斷。於是光武帝命三府（指太尉、司徒、司空）研擬如何回應，當時司徒班彪說：

「臣聞孝宣皇帝敕邊守尉曰：『匈奴大國，多變詐，交接得其情則卻敵折衝，應對入其數則反為輕欺。』今北單于見南單于來附，懼謀其國，故數乞和親，又遠驅牛馬與漢合市（指互市），重遣名王，多所貢獻，斯皆外示富強，以相欺誕也。臣見其獻益重，知其國益虛，歸親愈數，為懼愈多。然今既未獲助南，則亦不宜絕北，羈縻之義，禮無不答。謂可頗加賞賜，略與所獻相當。報答之辭，令必有適。今位稾草並上曰：『單于不忘漢恩，追念先祖舊約，欲修和親，以輔身安國，計議甚高，為單于嘉之。』往者匈奴數有乖亂，呼韓邪、郅支自相讎隙，並蒙孝宣帝垂恩救護，故各遣侍子稱藩保塞。其後郅支忿戾，自絕皇澤，而呼韓附親，忠孝彌著。及漢滅郅支，遂保國傳嗣，子孫相繼。今南單于攜眾向南，款塞歸命，自以呼韓嫡長，次第當立，而侵奪失職，猜疑相背，數請兵將，歸掃北庭，策謀紛紜，無所不至。惟念斯言不可獨聽，又以北單于比年貢獻，欲修和親，故拒而未許，將以成單于忠孝之義。漢秉威信，總率萬國，日月所照，皆為臣妾，殊俗百蠻，義無親疏，服順者褒賞，畔逆者誅罰，善惡之效，呼韓、郅支是也。今單于欲修和親，款誠已達，何嫌而欲率西域諸國俱來獻見。域國屬匈奴與屬漢何異？單于數連兵亂，國內虛耗，貢物裁以通禮，何必獻馬裘。今齎雜繒五百匹、弓鞬韇丸一、矢四發，遺單于，又賜獻馬左骨都侯、右谷蠡王雜繒各四百匹、斬馬劍各一。單于前言：『先帝時所賜呼韓邪竽、瑟、空侯皆敗，願復裁賜。』念單于國尚未安，方厲武節，以戰攻為務，竽、瑟之用，不如良弓、利劍，故未以齎。朕不愛小物，於單于便宜，所欲遣驛以聞。」

（《資治通鑒》，班彪係班固、班超之父）

班彪所建議各點，光武帝都予採納，但對北匈奴求和親一事並未給予明確答覆。班彪這一份建議，如仔細讀可知情理兼顧而且軟硬兼施，其所以刻意避答和親問題，可能是既不能同意，又不便回絕，所以乾脆避開，因此光武帝全部採納，北匈奴對漢廷如此作答也無可奈何。

西元五十九年，北匈奴蒲奴單于第十三年（東漢明帝劉莊永平二年），北匈奴護于丘率一千多人投降漢朝。及至西元六十二年，北匈奴五、六千騎入五原寇掠雲中以至原陽，南匈奴引兵抵抗，東漢西河長史馬襄也立刻率兵救援，北匈奴一見勢頭不對，立即引兵北返。次年，北匈奴又曾多次南侵，東漢不勝其擾，也引以為憂，北匈奴在寇掠之餘，又遣使求和親及互市，可見北匈奴政治手腕相當靈活，想以戰逼和。因此寇掠的規模也不會大到讓東漢無法忍受，卻又不得不加以處理，或許由於東漢明帝個性柔弱，便同意了北匈奴的請求❶。時為西元六十五年，北匈奴蒲奴單于已經龍馭上賓，由胡尸逐侯鞮（六十五～八十五年在位）嗣立為北匈奴單于。

漢明帝之所以同意與北匈奴和親，可能是希望透過和親使北匈奴不再騷擾邊境，所以派給事中❷鄭眾出使北匈奴。鄭眾南返後，向朝廷奏稱北匈奴之所以急於要和親，可能有以下兩個原因：其一，離間南匈奴與漢的關係，並藉與漢和親來鞏固西域各綠洲國家歸附北匈奴；其二，宣揚北匈奴與中原王朝的親密關係，可以向敵對政權誇耀自己與大國有姻婭之親，使「西域欲歸化者（指欲降附中國者）局促狐疑，懷土之人絕望中國耳。」❸鄭眾這項分析相當中肯，可惜東漢明帝還是答應了和親，更可惜的是和親的詳細情形、乃至和親公主是誰，史傳都沒有記載，使人有諱莫如深之感。

❶《後漢書，南匈奴傳》。
❷官名，自秦至清都設有北官，掌顧問應對之事。
❸《冊府元龜》卷九七八。

事實上兩漢的和親公主可能有四、五十人之多，可是只有細君公主、解憂公主（**均嫁烏孫王**）、昭君公主（**嫁匈奴呼韓邪單于**）留下名號，其他的和親公主都沒留下任何記錄。這些和親公主犧牲自己一生幸福換得國家、民族的安全，撰著《史記》、兩《漢書》竟然吝於將其名號記錄下來，似乎不太公平。

據相關史料記載，東漢與北匈奴和親時，似乎訂有「密約」，這項「密約」的內容規定：南、北匈奴交戰時，南匈奴如俘得北匈奴「生口」，應全歸還北匈奴，而所謂「生口」是奴婢的另一稱謂❶，北匈奴守約，不時貢獻，但東漢則背約，不斷扶植南匈奴，而且鼓勵南匈奴斬殺北匈奴人。所謂「南部斬首獲生（**斬殺北匈人，俘獲生口**），計功受賞」，這大大的違背了雙方的「密約」。從何看出有這份「密約」？據《冊府元龜》卷九七八有如下一段記載：

> 章帝元和二年❷，武威太守孟雲上言：「北虜（**指北匈奴**）以前既和親，而南部（**指南匈奴**）復生抄掠，北匈奴謂漢敗盟（**此為有密約之證據**），謀欲還塞。謂宜還南掠生口，以尉安其意。」帝從太僕袁安議，許之。仍下詔曰：「……往者，雖有和親之名，終無絲髮之效，墝角之人（**墝，音橋，墝角指貧瘠之地**），屢嬰塗炭，父戰於前，子死於後，弱女乘於亭障，孤兒號於道路；老母寡妻設虛祭，飲泣涕，相望歸魂於沙漠之表，豈不哀哉！……」今與匈奴君臣分定（**指北匈奴**），辭順約明，貢獻累至，豈宜違信，自受其曲。其敕度遼及領中郎將龐奮倍雇南郡（**郡應為部之誤，指南匈奴**）所得生口，以還北虜。其南部斬首獲生，計功受賞如當（**同常**）科。

從上引史料證實東漢明帝答應與北匈奴和親時，確實有「密約」存在，而東漢先違背盟約，所以雖有和親，北匈奴仍然不時騷擾東漢邊境，只是此際北匈奴實力不大，對東漢所造成的損失並不太大。此後幾年北匈奴幾乎每年都會出兵侵犯東漢邊界，東漢頗引以為憂，如果細究其因，與東漢之違約應有關聯。

由於文獻不足，對北匈奴內部情況不是很清楚，北匈奴因其所處地理位置土地貧瘠，為取得生活必須物質（如紡織物、穀類等），必然要向西域各綠洲國家求發展。按西域各綠洲面積都不大，人口也不多，且均已城居，可說是小國寡民，可勝任當兵者（就是史傳上所謂的「勝兵」）多則數千人，少則數百人。而綠洲與綠洲之間幾乎都有沙漠阻隔，匈奴是游牧民族，幾乎人人是兵，而且把戰爭當成掠奪物資、人口（以之為奴隸）的機會，因此人人善戰且願意打戰，北匈奴儘管已經衰微，至少還有幾十萬人，對西域各綠洲國家而言，仍然是大國。北匈奴只要能控制西域各國，就等於有了物資補給基地，因此東漢想要徹底解決北匈奴問題，就必得切斷其與西域的關係，這就是西漢武帝時要「斷匈奴右臂」的大戰略。

前文提到歷史事件經常會不定時重複出現，於是東漢又開始經營西域。就在西元七十三年（東漢明帝永平十六年），派顯親侯竇固出酒泉到天山，設法取西域東端的伊吾盧（今新疆維吾爾自治區哈密地區伊吾縣），既得手，就留下若干士卒在當地屯田，設宜禾都尉以為管理。朝廷另派謁者

❶ 崔明德《中國古代和親史》，北京人民出版社，二〇〇五年，頁一四八

❷ 繼明帝而立者為章帝劉炟，七十五～八十八年在位，其元和二年為西元八十五年。

耿秉率軍出張掖，至三木樓山以伐北匈奴，稍早竇固派他的假司馬班超❶出使樓蘭。次年（七十四年）竇固率兵出敦煌伐北匈奴，在蒲類海❷附近擊敗北匈奴，車師降於東漢，東漢遂設置西域都護及戊己校尉，作為統治西域的象徵。但在西元七十五年，北匈奴出兵攻車師，殺車師後王，又攻東漢戊己校尉耿恭駐紮的金蒲城（今新疆巴里坤哈薩克自治縣），但未能攻下只得撤兵。同年東漢明帝薨，由其子劉炟嗣位，是為東漢章帝，以征西將軍耿秉行度遼將軍事，思對北匈奴有所作為。西元八十二年（東漢章帝建初七年）升度遼將軍為執金吾（**居列卿，位高權重**），以張掖太守鄧鴻行度遼將軍事。次年，北匈奴三木樓訾大人稽留斯等率三萬多人、馬兩萬匹、牛羊十餘萬頭到五原降於東漢，北匈奴力量又見減小。稽留斯等之所以來降，很可能是北匈奴內部又發生權力鬥爭，稽留斯等鬥敗而降漢，其能率眾三萬多人，可推測當時北匈奴尚有數十萬人之多，仍然不容小覷。

西元八十四年，北匈奴遣使到武威向太守表示希望互市，可見其內部物資極為缺乏，此時漢朝也改變隔絕做法，章帝命武威太守孟雲派翻譯人員引導北匈奴前來互市，北匈奴遂由大且渠❸伊莫訾王等帶來牛馬等一萬多頭與漢人交易。有先自行而來的北匈奴諸王、大人，東漢沿邊地方官員都設宴款待也致贈禮物，這顯然是經過朝廷同意的，一時之間北匈奴與東漢關係改善。

在此又得提到南匈奴的處境及其立場，基本上南匈奴不願見到北匈奴與東漢關係改善，既要經常與東漢合作討伐北匈奴，但也不希望徹底消滅北匈奴，唯其如此才能凸顯南匈奴存在的重要性，且也有「養寇自重」之用意。此際（八十四年）東漢突然同意與北匈奴互市，且沿邊地方官員又以殊禮接待，這是否象徵東漢與南匈奴之間已有齟齬，使東漢以此改善與北匈奴關係，形同對南匈奴施壓。東漢此種做法，也是傳統「以夷制夷」之思維，只是《後漢書》並沒有點明此點，此處乃是依據「情況證據」加以推測，確否？則尚待更多的「情況證據」來證實。

北匈奴既與東漢和睦互市，南匈奴感到不悅，因此時常劫掠南下互市的北匈奴的牛羊，意在嫁禍東漢，希望激起北匈奴對東漢的敵意。可見南匈奴在玩「以夷制漢」的把戲，並以之對抗東漢的「以夷制夷」策略。國際間從來就是爾虞我詐，從無誠信仁義可說，《後漢書》對南匈奴經常攔劫北匈奴南下互市的牛羊，有頗詳細的記載，此處不贅。

西元八十五年，又有北匈奴大人車利、涿兵等七十二人逃到塞內，極可能此時北匈奴內部又發生權力鬥爭，否則北匈奴貴族何必南下投漢？《後漢書》對此有如下的記載：

> 時北虜衰耗，黨眾叛離，更加以南匈奴攻其前，丁零寇其後，鮮卑擊其左，西域侵其右……

可見其時北匈奴情況確實不妙。而東漢朝廷仍是鼓勵南匈奴殺北匈奴，以殺人多少論功行賞。由於文獻不足，北匈奴單于世系傳承並不清楚，只知道西元八十七年時，北匈奴單于是優留單于，此年鮮卑攻進北匈奴左地，殺了優留單于。優留單于一死，北匈奴內部大亂，屈蘭、儲卑、胡都須等五十八部約二十萬人南下雲中、五原、朔方等郡降於東漢。這部分《後漢書》都曾詳載，從而可

---

❶ 假司馬係官名，為代理司馬之職。班超為班彪之子，投筆從戎就是指他棄文就武。

❷ 蒲類海為今新疆維吾爾自治區哈密地區巴里坤哈薩克自治縣的巴里坤湖。

❸ 官名，當係管理且渠部落之首領，而且渠未必是匈奴人，很可能是早期攻打月氏時擄來之月氏人。

見北匈奴是要比南匈奴強多了，這也或許是東漢鼓勵南匈奴殺「北虜」，憑首級領賞的原因。這次北匈奴五十八部二十多萬人南下降漢，對北匈奴而言應是一個重大打擊，東漢將這些來降的北匈奴人都給了南匈奴，這使得南匈奴人口急遽膨脹。次年（八十八年），南匈奴單于休蘭尸逐侯鞮屯屠何❶上書漢廷表示願意出兵討伐北匈奴，併南北匈奴為一國，使漢廷無北顧之憂，這份奏疏可說是文情並茂，《後漢書》載有全文。就在這一年東漢章帝薨，由劉肇即位，是為和帝，次年（八十九年）改元永元元年。東漢決定會合南匈奴，全面討伐北匈奴。漢以車騎將軍竇憲為統帥北伐北匈奴，大勝，追逐到燕然山（今外蒙古杭愛山），令中護軍班固刻石紀功，這就是有名的《燕然山銘》，在歷史上具有特殊意義。以往在中學國文教科書都列有此文，可見其文學造詣也很高，茲將其全文引錄如次，讓國人知道在一千九百多年前中國王朝力量已經到達外蒙古中西部了：

惟永元元年秋七月，有漢元舅曰車騎將軍竇憲，寅亮聖皇，登翼王室，納於大麓，惟清緝熙。乃與執金吾耿秉，述職巡禦，理兵於朔方。鷹揚之校，螭虎之士，爰該六師，暨南單于、東胡烏桓、西戎氐羌，侯王君長之群，驍騎十萬。元戎輕武，長轂四分，雷輜蔽路，萬有三千餘乘。勒以八陣，蒞以威神，玄甲耀日，朱旗絳天。遂凌高闕、下雞鹿，經磧鹵，絕大漠，斬溫禺以釁鼓，血屍逐以染鍔（**刀劍之刃**）。然後四校橫徂，星流彗掃，蕭條萬里，野無遺寇。

於是域滅區殫，反旆而旋，考傳驗圖，窮覽其山川。遂踰涿邪，跨安侯，乘燕然，躡冒頓之區落，焚老上之龍庭。將上以攄高文之宿憤（**高文，指漢高祖、漢文帝而言。攄，音蘇，有抒發之意**），光祖宗之玄靈；以下安固後嗣，恢拓境宇，振大漢之天聲。茲所謂一勞而久逸。

暫費而永寧也。乃遂封山刊石，昭銘盛德。其辭曰：

> 鑠王師兮征荒裔，勦凶虐兮截海外，敻其邈兮亙地界，封神丘兮建隆嵑（嵑，音可，山石高峻貌），熙帝載兮振萬世。（《昭明文選》錄有此文）。

此役唯一美中不足者，是竇憲未能生擒北單于，因此竇憲又派軍司馬吳汜、梁諷拿著金帛去找北單于，目的當然要北單于降漢。吳汜、梁諷一行在西海遇到北單于。這個西海究竟在哪裡？現在已難以考定，以往有人認為就是今天中亞的鹹海，但與燕然山距離太遠，以常理推測吳汜、梁諷一行不太可能追那麼遠，此處認為所謂西海比較可能是今天外蒙古科布多東邊的哈爾烏蘇湖，如果誇張些可以認定為今天新疆西邊的宰桑泊❷。吳汜、梁諷一行見到北匈奴單于後，一方面宣達漢廷的威望，一方面把帶去的黃金、布帛賞給北單于，此際北單于有如喪家之犬走投無路，只得稽首接受漢使的賞賜，但對降漢一事並沒有接受。估計此時他手下或許還有一部分兵卒，所以吳汜、梁諷也無力將他擒拿。但北單于派其弟右溫禺鞮王攜帶禮物隨吳、梁等來到洛陽向東漢貢獻，並願意入侍東漢，但竇憲認為北單于沒有親自前來，這個右溫禺鞮王份量不夠不要也罷，就打發他離開。次年（九〇年），東漢拿下西域東端的伊吾，於是車師前、後王懾於漢朝的威望都遣子入侍。之前被打發離開的北匈奴右溫禺鞮王此時到邊境表示願意向東漢稱臣，竇憲就派班固、梁諷等到塞上迎接，此時北匈奴可能還有些殘

---

❶「休蘭尸逐侯鞮」是號，「屯屠何」是名，北方草原游牧民族習慣在官名之外加以官號，詳見羅新《中古北族名號研究》，北京大學出版社，二〇〇九年。

❷或作齋桑泊，原為中國領土，一八六九年中蘇簽訂《烏里雅蘇台界約》時，被俄羅斯所佔領。

餘力量，但已不具威脅性。但南匈奴還是不肯善甘罷休，又上書漢廷要繼續追殺北匈奴，而朝廷也同意了。北匈奴原已疲弱不堪一擊，次年（九十一年），竇憲又派左校尉耿夔、司馬任尚率兵出居延塞（約當今內蒙古自治區阿拉善盟額濟納旗境內），在金徽山（今外蒙古阿爾泰山，此山脈也向西延伸入新疆）將北匈奴單于等團團圍住，生擒北單于之母、斬殺名王以下五千多人，據《後漢書》所載北單于率殘部落荒而逃，不知所終。

五、北匈奴西徙與阿提拉帝國

《後漢書》雖載竇憲擊潰匈奴後，北匈奴不知所終，其實這只是北匈奴逃出東漢勢力範圍之外，已與東漢無關，所以在東漢的文獻上，就以「不知所終」作為交代。按竇憲那最後一擊，生擒北單于之母，斬殺名王以下五千多人，依理來看沒有被生擒、斬殺的顯然還很多，如果以七、八萬落來計算（**每落約五人**），對西域各綠洲國家而言，仍算得上是泱泱大國。雖然《後漢書》稱北單于不知所終，而《三國志》、《晉書》也沒有對北單于落敗後的蹤跡加以追蹤記載，但《魏書》則記載了落荒而逃的北單于後裔的一些事蹟。現在且看《魏書・西域傳・悅般國》的記載：

> （**悅般國**）其先匈奴北單于之部落也，為漢車騎將軍竇憲所逐北單于度金微山（**即金徽山**），西走康居，其羸弱不能去者往龜茲北。地方數千里，眾可二十餘萬，涼州人猶謂之單于王。

《魏書》明白指出被竇憲擊破的北單于之眾，向西逃亡，分為兩股，一股健壯者逃往康居（今中亞薩馬爾罕一帶），另一股羸弱者，則往龜茲（今新疆維吾爾自治區阿克蘇地區庫車縣）之北，其地方數千里，到北魏時，有眾二十多萬，稱悅般國。可見悅般國正是北匈奴後裔所建的國家，自西元一世紀末北匈奴西逃，至西元五世紀北魏時（北魏太武帝拓跋燾四二四～四五二年在位）始通西域，歷經三個多世紀北匈奴之族必然與龜茲一帶的吐火羅人發生了混融，不再是單純的匈奴族。在北魏太武帝太平真君年間（四四〇～四五一年），悅般國曾兩度遣使入貢於北魏。《魏書》載悅般國的情況為：

（**悅般國**）其風俗言語與高車同，而其人清潔，或仿胡俗剪髮齊眉，以醍醐❶塗之，昱昱然光澤（**昱，音育，明亮之意**），日三澡，然後飲食，其國南界有火山❷，山傍石皆燋鎔，流地數十里乃凝堅，人取為藥即石流黃也。

這一段文字謬誤頗多，混高車與匈奴為一，把嚈噠習俗誤作悅般習俗，但仍具參考價值，如遣使通北魏就是一項很重要的史料。這是進入龜茲北的一股北匈奴；另一股則向西奔向康居（見所附《北匈奴西遷圖一》）。《魏書》指悅般的風俗與高車同，如果不混淆，則是北匈奴的一股遷

❶醍醐有二意，作乳酪解時，其上一層凝者為酥，酥上加油者為醍醐；另外作美酒解。此處顯然是指乳酪上的油。

❷此處稱日三澡，然後飲食，乃是嚈噠人的習俗，誤為悅般。南界有火山是指龜茲之北有火山。

到龜茲之北後，其地正是高車分布地區，曾在其地建有高車汗國。在不同民族混合雜處的情況下，人數少、力量弱的民族，在風俗、語言上往往是向人數多、力量強的民族傾斜，因此悅般國人民或有可能在風俗、語言上融入高車之中，也並非不可能之事，因此與原來的匈奴已經產生質變。按北魏太武帝太平真君九年（四四八年）六月，悅般國曾遣使北魏，要與北魏聯兵討伐柔然（**北魏稱柔然為蠕蠕**），太武帝同意。稍早幾年（四三一年）南匈奴後裔赫連夏被北魏攻滅，按拓跋燾對匈奴的赫連夏可說是深痛惡絕，何以十七年後對匈奴後裔的悅般國卻可以合作，其中原因之一很可能是悅般國人已經與匈奴人有很大的差異了，這一點以往論悅般國時很少有人注意到。

至於西走康居的那一股也是主體的北匈奴，其質變的情形必然較之建立悅般國的這一股更為嚴重，這是我們探討進入歐洲的匈奴時必須具備的基本認識。現在再看《魏書、西域傳、粟特國》的一段記載：

> 粟特國，古之奄蔡一名溫那沙，居於大澤，在康居

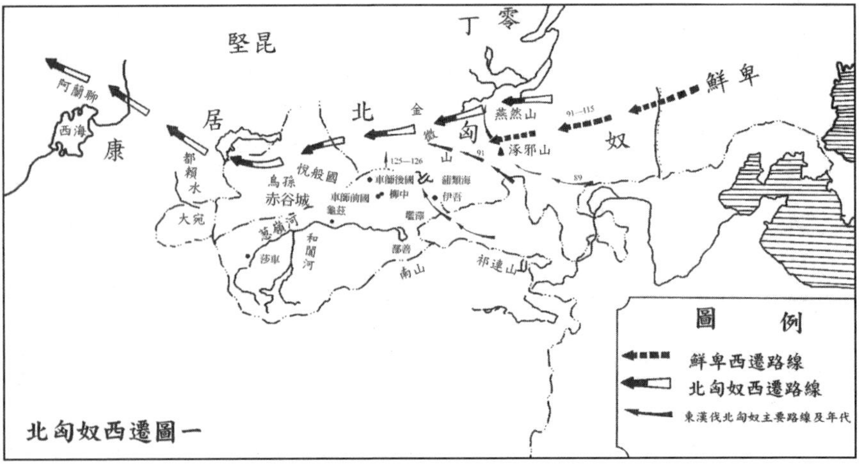

圖例
鮮卑西遷路線
北匈奴西遷路線
東漢伐北匈奴主要路線及年代

北匈奴西遷圖一

西北，去代（**指北魏京城平城，即今山西大同**）一萬六千里。先是，匈奴殺其王而有其國，至高宗（**指北魏文成帝拓跋濬**）初遣使朝貢，至王忽倪已三世矣。其國商人先多詣涼土販貨，及克姑臧（**今甘肅武威**），悉見虜。（高宗初）粟特王遣使請贖之，詔聽焉。自後無使朝獻。

要解讀這段話，要先了解《魏書・西域傳》在宋以前就亡佚了，現存的版本是以唐李延壽所修的《北史・西域傳》來填補，而《北史・西域傳》又是轉錄自《隋書・西域傳》。《隋書》是唐代魏徵（五八〇～六四三年）領銜所修，上距竇憲破滅北匈奴已有近五個世紀之久，所載難免模糊甚至失真，有此認知後再回過頭來讀上面這段史文。

「粟特國，古之奄蔡」似為誤傳，其主要原因可能是北魏派董琬、高明出使西域，在傳聞粟特被匈奴所滅（**其實是被嚈噠所滅而非匈奴**）的同時，又聽說阿蘭（**或稱阿蘭聊**）和奄蔡被「匈人」所滅，由於匈奴與「匈人」名稱極為相似，而匈人滅阿蘭事在西元三七〇年左右，而匈奴（**實為嚈噠**）滅粟特的時間也相去不遠，於是推斷「奄蔡」為「粟特」。《魏書・西域傳》的編者遂根據董琬、高明的報告，將粟特與奄蔡混而為一，以上這一段辨正可參看余太山《兩漢魏晉南北朝正史西域傳要注》❶。「溫那沙」其讀音應為un-na-Shea 乃 Hūnashah 之對譯，指嚈噠，嚈噠或感於匈奴曾在西域享有極大威名，曾一度自稱匈奴。「大澤」就傳文前後國家位置看，應指今中亞的鹹海。至

❶ 北京中華書局，二〇〇五年，頁四六〇～四六一。

於「匈奴殺其王而有其國」，此處的「匈奴」，仍然是「嚈噠」，嚈噠自稱匈奴，西方文獻也多稱之為「白匈奴」❶。但嚈噠不是匈奴，至於其究竟為何族，其考定工作已非本文所能涵蓋，如有興趣可參看余太山《嚈噠史研究》一書❷。

如此看來上引《魏書》所說的匈奴，都是嚈噠，嚈噠或多或少也帶有若干匈奴血緣，而且也借用了許多匈奴語彙，因此冒稱匈奴也不全然是憑空捏造。上引史料稱北魏文成帝（四五二～四六五年在位）時，匈奴（其實是嚈噠）統治粟特已經三世。一般史家以三十年為一個世代，三世則為九十年，如果從北魏文成帝興安元年（四五二年）往上推九十年，為西元三六二年。據西方文獻所載，西元三七四年有一支匈奴人入侵東歐。如果以上兩項記載都屬實的話，顯然入侵東歐的匈奴人與攻滅粟特的匈奴（嚈噠）人不是同一股，因此留在中亞（粟特）的這一支不管是匈奴還是嚈噠，都不是進入歐洲建立匈奴大帝國的匈奴人，這是顯而易見的。

那麼進入歐洲的匈奴，又是哪一支呢？我們似乎可以這樣解讀：當東漢竇憲擊破北匈奴後，北匈向西逃竄，其羸弱不願西徙者留在龜茲之北，建了後來所謂的悅般國，時間一久，就與高車相混融；北匈奴的主體繼續西遷進入康居，沿途與廣義的塞種各民族相混融，形成白匈奴❸，這一支停留在中亞；其餘應該是北匈奴單于所率領的真正北匈奴主體，繼續向西北遷移，沿途吸納了阿蘭等各游牧小民族，但仍以匈奴人為主體奔向西方，這一支才是進入歐洲、建立匈奴大帝國的匈奴人。這一分析較為合於情理，當然這只是筆者師心之見，確否仍有待更多的史料證明，不過到目前為止，也沒有任何史料指出這種推測是錯的，因此不妨在這一基礎上往下探索。

當匈奴入侵歐洲時（三七四年），似乎有必要把四世紀時歐洲的情況酌為敘述。在西元五世紀之前，羅馬帝國是歐洲最強大也是文明最發達的國家，只是羅馬帝國並沒有統治整個歐洲。在北歐斯堪地納維亞半島聚居著一批強悍、文明落後的日耳曼民族，日耳曼民族支系很多，大約在西元前就有幾個支系向南遷移到波羅的海南岸維斯杜拉河口一帶，之後更逐漸移入多瑙河、萊茵河以及維斯杜拉河口到北海之間的廣袤地區。從許多跡象來看，日耳曼民族還有向南遷徙的態勢，這個態勢讓羅馬帝國感到不安。

日耳曼人有許多支系，居東方者稱之為東哥德人；在東哥德人西邊者，稱西哥德人；在西哥德人西邊者，稱汪達爾人。這些日耳曼人身軀高大、凶猛強悍，他們都是游牧民族，雖然文明程度不高，但個個勇猛善戰，與游牧的匈奴人一樣都認為掠奪獲得財物、人口、牲畜是一種很自然的行為。因此在羅馬帝國看來，除了以「蠻族」稱之之外，很難找到更合適的詞彙來稱呼這些日耳曼人。日耳曼人文明雖不高，但上馬打仗則毫不含糊，他們使用短矛，既便於近身搏鬥又可以作為投擲的利器。這一群在歐洲的「蠻族」，就如同在亞洲的匈奴一樣，經常「南下牧馬」以掠奪物資。在西元四世紀之前，這些「蠻族」還沒有給羅馬帝國帶來太大的災難，而靠近羅馬帝國的日耳曼人似乎也學習了一些文明人的禮儀，與羅馬人進行和平交易（**如同匈奴與邊境漢人的「互市」**）。所以初時並沒有引起羅馬人的敵視，而且由於日耳曼人的剽悍善戰，羅馬帝國甚至有意招募日耳曼人

---

❶ 美、麥高文 William Montagomery McGoven 著、章巽譯《中亞古國史》，北京中華書局，二〇〇四年，頁二四六～二四七。

❷ 北京商務印書館，二〇一二年。

❸ 塞種各民族都是高加索種，也就是俗稱的白種人，皮膚較為白皙，西方人乃稱之為白匈奴。

加入羅馬軍隊。當時羅馬帝國的一些「有識之士」對這種現象感到憂心，直覺地認為羅馬軍隊已經「蠻族」化了。

就在一部分日耳曼人與羅馬帝國還算「和平共存」的情況下，一時之間倒也相安無事。回過頭來看，上述西逃的第三股北匈奴在其單于率領下繼續向西遷移，沿途吸納了一些民族，但大體上還是以匈奴為體，而且也仍以匈奴為名，並沿續草原游牧民族不斷向外擴張的天性，只要能征服的民族或國家，無不征服之。只要能征服一個部落或一個民族，就以之作為向外擴張的先鋒，自己則在後督軍，先鋒如果作戰不力立予追殺。待征服第二個部落或民族時，再以之為先鋒，先前被征服者則退居二線督軍，自己則殿後督軍，如是周而復始，就像滾雪球一樣越滾越大。從匈奴的冒頓單于，以至蒙古的成吉思汗都採取此一滾雪球戰略，雖然既殘忍且不人道，但戰爭本身就是不人道，無須加以苛責。試看美國誣指伊拉克海珊政權擁有化學及毀滅性武器，於是悍然出兵摧毀海珊政權，結果什麼都沒找到，而伊拉克軍民白白死了幾十萬，這豈不也是既殘忍且極不人道，只是發生的時間不同。北匈奴是在西元四世紀時採行這種不人道的戰略，而美國是在二十一世紀時採行單邊的屠殺戰略，兩相比較誰更不人道。

據麥高文《中亞古國史》稱，當西元四世紀時，有一支質變、量也變的匈奴族，出現在波斯北境，西方史料曾稱約在西元三五六年時，波斯北境遭到 Chionites 族的攻擊，而這 Chionites 族據稱就是匈奴❶，這時上距北匈奴被東漢擊潰已經有二百多年。原來匈奴嚴密的政治組織如單于居中、下有左右賢王、左右日逐王、左右谷蠡王……等都不見了，甚至連「單于」的名號也不再見諸西方文獻❷，所以本文認為進入歐洲的匈奴與原在中國北方的匈奴，名雖同而實已異。

西元四世紀中葉，西遷的匈奴沿途吸納了若干民族，大約在西元三七四年左右，這一支新興而強大的名為匈奴的民族出現在頓河河濱，於是便開始向歐洲進軍，並於同年攻入東哥德人領地。從有限資料得知此時匈奴的領袖或國王（未見有稱之為單于者）叫巴蘭勃（音如 Balember），從此歐洲人開始知道東方有一支強悍的民族叫「匈奴」。可能在攻打東哥德人時殺戮過於殘忍，因此歐洲人對匈奴的描繪，不僅全憑臆測而且極盡誣衊之能事，對匈奴民族的起源更是憑空捏造，有如天方夜談。據六世紀哥德史家約旦尼斯（Gordanes，或譯為喬丹斯），曾記錄了如下一則傳說：

> 斯基泰亞（Skythia，即指塞種人居住之地）地方的魔女們，和遊蕩在沙漠中的惡魔們交媾，這種可詛咒的行為的結果，遂產生了Hun族（即匈奴）。（《征服與遠征》，台中藍燈文化事業公司出版，未列撰著者，也未註明出版年月，全書有五冊十卷，篇幅頗大，上段引文出自第三冊上卷，頁一〇一）

這一段描述純屬杜撰且極盡誣衊之能事，但卻很快傳遍歐洲各地，於是歐洲人對匈奴充滿恐懼、厭惡，他們相信魔女和惡靈的子孫血液中除了遺傳其雙親邪惡本性外，也一定繼承了其雙親那種超自然的能力，可見當時歐洲人對民族的認知是如此幼稚。約旦尼斯對匈奴還有一段如下的描述：

---

❶《中亞古國史》，頁一九三。

❷ 西方史家夏德認為西遷後的匈奴，仍保有「單于」名號，但麥高文予以駁斥，見《中亞古國史》，頁一九三～一九四。

他們（**指匈奴，以下皆同**）容貌之可怕，也許並未經過真正作戰，就使得對方感受到重大的畏懼，他們使得敵人在恐懼中驚逃，因為他們黯黑的狀貌是可怕的。他們的頭不像一個頭，只是一種塊然之物，他們的眼睛狀如針孔，也不像眼睛，他們的強悍，表現於其粗野狀貌中。而從他們對嬰兒，即可知其殘暴，因為他們在嬰兒初生時，即以劍割其兩頰，所以在嬰兒受乳以前，便要忍受刀傷了，因此之故，他們至老而無鬚。他們的青年人，也因創痕被面，髭鬚不生而喪失優美之感。他們軀體短小，行動敏捷，善用弓矢，頸項也永遠傲然自舉著。（林旅芝《匈奴史》，香港波文書局，一九七三年，頁一四八）

這一段對匈奴人容貌、軀體的描述，仍不脫杜撰成分，我們從《史記》、兩《漢書》、《晉書・載記》、《十六國春秋》等史傳對匈奴人容貌的記載，都沒有如上引資料所形容的樣子。如《晉書》稱劉淵（元海）「劉元海容儀機鑒，雖金日磾❶無以加也。」，再看同樣是匈奴的赫連勃勃史傳載具「魁岸、美容儀」❷。怎麼會像約旦尼斯所形容的「頭不像一個頭……眼睛……也不像眼睛……」眼睛不像眼睛，難道像鼻子？西方人對中國的描述大抵都是如此，可信度不高。

當匈奴入侵東哥德時，東哥德戰敗，只好降於匈奴，當東哥德敗訊傳到西哥德時（**西哥德分布於多瑙河之北普魯士河之西，詳見《北匈奴西遷》圖二**），西哥德人大為震驚，其領袖阿散拿尼克（Athenaric）立刻調兵遣將在聶伯河下游河岸布防，以阻止匈奴人渡河。只是這防衛計畫居然被匈奴探悉，於是繞道聶伯河上游，安然渡過聶伯河，等於從西哥德人後方進行突擊，阿散拿尼克當然被打得落花流水，於是逃往德蘭錫爾伐尼亞森林高地，損失了不少人馬、輜重。西哥德人受此重創之後，深知如不託庇於羅馬帝國，很可能會被匈奴消滅，於是幾度派使者向羅馬帝國皇帝瓦倫斯（Valens）交涉，希望能給予庇護。

西元三七四年秋，羅馬皇帝瓦倫斯終於准許西哥德人入境，據西方史料記載，渡過多瑙河的西哥德壯士就有二十多萬人，自然還有更多的老弱婦孺，總人數可能超過五十萬人。匈奴攻打東、西哥德可說是大獲全勝，並且掠奪了大量財物、牲畜，乃至年輕婦女及兒童，力量更為壯大，所過之處有如秋風掃落葉。匈奴的勇猛善戰及殘酷殺戮，很快地傳播到汪達爾、法蘭克、勃艮第、薩克遜人居住的地方，這些人民大感恐懼，也都想與西哥德人一樣能逃到羅馬帝國境內受到庇護，這就是西洋史上所謂之蠻族大遷徙。

羅馬帝國之所以同意讓西哥德人入境，原是想

❶ 金日磾，要讀作金密底，西漢武帝時匈奴渾邪王之子。

❷ 《晉書》。

北匈奴西遷圖二

利用西哥德人的野蠻力量，以鎮壓帝國內其他蠻族，說穿了也不過是「以夷制夷」的西方版而已，所以不但准其入境，還許之為「同盟者」，讓他們在多瑙河下游南岸的密亞省聚居，並給予若干優遇。帝國的政策雖然如此，但執行政策的官員則態度惡劣，又私自增加許多苛捐雜稅，這情形，與中國古代許多邊臣疆吏的作為如出一轍，最後激起邊疆民族的反抗。可見無論東、西方處理民族事務的官員，當手中握有權力時往往暴露出人性貪婪的一面。西哥德人在忍無可忍的情況下，終於揭竿而起，規模不斷擴大，最後羅馬皇帝瓦倫斯不得不御駕親征，結果卻戰死沙場。帝國由狄奧多西嗣立，同時與西哥德人談和，條件是准許西哥德人到下穆亞省境內定居，時為西元三八二年，而此時匈奴已經進入上穆亞省及巴諾尼亞這兩個地方。

六、匈奴帝國與匈牙利

西元三八四年，匈奴又進攻狄薩城（Edessa），這次西羅馬帝國將軍雷錫麥（Ricimer）卻表現出奇的神勇，居然把入侵的匈奴大軍擊退。很可惜的西方史料並沒有記下此前所有匈奴領袖的姓名，而漢文史料由於地域的隔閡就更不可能有這方面的資料。這次匈奴受挫而改變侵略的對象，暫時放下對西羅馬帝國的攻擊，把侵略的目標指向亞美尼亞、美索不達米亞及敘利亞等東羅馬帝國屬地，這讓西羅馬帝國喘了一口氣。及至西元三九六年，匈奴又進攻波斯。這幾次戰役都是志在掠奪，並沒有佔領這些地方，所以匈奴主力並沒有出動，仍然停留在南俄草原。稍後匈奴主力西移，沿途勢如破竹所向無敵，而匈奴領袖的名字也逐漸浮現，這時應該已經是西元五世紀初了。

西元五世紀初，進入歐洲的匈奴人在多瑙河東邊以潘諾尼亞大草原為中心，這片大草原包括後來的匈牙利、羅馬尼亞以及南俄草原，建立起匈奴帝國。這個帝國是奧客塔兒❶及路阿（Rua）兄弟兩人所建立。奧客塔兒為人內斂，只知道他統治帝國的西部，其弟路阿統治帝國的東部❷，其他事蹟都無從查考❸，他在與勃艮第人作戰時，死於戰場。這種兄弟分治國家，與同一時代在東方的高車汗國幾乎完全一樣，與稍晚一個世紀崛起於中國阿爾泰山一帶的突厥汗國也頗相似。奧客塔兒死後，帝國由路阿統治，這時是西元四二二年。巧的是在中國境內也正有一個匈奴族所建的夏政權，創建者為赫連勃勃（四〇七~四二五年在位），一西一東相互輝映。赫連勃勃雖極為殘忍，但同時也極有智慧，在城牆上加築「馬面」，使守城者不致有死角，這「馬面」的構想，就是出自赫連勃勃的構想，這是築城史上的創新，無論在築城或戰術上都具有特殊意義。在東方的匈奴人有此創意，在歐洲的匈奴人想必是不遑多讓，也有一些創新製作，只是西方從來就對東方黃種人存有偏見，吝予給以任何應有的讚美。

匈奴帝國路阿王以力逼東羅馬皇帝狄奧多西（Theodosius）一世每年向匈奴繳納三百五十磅黃金，等於東羅馬帝國向匈奴帝國納貢稱臣。之後路阿在一次戰役中被雷擊而死❹，西元四三三年，阿提拉與其兄弟布列達共同統治匈奴帝國，西方文獻對阿提拉有較多的描述，但仍多帶有負面性質，如

---

❶ Oktar，其實只是匈奴語的音譯，只要音近即可，不必堅持用那幾個字母。

❷ 藍琪《稱雄中亞的古代游牧民族》，貴州人民出版社，二〇〇四年，頁六十四。

❸《中亞古國史》，頁二一五。

❹《稱雄中亞的古代游牧民族》，頁六十四。

Cailtan H. Hayes, Paskei ThomasMoon, John W. wayland合著的《世界通史》對阿提拉作如下的描述：

> 他（**按阿提拉，以下皆同**）也像其他匈奴人一樣，身材矮而瘦，但他卻一個異於常人的寬大肩膀。他的頭極大，扁平鼻，銳利的黑色雙目，彼此分開得極寬，他的頭髮是一種粗糙的黑髮，也有一些稀疏的鬍鬚。他的面目猙獰可憎，而貪心特盛，他自負而且迷信，狡猾而勇敢，他精於戰術，在外交方面也會做相當的運用。他是一個殘暴的征服者，他的目的便是擄掠和破壞，由於他和他的族人如此凶暴殘忍，所以羅馬人和日耳曼人都共同送給他一個「上帝之鞭」（The Scourage of God）的稱號。

這一段描述較所謂哥德史家約日尼斯稍有進步，可惜其進步的速度有如蝸牛爬行，仍用了一些主觀、情緒性詞彙，如貪心、迷信、狡猾等。我們且看與阿提拉同時代的赫連勃勃，《晉書・載記》稱赫連勃勃身高八尺五寸，固然其時一尺約合今二十四公分左右[1]，也有二公尺左右，縱然放在今日歐美社會，也可稱之為身材偉岸，難道西遷後，匈奴族普遍變矮了？眾所周知，北匈奴在西遷過程中，沿途與塞種各民族混融，而塞種又屬高加索種，依常理而言，西遷之匈奴人應比原匈奴人體格要來得高大，何以反而變得矮瘦？顯然《世界通史》的撰著者仍採歐洲傳統偏見的傳說。

自從阿提拉出現後，「上帝之鞭」幾乎就成為匈奴的代名詞，就如同蒙古西征後，「黃禍」就成了黃種中國人的代名詞。

阿提拉於西元四三四年成為匈奴帝國的領袖，時年二十八歲。由於是與其兄弟布列達兩人共同掌管匈奴帝國，原先東羅馬帝國每年向匈奴進貢三百五十磅黃金，其時匈奴只有一個領袖路阿，此刻則是兩個領袖，因而要求東羅馬帝國每年要進貢七百磅黃金。匈奴使者口氣強硬聲稱：如不照付，當訴諸武力，此際東羅馬帝國皇帝為狄奥多西二世，此人軟弱，且東羅馬也無力對抗匈奴，只好年付七百磅黃金。匈奴帝國雖是「雙首長」制，但布列達似乎並無任何企圖心，因此帝國的實際權力都操諸足智多謀而又驍勇善戰的阿提拉手中，因此西方文獻幾乎只提阿提拉，而忽略了布列達。布列達只是尸位素餐的「虛位元首」，與赫赫有名的阿提拉相較，就如同熒熒燈火之與炯炯日月，阿提拉無疑是匈奴帝國的太陽。

此時（五世紀中葉）布列達已死（四四五年），阿提拉就成為匈奴帝國唯一領袖，有些西方史家認為布列達之死，是阿提拉派人刺殺，但此說只是猜測，並無任何證據❷，從此匈奴帝國進入阿提拉時代。帝國的勢力中心，已經向西移到位於多瑙河中游，相當於十九世紀時奧匈帝國境域❸。儘管匈奴帝國已建立於歐洲的中心地帶，但匈奴族在帝國中只佔總人口的極小部分，當時斯拉夫以匈奴貴族奴僕的身分出現在歐洲中部。斯拉夫人是否因為是匈奴貴族的奴僕，而獲得「斯拉夫」（Slave）的名稱，筆者對俄羅斯史所知有限，不敢妄作斷定。此際匈奴帝國疆域大致為：多瑙河以北、自頓河至萊茵河的廣大地區，包括近代的匈牙利、羅馬尼亞、捷克斯拉夫、波蘭及俄羅斯大部分，其疆域之廣袤，不讓同時期在東方的鮮卑拓跋北魏專美。如果以五世紀中葉時世界強權而言，

---

❶ 魏勵《中國文史簡史匯編，中國歷代度制演變簡表》，北京商務印書館，二〇〇七年，頁一九三。
❷《中亞古國史》，頁二一九，但《世界文明史》則推測是由阿提拉派人行刺。
❸《中亞古國史》，頁二一七。

超強國家似乎只有匈奴族的匈奴帝國與鮮卑族的北魏，無論東西羅馬帝或中國的南朝劉宋都無法與之相提並論，而這兩個當時世界強權的締造者，都是源起於中國大地，這一點向來也少有人論及，特加敘述如上。

西元四四八年（北魏太武帝拓跋燾太平真君九年、南朝宋文帝劉義隆元嘉二十五年），匈奴帝國阿提拉更以極大的聲望，逼迫東羅馬帝國狄奧多西二世簽定更為屈辱的條約，把每年進貢的七百磅黃金，一口氣提高三倍到二千一百磅，並且要求立刻送來之前積欠的六百磅。東羅馬帝國為了支付這一筆大的進貢黃金，國庫因之空虛，財政陷入困境，只得擴大徵稅，很多東羅馬貴族將妻女的首飾變賣以供進貢之用。東羅馬帝國對匈奴的要求感到難以應付，但在匈奴強大武力威脅下又不得不如數進貢，可說是進退維谷。狄奧多西二世竟然異想天開，派刺客冒充使者進謁阿提拉，想伺機刺殺阿提拉，認為只要阿提拉一死，所有欠債就可以一筆勾銷。這項暗殺計畫被阿提拉識破，這下狄奧多西二世惶惶然向阿提拉認罪，請求赦免，並付上為數極多的賠償金，東羅馬帝國弄巧成拙，可說是偷雞不著蝕把米。

西元四五〇年，東羅馬帝國狄奧多西二世死，由其元老院以馬爾西安（Marcian）繼位為東羅馬皇帝。這個馬爾西安一改以往畏戰的屈辱做法，改採強硬的外交手段，並且改組軍隊以鞏固國防。而阿提拉也發現東羅馬帝國已經被榨得國庫空虛、民窮財盡，已經再也榨不出任何財物，因此把掠奪的方向做了調整，把目標轉向西羅馬帝國。稍早西羅馬帝國權臣埃提烏斯（Aetius）把持國政，此人早年曾經被送到匈奴充當人質，所以埃提烏斯與阿提拉頗為熟悉，因此西羅馬與匈奴帝國暫時維持一段時間和平。當阿提拉無法再從東羅馬榨得財物時，什麼舊識、交情都拋諸腦後，於是找了一個很怪異的理由作為攻打西羅馬的藉口。原來西羅馬帝國皇帝還是瓦倫提尼安三世時（Volentiniaian Ⅲ），他有一個妹妹叫奧諾莉亞（Honoria），此妹自幼便是個野性而熱情的女孩❶，十六歲時，她與一個宮中低階軍官私通❷，因而被監禁起來。少女崇拜英雄人物，古今中外皆然，其時匈奴帝國的阿提拉威名震天下，正是無數少女心中的白馬王子。何況奧諾莉亞又身處被監禁之中，渴盼獲得自由，他明知阿提拉後宮早已后妃成群，或許她只是出於玩笑心理，修書一封並附上戒子一枚，千方百計將此信送到阿提拉手中，以表達愛慕之意。初時阿提拉或許也認為這只是玩笑事，對此信毫不在意。此際為了要攻打西羅馬，需要一個藉口。想起奧諾莉亞的信及戒子乃是最好的藉口，所以要求西羅馬帝國要以一半的國土作為嫁奩，西羅馬自然不肯答應，這就成為阿提拉出兵攻打西羅馬帝國的藉口。

阿提拉既然找到藉口，便親率五十萬大軍向萊茵河挺進，沿途洗劫了特里爾（Trier）及麥茲（Metz）兩城，屠殺當地居人民，整個高盧地區就臣服於匈奴帝國，稱阿提拉的懲罰為「神的鞭笞（Flagellum）。這次戰役由於西哥德對西羅馬的援助，雙方在特魯瓦（Troyes）附近的卡塔隆尼亞（Gatalaunian）會戰，戰況之激烈可說是腥風血雨，為歐洲史上空前的大戰役，據傳有十六萬二千人陣亡，西羅馬皇帝狄奧多理克一世（Theodoric Ⅰ）也命喪沙場。這一戰阿提拉並沒有打贏，不過他在撤退時井然有序，顯然實力沒受到多大損失。眾所周知撤退比進攻更為困難，能成功撤退的軍

❶《中亞古國史》，頁二二五。

❷《中亞古國史》，但《征服與遠征》一書則稱被大臣誘拐成姦，而被放逐到東羅馬的君士坦丁堡，此處採《中亞古國史》之說。

隊都是訓練有素的軍隊。西羅馬帝國雖然也沒打輸，可是死了含皇帝在內的三位主帥，折損了十幾萬士兵，所以當阿提拉撤退時，羅馬軍隊也不敢追擊，這時是西元四五一年。

次年（四五二年），阿提拉捲土重來，這回有了相當的收穫。阿提拉在波河稍作停留，卻給了西羅皇帝瓦倫提尼安三世一個逃走的機會，然後他派天主教教皇利奧一世（Pone Leo I）與四個元老院元老組成代表團去見阿提拉，雙方進行談判。其內容為何？由於文獻未載，此處也無由臆測，只是談判後，阿提拉就撤軍了，或許西羅馬的談判代表團承諾贈送多少財物作為阿提拉撤軍的條件，這應該是合理的推測。這不禁使人想起西元前二〇〇年，漢高帝被匈奴冒頓單于圍於白登（今山西省大同市附近），後遣使向冒頓單于求解圍之角，果真開了解圍之一角劉邦始得脫困。至於談判內容，《史記》、《漢書》都以其事秘而不載，兩者有其相似之處，可見中外史家處理某些問題其手法也頗類似。

阿提拉撤軍回到設在今匈牙利的首都整補後，揚言除非西羅馬帝國將奧諾莉亞公主嫁給他，否則來年春天仍將進軍義大利。雖然言猶在耳，不久阿提拉又娶了勃艮第公主伊爾迪科（Ildico）為妻，儘管阿提拉已經擁有許多位嬌妻美妾，但是這位伊爾迪科公主是金髮美女，讓阿提拉驚為天人❶。就在新婚之夜，一向嗜酒的阿提拉更是開懷暢飲，直到深夜仍未停止。只是到了次日，阿提拉宮中仍是出奇的安靜，引起侍衛的懷疑，但又不敢闖入寢宮探個究竟，故意在寢宮外大聲喧嘩卻依然寂靜無聲。這種不尋常現象逼著侍衛硬著頭皮進入寢宮看個究竟，可是映入眼簾的景象讓侍衛們嚇得發不出聲音來。

侍衛們只見阿提拉直挺挺躺在床上，嘴角還流著血，沒有了呼吸，可是身上毫無外傷，阿提拉死了，而這位金髮美女伊爾迪科則坐在床邊，用面紗捂著臉不停哭泣。一代戰神、上帝之鞭就這樣離開了他一手打造的匈奴帝國，而且永遠不會再回來了。

阿提拉死後，相傳他的棺木以金銀鐵三層打造而成，遺骸放在最裡面一層，然後找一塊地方埋得很深，埋葬妥當以後，把所有工人統統殺死，為的是怕這些工人日後引來盜墓者。如果這個傳說是真的，顯然有許多珍貴的陪葬品，只是到目前為止，還沒有任何文獻記載發現阿提拉的墓，這給未來的史學家、考古學家、乃至盜墓者一個挖掘的希望。

七、結語——匈牙利是匈奴的後裔？

匈奴帝國把國都設在今匈牙利地方，匈牙利可能是因匈奴而得名，但絕不等於匈牙利人就是匈奴人。本文一再提到北匈奴在西遷過程中，沿途不斷吸納泛塞種的各民族。而自西元一世紀末，被東漢竇憲擊破開始西竄，出現在歐洲時已經是西元四世紀下半葉，其間歷兩個半世紀以上，綿延數個世代，所以在歐洲建立匈奴帝國的匈奴人，雖以匈奴為名，但與兩個多世紀前離開中國時的匈奴族，已產生質變。更何況草原游牧民族如前文所說的滾雪球戰術，在戰爭中真正的匈奴人並不多，這一些都是探討匈奴與匈牙利人時的「前置」認識。其次，歐洲地區基本是高加索各民族的聚居地區，純匈奴是蒙古利亞種，北匈奴又經過七、八個世代與泛塞種人混融（塞種也是高加索種），進

❶ 據王族《上帝之鞭》，廣西師範大學出版社，二〇〇七年，頁七十二稱：是教皇勸奧諾莉亞嫁阿提拉，但未指明資料來源。《中亞古國史》，頁二二七稱：阿提又納一美女。王族之說應不可信。

入歐洲在人數上與歐洲主體民族相較居於絕對少數。這也是討論匈牙利人與匈奴血緣問題時不可或缺的認識，在這兩個基礎上，探討匈牙利人是否是匈奴的後代才有意義。

現在再回過頭來看，阿提拉死後，龐大的帝國由他的幾個兒子瓜分了，這幾個兒子都是庸碌之輩，而且彼此之間又互相猜忌，沒幾年工夫，龐大的匈奴帝國就土崩瓦解了。其實歷來游牧民族所建的政權，總是來勢洶洶，可是一旦創建政權的統治者死了，帝國往往很快就崩解了。大約晚於阿提拉一千年的蒙古帖木兒帝國（**其實早已全盤突厥化，稱之為突厥更為合適**），他所打下的天下，與冒頓單于、阿提拉乃至成吉思汗相比毫不遜色，可是帖木兒一死，帝國就煙消雲散了。這難道是游牧帝國的宿命？阿提拉死後，相傳留下這麼一首輓歌：

阿提拉，蒙狄祖克之子，神聖的偉人，匈奴人的統帥，勇士們的君主啊！您以無人能及的偉大力量，獨立統治著西徐亞❶草原和日耳曼尼亞。您威脅著兩個羅馬帝國，征服了他們無數的城市，為了保證其他城市的安全，他們全部向您納貢稱臣。在獲得了所有這些成就之後，您最終既不是由於仇敵的陷害，也不是由於下屬的背叛，而是在最為快樂的幸福中、在您民族的輝煌中，毫無痛苦地離開了人世。

既然沒有凶犯可以讓我們為您復仇，那又有誰能說這是您生命的結束？

阿提拉死了，讓歐洲人膽顫心驚的匈奴帝國也落幕了，但是「上帝之鞭」、「神的鞭笞」則留在歐洲史冊中。阿提拉之死，從上引輓歌之中，似乎也看不到帝國人的悲傷，西方文獻也沒有記載匈奴帝國臣民有染自塞種人的剺面之俗❷。阿提拉或匈奴帝國似乎已經喪失了許多匈奴人的傳統習俗。

阿提拉死時，身邊只有那金髮美女伊爾迪科，不免有人會懷疑阿提拉的死是否與她有關。所以在阿提拉死後一百多年，還有人傳說：阿提拉在新婚之夜，伊爾迪科趁著阿提拉酩酊大醉不省人事時，以匕首刺了一刀血湧了出來，由於不省人事，沒辦法吐出鮮血，因而血湧向喉嚨，結果被血給咽死了。伊爾迪科之所以要這麼做，傳說是為親人報仇，這個傳說後來有人據以編成劇本，例如德國中世紀敘事史詩《尼伯龍根之歌》（Nibelungenlied）中的女主角，據說就是影射伊爾迪科。此外還有義大利大音樂家朱塞佩・威爾第（Verdi Giuseppe，一八一三～一九〇一年），在他三十一歲（一八四四年）時，創作了以《阿提拉》為名的歌劇，此劇共有三幕，劇本由索雷拉與皮亞維加以潤飾，於一八四六年三月十七日在威尼斯首演，大獲讚賞、轟動一時，是威爾第歌劇中極具功力的代表作之一。中國北方草原游牧民族後裔，能夠融入西方歌劇的，阿提拉應是極少數中之一。

現在回到本文的主題，到今天為止，還是有許多人誤以為當今的匈牙利人，就是當年匈奴的後裔。不錯，匈奴帝國的大本營當年（西元五世紀中葉）的確是在今天的匈牙利，而且「匈牙利」之得名，也與匈奴有若干關聯，只是當年匈奴人只佔整個帝國人口比例的極小部分。即使這極小部分的匈奴人，在西遷過程中沿途吸納了許多民族，彼此互相混融，已經形成一種新的民族，只是其統

❶ 西徐亞就是塞種，詳見余太山《塞種史研究》。

❷ 塞種人對君長或長輩之死，為了表示不捨，常以刀割面頰使之流血。關於剺面之俗詳情，可參看楊希枚《論北、儋耳地望和月氏、匈奴、晉人剺面之俗》一文，此文輯載一九六九年三月號《大陸雜誌》第三十八卷一期；另劉學銚《匈奴史論》一書，頁七十一～七十二，也論及剺面之俗，台北南天書局，一九八六年。

治階層不忘本，仍然自稱匈奴。例如嚈噠也曾自稱匈奴（西方文獻多稱之為白匈奴）。或許到了歐洲的匈奴血液中或多或少仍保留有原來匈奴的基因，在體質特徵上也仍留有黑頭髮、黑眼珠、較白種少的鬍鬚等黃種人的特徵。縱或如此，在歐洲以白種人為主的環境下，這些極少數自稱為匈奴的人，在長達十五個世紀的自然淬鍊下，黃種人的身體特徵早就消失殆盡。如果勉強的說，匈牙利眾多民族中的馬札兒人，可能還保留有些許匈奴人的基因，但在習俗、文化上，可能很難找到匈奴的蹤影了。

稗官野史中的武則天

中國自有信史以來，皇后、太后、太皇太后執政秉者所在多有，如西漢高帝劉邦之呂后，在劉邦崩殂後，執政秉者多年，西漢後期王太后、東漢之竇太后、北魏之文明馮太后、北魏晚期之胡太后，乃至清末的慈禧太后，都是把朝政操抓在手裡，但是都沒有命王稱帝，也未建元立號。在中國歷史長河中，唯一由皇后而稱皇帝的，只有唐代武則天一人，既取唐朝政權，建國號為周，更多次改元，為中國帝王使用年號最多的一個皇帝。《唐書》雖有一卷（**卷四．本紀第四**）敘述武則天事蹟，但細讀全卷，但見她動輒殺人，對她的為人處事，則不甚了了。一般的小說家對武則天的事蹟，又往往偏重於她的私生活，如《控鶴監秘記》，則不免失之輕浮。所幸唐代一些官吏以目睹或耳聞所及以私家筆記方式，記載一些唐代之事，如李肇的《唐國史補》、劉肅的《大唐新語》等私家筆記，其性質介於正史與野史之間，尚可以補正史不足者，也有傳說異聞之類。

期有可以補正史之不足，甚至被正史所採用者如劉肅之《大唐新語》卷七有如下一段記載：

李靖征突厥，征頡利可汗，拓境至大漠。太宗（**指唐太宗李世民**）謂侍臣曰：「朕聞主憂臣辱，主辱臣死。往者國家草創，太上皇（**指李淵，係李世民之父**）以百姓故，稱臣於突厥，未嘗不痛心疾首，志滅匈奴（**此處指突厥**）。今暫勞偏師，無往不捷，單于稽首❶，恥其雪乎！」羣臣皆呼萬歲。

以上這段文字兩《唐書》幾乎全部照錄，按《大唐新語》係唐憲宗李純時人（李純，八〇五～八二〇年在位）劉肅所撰，劉肅曾在唐憲宗元和中為江都縣、潯江縣主簿，而兩《唐書》之作都晚於劉肅。可見劉肅之作已為兩《唐書》所採用，因此《大唐新語》一書有其可信之處。

《大唐新語》仿南朝宋劉義慶《世說新語》之體例，記唐代人物言行故事，以事例分類，全書共有十三卷分三十類，所記上起唐高祖李淵武德之初（李淵建元武德共九年，六一八～六二六年），下至唐代宗李豫大曆之末（大曆共十四年，七六六～七七九年）將近二百年朝野要聞，經篩選而成書，文峰雅俗兼具，「近江在時尚，有典午之風」❷。純就文章而言，已是一讀再讀，但以分類敘事，想將一人之事連貫起來頗為困難，此處不揣簡陋，將有關武則天事蹟串連起來，兼採《唐書》之記載，因正史所載者，對時間較為明確。

此處所謂《唐書》也要特加說明：五代後晉時以趙瑩為監修，另命張昭遠、賈緯、趙熙等共修唐朝之史，書成時，劉昫適為宰相，由他具名向後晉出帝石重貴（九四二～九四六年在位）開運二年奏呈，書名就是《唐書》。當後晉趙瑩等人開始撰修《唐書》絕不可能預知後來宋朝有個歐陽修另撰《新唐書》，而把書名題為《新唐書》，只是歐陽修文名、官位都高，《新唐書》問世後，原《唐書》漸不見流行，但仍在民間流傳。清乾隆時（一七三五～一七九五年在位）將之與《新唐書》並列為正史，一般遂稱之為《舊唐書》，這對趙瑩等人極為不尊重。試看宋、薛居正曾修《五

❶ 前句以匈奴喻突厥，匈奴之元首稱單于，故此句也以單于稱之，但突厥之元首實稱可汗。稽首：低頭之意，突厥頡利可汗為唐所擒，不得不低頭。

❷ 見此書校點說明，按此書輯入《唐五代筆記小說大觀》上海古籍出版社，二〇〇〇年，列上冊，列頁二〇三～三四二，係由恆鶴校點，校點說明用字遣詞，頗有古風。所謂「典午」一詞，考其意是指司馬昭而言可泛指司馬晉。此因「典」有「司」之意，「午」則為地支之一，配十二生肖則為馬，所以「典午」按指司馬晉而言。而晉乃六朝之一，其文尚駢，這裡所說「有典午之風」，是指其文體帶有六朝駢文韻味。

代史》，並未因歐陽修修《新五代史》而改名為《舊五代史》；再看明、宋濂曾修《元史》，民初柯紹忞又修《新元史》，也未曾將宋濂之書改稱《舊元史》，何獨對劉昫之《唐書》加以改名。儒家認為「正名」是極重要之事，因此本文認為應恢復其《唐書》之名，充其量也只能稱之為舊《唐書》，未知讀者以為然否。

據《唐書》所載：

則天順聖皇后武氏諱曌，并州文水人也。父士彠，官至工部尚書、荊州都督，封應國公。后年十四，太宗聞其有色，選為才人。太宗崩，后削髮為比丘尼，居於感業寺。高宗幸感業寺，見而悅之，復召入宮。久之，立為昭儀，進號宸妃。永徽六年，高宗廢皇后王氏，立宸妃為皇后。

這一段文字，似乎過於簡略，而且也隱瞞了許多眾已悉知之事，而且這個曌字（音照），乃是武則天當家作主後，新造的字，以代照字，表示照明一切。此外，「則天」也不是她的本名，「則」有規則之意，作動詞用時，就有「衡量」之意，當權之後，自大到認為「天」都可以衡量。她的本名應該是「媚」，因為是女孩子，所以加上「娘」字，所以她的本名應該是武媚或是武媚娘。《大唐新語》卷十三《記異第二十九》載有武媚還是嬰兒時的一段傳聞：

唐初有一個精於相術及陰陽五行的人，叫袁天綱者，在唐太宗李世民貞觀初（貞觀共二十三年，六二七～六九四年），赴召入京（長安），途經利州（唐時屬山西省，今為四川省廣元市利州區）。當時武士彠為刺史，就請袁天綱為妻楊氏看相，袁天綱說：夫人的骨格，必生貴子。於是武士彠就把所有兒子都叫來要袁天剛好好相一相，看到武元慶、武元爽時說：這兩個可以做到刺史，但最後也不會很順遂。見到武媚的姊姊（後封為韓國夫人）時說：這個女孩會大貴，但下場也不見得很好。當時武媚是奶媽抱著，但穿著男孩的衣服，袁天綱大感訝異的說：這個小孩神采奕奕，其前途難測。就要這個小孩下來走幾步看看，袁天綱說：這小孩具有「龍睛鳳頸」是極貴之相（誰見過龍鳳的眼睛和頸項？或許這只是看相的術語），再看側面，然後說，這小孩如果是女的，會當天子。這是武媚後來真的當了皇帝才記載下來的，或許只是事後的先見之明。照道理說在帝制極權時代，任何人也不敢說什麼人未來會當皇帝，很可能會招來殺身之禍。不過到貞觀末年，高士廉曾問袁天綱說：你自己的壽命與福祿，可到什麼地步？袁天綱說：今年（貞觀二十三年，六四九年）四月將會死去。果然那年四月袁天綱壽終正寢，可見他看相算命還真準，如果此說可信，武則天是生來就有皇帝命。

武則天十四歲時，據《唐書》所載，唐太宗因「聽說」她姿色出眾（聞其有色），徵入宮為才人。所謂「才人」，原指有才華的人，但宮中也有才人，為女官之一，多為嬪妃的稱號，但地位低於嬪妃，自晉至明後宮都置有才人。試想才十四歲，而且中國習慣用虛歲，所以實際上才十三歲，還是一個小女孩，縱然姿色可人，也不致艷名遠播，唐太宗怎能「聞其有色」。如果以今天的標準來看，這個李世民似乎有戀童癖，既被選入宮，給予才人名稱，從此展開她的宮廷生活。據一般史傳所載，唐太宗希望長生不老，所以妄信方士之言，好服丹藥，最後以服天竺（印度）胡僧所提供的丹藥而長臥不起。一般稗官野史都說唐太宗臥病期間，這個武才人就與進宮侍疾的太子李治有染，但《唐書》似乎刻意隱去這一段。不過所謂正史，一般而言，都會為「長者諱」❶，如兩《唐書》在《高祖本紀》中，都不提李淵曾向突厥稱臣一事。試想隋末天下大亂，各路英雄豪傑多割地自雄，如梁師都、薛舉、李軌、竇建德、張長遜、高開道……等，都是一方之霸，為了逐鹿中原，無不北向突厥稱臣納貢。李淵以太原留守身分舉兵自立，在群雄中實力並非最強，向突厥稱臣求助乃是形勢使然，但兩《唐書・高祖本紀》都刻意不提。

所以在唐太宗病篤時，太子李治（**就是後來的高宗**）入宮侍疾而與武才人有私，對李治而言絕不光彩，所以也就隱而不提了。只說唐太宗崩殂後，武才人入感業寺為比丘尼（**尼師**），李治已嗣位為帝，到感業寺「見而悅之」，又將她召入後宮。這對中原漢人傳統的倫理觀念是一項極大的挑戰，反而與北方草原各胡族的婚俗相當合轍，所以李唐儘管自稱族出隴西成紀西涼李暠之後，但實際上則是相當胡化的「漢人」。武媚再度入宮，初位昭儀（**後宮嬪妃稱號，次於妃**），不久就進位宸妃，再進而鬥垮皇后王氏，立武宸妃為皇后，從此展現她的政治「才華」。反對立她為皇后的大臣，無不被她一一予以斬殺，連早年全力向唐太宗進言立李治為太子的長孫無忌（**既是唐太宗皇后長孫氏之兄，也是李治之舅**），也在武皇后主張下被殺了。這不只表示唐高宗李治的懦弱，更表示出武則天的強悍與殘忍。

據《唐書》所載，高宗嗣位之次年（六五〇年），改元永徽，永徽共有六年（六五〇～六五五年），改元顯慶（共六年，六五六～六六一年）。在顯慶初，高宗李治就得了風疾之病，「百司奏事，時時令后決之，常稱旨，由是參豫國政。」也就是說武則天從顯慶初年就掌握了國家大事。初掌權或許還有顧忌，不敢隨意殺人，但是權力會使人著迷，武則天越來越跋扈，高宗曾一度想廢了她，但被她發覺了，懦弱的唐高宗就下不了手，《唐書》載此事為「陰欲廢之，而謀洩不果」。從此武則天更是毫無忌憚，從垂拱三年（六八七年）到她稱帝改國號為周的神功元年（六九七年，神功僅一年），十年間，據《唐書》所載，筆者逐次加以計算，共殺了一百一十五個人。眾所周知，能載入史書者，都是有了相當位階的官員，這一百一十五個人中有地位顯赫的官員、有李唐宗室、有她自己的兒媳婦，還有降附的突厥官員。她的嗜殺在歷史上似乎只有南北朝時的昏君差可比擬，但是她又不是昏君，如果真的有所謂因果業報的話，想必她現在還在陰曹地府的煉獄之中。

武周垂拱二年（六八六年）二月，新豐縣東南露台鄉，因強風暴雨雷電交加，平地突然凸起二百多尺高，形同一座小山，在這座小山傍有一座池，約有三頃大小，武則天認為這是吉祥之兆，把這座小山名之為慶山，這是荊州人俞文俊向朝廷上書稱：

「臣聞天氣不和則寒暑並，人氣不和而疣贅生，地氣不和而堆阜出，今陛下以女主處陽為，反易剛柔，故地氣隔塞而山變為災。陛下謂之慶山，臣以為非慶也。宜側身修德，以答天譴。不然，禍立至。」

這個俞文俊可說是吃了熊心豹膽，居然敢在太歲頭上動土。果然武則天大怒，不過算俞文俊命大，武則天只將他流放嶺南，就是現在的廣東，以其在大庾嶺等五嶺之南，故稱嶺南。

---

❶ 對長者尤其是君王不光彩的事，往往隱而不提。

我們今天常看到或聽到「羅織」一詞，大家都知道是編造事故而入人於罪之意，但很少人探究此一詞彙的由來，這個與武則天有間接關係。按武則天重用周興、來俊臣等酷吏，常以酷刑逼人認罪，天下衣冠之士，因而獲罪被殺者不計其數。來俊臣有十大酷刑，各有名稱如下：定百脈、喘不得、突地吼、著即承、失魂膽、實同反、反是實、死豬愁，求即死及求破家。凡是被處以這些刑罪的人，宛轉哀號，頃刻之間就悶絕而死。又與門徒侯思止、衛遂忠等召集告密者幾百人，編造了一部書叫做《告密羅織經》意思是「網羅平人，織成反狀」，「羅織」一詞於焉誕生。每次要審訊人時，先把刑具棍棒放在地上，然後把人犯帶來威脅看說：這些刑具都是要用在你身上，使人犯魂飛魄散，無不自承犯罪，由是家破人亡，已有好幾千家。

武則天天授中（天授共三年，六九〇~六九二年，天授中應是六九一年），春官尚書狄仁傑、天官侍郎任令暉、文昌左丞盧獻等五個官員，被人誣告，落到來俊臣手裡。來俊臣一向以入人於罪以邀功，於是威脅狄仁傑承認謀反，如果能攀引他人，還能免於死刑。面對恐怖的刑具為免身體遭到毒打，只好自承「大周革命，萬物為新，唐朝舊臣，甘從誅戮。反是實！」試想像狄仁傑這樣忠勤幹練的重臣，都會誣告謀反，在武周這個女皇帝統治之下，真是個恐怖的時代。由於狄仁傑已經「自白」反是實，只等待行刑的日期，所以對他的看管放鬆了許多。狄仁傑就把受冤屈的情形寫在棉衣中，對看管的王德壽說：天氣已經轉暖，請將棉衣交給家人，把棉花取下，再送回來。王德壽不疑有他就照辦了，他兒子看到棉衣裡的訴冤書，力求面見武則天。狄仁傑畢竟是朝中大臣，而且是武則天一手提拔的大臣，所以召見狄仁傑之子，於是呈上棉衣，武則天看後也覺得相當冤屈，就召來俊臣來問：你說狄仁傑等人謀反，現在其子前來訴冤，怎麼說？來俊臣回說：此等大事豈能造假，而且對他們安置也很禮遇，連巾帶也沒摘除。武則天便派人前去觀察，來俊臣也知道武氏會派人來看，便要狄仁傑等要穿戴整齊，同時命王德壽替狄仁傑作「謝死表」。當時的習慣臣子犯罪判死還要上表謝死，王德壽不但代作謝死表，而且還替狄仁傑簽名，派人送給武則天。來俊臣可能想盡快執行死刑，所幸武則天還是派人把狄仁傑帶來親自訊問，問狄等何以謀反？狄回答：如不承認，早就死在各種酷刑之下。又問那又為何作謝死表？狄回答：沒作謝死表。這下武則天才知道一切都是來俊臣等一干人「羅織」而成，就赦免了狄仁傑等五個人。「羅織」一詞或許就是源於武則天時代。

長孫無忌之妹嫁李世民，並與李世民共同打天下，是唐太宗朝的大功臣，而且力保其外甥李治為太子，李治之能嗣為帝，推本究源，這個舅舅長孫無忌居功闕偉。唐高宗李治欲立武則天為皇后，長孫無忌、上官儀、褚遂良等一班大臣都極力反對。古代認為皇后是母儀天下，在品格上應該毫無瑕疵才行，而武則天是先皇帝太宗的才人，之後又出家為比丘尼。儘管李唐一族有很深厚的胡化背景，甚至還可能是源自北方某一胡族，到了李虎、李昞、李淵時已經有相當程度的漢化。因而冒稱族出隴西成紀李氏，認西涼李暠為其先人，縱然如此也只能說是胡化的漢人。北方草原游牧胡族都有父死妻其群妻（**生母除外**）的婚俗，所以唐高宗納武氏為昭儀、為宸妃，都沒有引起太大的反對聲浪。

長孫無忌本身就是鮮卑族，只是已經漢化了，接受了皇后應該母儀天下的思想，極力反對高宗立武則天為皇后，這讓武則天懷恨在心。當初還在群臣爭議未決時，高宗曾問大將軍李勣（**原姓徐，因功賜姓李**）的意見。李勣眼見朝中贊成與反對各有其人，而高宗本人性格懦弱而又迷戀武氏，於是很技巧的說，這是皇帝陛下的家事，何必問群臣的意見。這讓高宗非常高興，武則天遂被立為皇后。武則天黠慧過人，高宗又疏於朝政，於是武則天逐漸掌握權力，對當初反對立她為皇后的人，想盡辦法加以殺害。如上官儀等，上官儀被殺後，其孫女上官婉兒隨母親被沒入宮中為奴，因上官婉兒知書識法又聰明過人，後來被武則天選在身邊當助手，這是後來的事。

武則天對長孫無忌也是銜恨很深，可是他是皇帝的親舅舅，很難加以殺害。武則天既當權，朝中自然會有體察上意的臣子，這種官員古今都不少見，當時許敬宗就是這麼一個人。他發現有一個櫟陽人叫李奉節的告太子洗馬（官名）韋季方、監察御史李巢二人，交結朝中權貴。按當時規定太子洗馬、監察御史不可以和朝中大臣來往，而韋季方、李巢交結權貴有朋黨之嫌，於是上告武則天。武后就要許敬宗審理此案，許敬宗性急又想趕快立功升官，韋季方怕牽連到太子，就自殺了；又搜李奉節住處，查到有一封給趙師的私信。許敬宗乃上奏說：「所謂趙師，就是長孫無忌的化名，使用暗語顯然意圖不軌，有謀反之嫌。」唐高宗哭泣的說：「家門不幸，親戚中居然有人做此壞事，以前高陽公主與我和睦相處，後來竟與駙馬謀反。現在舅舅又做出令人痛心之事。近親如此行為，使我愧對百姓，這如何是好？」次日，又命許敬宗審問，許敬宗奏稱：「只得依法逮捕。」高宗又哭泣著說：「舅舅如果真的謀反，也不忍殺之。」結果把長孫無忌流於黔州❶，武則天還是不甘心就此罷休，派人在流放途中把長孫無忌給殺了。

當初唐高宗要立武則天為皇后時，李勣的一段話固然起了相當作用，但真正定下決策的卻是李義府。李義府是瀛洲饒陽人，基本上是一個文人，他是以對策登第，補門下省典儀❷，不久就升為監察御史，唐高宗嗣位，遷中書舍人，以贊同立武則天為昭儀，擢為中書侍郎，可見他自始就是「擁武派」，後來官至中書令。在《全唐詩》中留下八首❸，此處且錄一首題為《和邊城秋氣早》的五律：

金微凝素節，玉律應清葭。邊馬秋聲急，征鴻曉陣斜。關樹凋涼葉，塞草落寒花。霧暗長川景，雲昏大漠沙。谿深路難越，川平望超忽。極望斷煙飄，遙落驚蓬沒。霜結龍城吹，水照龜林月。日色夏猶冷，霜華春未歇。睿作高紫宸，分明映玄闕。

這個李義府雖然頗具文才，但是卻與許敬宗攀附武則天，自中書舍人以至拜相（中書令形同拜相）屢屢興起大獄，誅鋤文武官員，使天下人側目。據《大唐新語》稱他：「入則諂諛，出則奸宄，責官鬻獄，海內囂然，百僚畏憚，如畏天后。」可見此人攀附武則天後氣焰高漲為所欲為，他的女兒也狐假虎威，橫行無狀。唐高宗知道後，曾對他說：

「卿兒子女婿皆不謹慎，多作罪過。今且為卿掩覆，勿復如此。」

看高宗如此委婉勸告，但李儀府憑藉武則天的寵信，不但不擔心高宗發怒，竟然臉紅脖子粗反

❶ 今貴州省，古代屬蠻荒之地，相傳其地多瘴氣，中原之人到不久，多中瘴氣而死。
❷ 官名，南北朝時設，掌朝會司儀。
❸ 北京中華書局，一九六〇年出版，頁四六八～四六九。

問高宗說：「誰向陛下道此？」可見此人有多囂張。後來右金吾倉曹（官名）楊仁穎揭發他貪污，經過審判，流放巂州，一時朝野稱快。他長流巂州之後，聽說朝廷有封禪泰山一事，他曾作了一詩《在巂州遙叙封禪》，當然希望武則天看到後，能對他加以赦免，這首詩是：

天齊標巨鎮，日觀啟崇朝。岧嶢臨渤澥，隱嶙控河沂。眺迥分吳乘，凌高屬漢祠。建岳誠為長，升功諒在茲。帝猶符廣運，玄範暢文思。飛聲總地絡，騰化撫乾維。瑞策開珍鳳，禎圖薦寶龜。創封超昔夏，修禪眼前姬。東后方肆覲，西都導六師。肅駕移星苑，楊罕馭風司。沸鼓喧平陸，凝蹕靜通逵。汶陽馳月羽，蒙陰警電麾。巖花飄曙輦，峰葉蕩春旗。石閭環藻衛，金潭映黼帷。仙階溢秘秬，靈檢燿祥芝。張樂分韶濩，觀禮縱華夷。佳氣浮丹谷，榮光泛綠坻。三始貽遐貺，萬歲受重釐。菲質陶恩獎，趨跡奉軒墀。觸網淪幽裔，乘徼限明時。周南昔已歎，邛西今復悲。（《全唐詩》）頁四六九）

高宗乾封初（乾封共三年，六六六～六六八年）曾大赦天下，但長流者不赦，李義府因而憤恚而死。可憐一個頗有文才的讀書人，為了競逐權力到不擇手段、昧了良知做出多少傷天害理之事，無怪乎他一死，天下稱快。

武則天自立為帝之後，納張易之、張昌宗為面首，極為恩寵，且授以官。這兩兄弟還有一個哥哥叫張同休，某日張同休在司禮寺（**寺，在古代指政府機構**）宴請一些大官，賓客中有御史大夫楊再思者，因他長得像高麗人，張同休就要他跳高麗舞。這是很不得體的請求，但是楊再思欣然接受，立即把紫袍反穿，照高麗習撐起紙巾子，跳起高麗舞，其附炎趨勢一至於此。楊再思又見張易之之弟張昌宗以貌美被武則天所寵愛，為了討好張氏兄弟，便阿諛地說：

「人言六郎似蓮花（張昌宗行六，故稱六郎），再思以為不然，只是蓮花似六郎！。」

這句話可以說奉承得恰到好處，佞人偏有急智和口才，他說這句話後，當場有識者都恥其所言而笑之。後來張昌宗兄弟因貪污被人告發，武則天命桓彥範、李承嘉審理照實回報，幾天之後，桓彥範等回奏稱張昌宗兄弟共貪污四千多貫，依法應予免職。張昌宗卻奏稱：「陳有功於國家，所犯不至解免。」武則天就問一些重要官員：張昌宗是否有功於國家？當時楊再思為內使❶，深知武則天寵愛張昌宗，於是回奏：

「昌宗合煉神丹，聖躬服之有效，此實莫大之功。」

這三句話說到武則天的心坎裡，張昌宗哪會煉丹，只是他把自己當作丹藥，武則天「服」後身心俱暢，所以有功。武則天聽楊再思這麼一說，就赦免了張昌宗兄弟貪污之罪，此事傳出後，天下

❶原為史官名，戰國時為掌管全國糧食，財務審計之官；秦時為掌管京師地方的行政長官；漢時為掌民政之官；隋朝改中書省為內史省，中書令為內史令，已具宰相之位。唐多襲隋制，於是內史已具宰相之位。

名士無不視楊再思如糞土。作為佞臣的楊再思豈會在意別人視他如糞土，他依然好官我自為之，厚祿我自享之，古往今來官場中從不缺楊再思這號人物。

武則天時某年三月降雪，時鳳閣侍郎❶蘇味道等，為了討好武則天，認為三月降雪是祥瑞之兆，寫了表章將要上賀。左拾遺❷王求禮加以阻止，蘇味道認為這是國家大事，何以要阻止？王求禮說：

「宰相不能燮理陰陽（**燮理，協調治理**），令三月降雪。此栽也，乃災為瑞。若三月雪是瑞雪，臘月雷當為瑞雷耶？」

滿朝文武都認為王秋禮之說有理，蘇味道等也就不上表稱賀了，在舉世皆濁時，還是有像王求禮這樣諤諤之士。

武則天初革命（**革唐建周，事在光宅元年，六八四年**），大事搜求在野賢逸士，四方之士來應徵者幾近萬人，武則天到洛陽城南門親自面試，張說❸策對為天下第一，武則天以近古以來，甲科例從缺，乃屈為第二等。張說策對中的警句有「昔三監玩常，有司既糾之以猛；今四罪咸服，陛下宜計之以寬。」極其工整，仍存六朝遺風。武則天雖以牝雞司晨，但還是拔擢了不少人才，她當政後，為了抵制以前政壇多為關中豪門所把持，再加上自東漢以來的九品官人法，造成「上品無寒門，下品無士族」的不平現象，布衣幾不可能為卿相。武則天為了擺脫傳統關中豪門的掣肘，於是從科舉提拔人才，許多人從此步入仕途，自布衣而卿，儘管武則天的初衷只是為了要抵制豪門政治，卻從而打開平民進入仕途之路，科舉從此成為常態。她無心插柳卻柳成蔭，開科取士實始於武則天。

武周長壽三年（六九四年），徵天下銅五十多萬斤，鐵三百多萬斤，錢兩萬七千貫，在京城定鼎門內鑄八角銅柱，高九十尺，直徑一丈二尺，按唐時一尺約合今三十六公分，從而可見這個八角形銅柱之高之大。在銅柱上題上「大周萬國述德天樞」這八個字，用以紀念革命之功，並藉貶李唐之德。在這個大銅柱之下置鐵山，另鑄銅龍、獅子、麒麟圍繞著銅柱，在銅柱上又置有雲蓋，蓋上放盤龍以托火珠，球高一丈，圍三丈（**以上這些數字不免失之誇大**），金彩熒煌，光侔日月。武三思為文記其事，一時朝士獻詩者不可勝計，只有李嶠的詩冠絕當時，李嶠的詩為：

轍迹光西崦，勳庸紀北燕；何如萬國會，頌德九門前。灼灼臨黃道，迢迢入紫煙。仙盤正下露，高柱欲承天。山類叢雲起，珠疑大火懸。聲流塵作劫，業固海成田。聖澤傾堯酒，薰風入舜弦。欣逢下生日，還偶上皇年。

這個碩大的大銅柱（**天樞**），在唐玄宗李隆基開元初（開元共二十九年，七一三～七四一年），下詔予以銷毀。武則天搞這個大而不當的「天樞」，令人想不透她的用意何在，如果遇到大地震倒了下來，不知道會壓死多少人。

---

❶ 鳳閣就是中書省，武則天光宅元年（六八四年），改中書省為鳳閣，以象徵其女性化，侍郎，次官也。

❷ 官名，為門下省所屬的諫官。

❸ 洛陽人，六六三～七三〇年，字道濟，一字說之，善為文，尤長於碑文墓誌。歷任鳳閣舍人、兵部侍郎同中書門下平章事、左丞相等，封燕國公。

武則天時，恆州鹿泉寺有淨滿和尚道行高尚，受人敬仰，其他和尚因妒忌而欲陷害他，於是暗中畫了一幅畫。畫中有一個女子在樓上，而淨滿在地面拉弓要射樓上的女子。畫好後藏在經筒中，要淨滿的弟子到京城揭發淨滿意圖不軌。武則天大怒，命御史裴懷古審理此案，如屬實不必上奏就予以處決。裴懷古詳查之後，知是誣告，便釋放了淨滿，而對誣告者加以處分，便將審理結果上奏。武則天既驚又怒，責備裴懷古輕縱淨滿，裴懷古堅稱自己依法審理絕無輕縱，當時李昭德說：裴懷古審案輕率，何不重審。裴懷古厲聲說：「皇帝的法不分親疏一體適用，怎麼可以為了揣摩上意而殺無罪之人？如果淨滿果真有謀叛之意，我怎麼可能寬恕了他呢？我依法審判，絕不冤枉無罪之人，如果因此而殺了我，我也死而無憾。」這下武則天才釋懷，便放了裴懷古。之後，與突厥和親，派閻知微為和親使，而以裴懷古為副使。沒想到到了突厥後，閻知微降於突厥，突厥立閻知微為南面可汗，並率兵入寇趙、定等州，斐懷古得隙而逃。但他一向身體羸弱，根本不可能越過沙漠草原，便向天祈禱，即使是死，也要死在自己的國土上。晚上夢見一個像淨滿的和尚，向他指出南逃的路線，他依此安全的逃回內地，當時人都說這是裴懷古為人忠恕的福報。

武則天朝，宋璟（六六三～七三七年）為御史中丞，為人正直、為官方正，邢州南和人。在朝中常論為政得失，武則天及若干大臣不能容，但又以其人剛正而有所忌憚，想要他到揚州去審理案子，免得時常評論朝政，於是發布敕令要宋璟到揚州辦案。宋璟上奏稱：「臣以不才，叨居憲制，按州縣乃監察御史事耳。今非意差臣，不識其所由，請不奉制。」。沒有多久又要他到幽州查辦都督屈突仲翔涉貪案，宋璟也回奏稱：「如果不是軍國大事，御史中丞不該介入，而今屈突仲翔不過涉貪而已，高階有侍御史，低階有監察御史，都可承辦，現在要我去查辦，恐非陛下之意，我如前去可能有生命之危，請不奉制。」朝廷對之無辭可駁。一個多月後，派李嶠使蜀，以宋璟為副，李嶠很高興對宋璟說「叨奉渥恩，與公同謝。」宋璟說：「恩制示禮數，不以禮遣璟，璟不當行，謹不謝。」另行上奏稱：「臣以憲司，位居獨坐。今隴蜀無變，不測聖意，令臣副嶠（**意為任李嶠之副使**），何也？恐乖朝廷故事，請不奉制。」張易之、張昌宗這一夥人原想趁宋璟隨李嶠出使西蜀時，設法羅織罪名，把他除掉，結果又不能如願。後來恰好宋家辦婚事，張易之那一夥人就想派人在混亂的婚禮中刺殺宋璟，這事有人向宋璟告密，宋璟立刻乘車到別的地方，結果這次暗殺又沒能成功。從以上一連串事件來看，宋璟這人為官清廉剛正，所以武則天對他三番兩次拒絕任命都曲於容忍，可見武則天有時也有容人之量。

張易之、張昌宗是武則天的面首恃寵而濫權，暗中有看相者說他倆將天下，於是一幫浮淺無知之徒都傍附到張氏門下，武周長安末（長安共四年，七〇一～七〇四年，長安末應是七〇四年），右衛西街有人貼出布告稱「易之兄弟、長孫汲、裴安立等謀反」，當時宋璟為御史中丞，奏請應加窮究查明真相。武則天說：「易之已有奏聞，不可加罪。」宋璟則說：

「易之為飛書所逼（**意為被黑函所逼**），窮而自陳。且謀反大逆，法無容免，請勒就台勘當（**意為勒令到御史台說個明白**），以謝國法（**以符國法**）。易之等久蒙驅使，分外承恩，臣言發禍從（**意為只要說話，災禍就會臨頭**），即入鼎鑊。然義激於心，雖死不恨。」

這一番義正詞嚴的話，讓武則天不悅。這時內史楊在思馬上宣布赦命，要宋璟退出，宋璟則說：「天言咫尺，親奉德音，不煩宰臣，擅宣王命。」而左拾遺李邕越階而上奏稱：「宋璟所奏，事關社稷，望陛下可其所奏。」這下武則天似是有所醒悟，便命張易之到御史台接受訊問。不久，又頒下赦令要寬恕張易之，但還是要張易之、張昌宗到宋璟的住處致謝，宋璟拒而不見，命人傳話說：「公事當公言之，私見即法有私也。」宋璟對左右說恨不得先將兩個小子（**原文作豎子**）狠狠打一頓。他們恃寵濫權敗亂國政，沒狠打一頓實未甘心。當時朝中一般都叫張易之、張昌宗為五郎、六郎。只有宋璟以官號稱張氏兄弟，天官侍郎鄭杲問宋璟說：「中丞奈何喚五郎為卿？」宋璟回答說：「鄭杲何獾之甚（**怎麼這麼糊塗**）！若以官秩，正當卿號，若以親故，當為張五郎、張六郎矣。足下非張氏家僮，號五郎、六郎何也？」這下讓鄭杲慚愧得無地自容。

唐高宗李治生前就想禪位給武則天，某日朝一批大臣來議此事，中書令郝處俊說：

「《禮經》云：天子理陽道，后理陰德。則帝之與后，猶日之與月，陽之與陰，各有所主，不相奪也。若失其序，上則見謫於天，下則禍成於人。昔魏文帝（**指曹丕**）著令，崩後尚不許皇后臨朝，奈何遂欲自禪位於天后？況天下者，高祖、太宗二聖之天下，非陛下之天下。正合謹守宗廟，傳之子孫，不可持國與人，有私於后。惟陛下評審。」

中書侍郎李義琰也進言稱：

「處俊索引經旨，其言至忠。惟聖慮無疑，則蒼生幸甚。」

由於這兩位大臣所言，高宗才打消禪位之議。後來武則天革命稱周後，郝處俊已死，他的孫子郝象全家竟然都被殺，武則天心狠手辣可見一斑。

起初，武則天還只是宸妃時，以權變多智為高宗所寵愛，力排眾議而立之為皇后，逐漸參與國政。囂張跋扈、威福並作，日甚一日，凡高宗有所舉動必加以掣肘，高宗不勝其忿。其時道士郭行真出入宮掖，替武則天行厭勝之術，內侍王伏勝將此市面奏高宗，高宗大怒，密召上官儀要廢武則天皇后名位，上官儀乃奏：

「天后專恣，海內失望，請廢黜以順天心。」

高宗就命上官儀草擬詔，可是武則天布下的眼線，立即將此事告知，武則天立刻趕了過來，詔書還在，高宗懦弱，一見武則天發怒，又對之寵愛如初，且稱這些都是上官儀教他做的。於是武則天就殺了上官儀及內侍王伏勝，同時還賜太子李忠自盡，更把上官儀的孫女上官婉兒沒入宮廷為奴，從此政歸武后，高宗尸位素餐垂拱而已。歷史上不靠一兵一卒，也不朋群結黨，而能奪得政權者，武則天可能是空前第一人。

宗楚客之兄宗秦客，曾暗中勸武則天稱帝，因而一路升官為內史，後來因貪污罪流放嶺南，死於嶺南。宗楚客除了附會武三思別無才能，武周神龍（神龍為武則天最後一個年號僅一年，七〇五年）時居然也當上中書舍人（**中書省屬官，專管詔誥，兼呈奏之事**）。其時西突厥與阿史那忠節不和，安西都護郭元振奏請把阿史那忠節及其所部遷到內地，以免雙方一旦開戰，朝廷左右為難。這原是很好的處置方式允稱恰當，可是宗楚客及其弟宗晉卿、紀處訥等人收了阿史那忠節的賄賂，要朝廷不採納郭元振之議，而出兵討伐西突厥。從此西突厥經常入寇，武則天一生在處理四周邊疆民族事務，都不得當，如細看兩《唐書》當可發現無論對付東突厥、契丹、西突厥等都沒處理好。

武則天晚期曾以其侄武承嗣為左相，時李昭德上奏說：不知陛下委武承嗣以重權，原因何在？武則天答以：他是侄子，所以視為心腹。李昭德又回：是姑侄親？還是父子、母子親？武則天說：姑侄之親，當然不如父子、母子。李昭德又說：縱然親如父子、母子，有時還會難免彼此逼奪❶難道姑侄間就不會發生這類逼奪之事？只要有機會奪取大位，會顧姑侄之情嗎？這下武則天才覺悟到事態嚴重，不久就免了武承嗣左相之位。

武則天神龍年間（七〇五年），張易之、張昌宗等成群結黨，橫行於朝野，而武則天年事已高，如不速作處置，二張可能竊奪政權。張柬之乃私下結合桓彥範、敬暉、李湛等為將，把禁軍交給桓、敬、李等人，神龍元年正月二十三日，敬暉等率兵到玄武門，王同皎、李湛等到東宮迎來太子李顯，並對太子說：

「張易之兄弟反道亂常，將圖不軌。先帝以神器之重，付殿下主之，無罪幽廢，人神憤惋，二十三年於茲矣。今天啟忠勇，北門將軍、南衙執政，克期以今日誅凶豎，復李氏社稷。伏願殿下暫至玄武門，以副眾望。」

太子李顯說：

「凶豎悖亂，誠合誅夷。如聖躬不康何慮有驚動，請為後圖。」

太子李顯居然擔心如果驚動了武則天如何是好，希望以後再說，這個李顯倒像是扶不起的阿斗。王同皎、李湛等已經調動禁軍，像是箭在弦上不得不發，否則只有死路一條，於是便反覆陳說利害，並可能保證事在必成。李顯乃不得不隨同上路到玄武門，王同皎等也擔心太子反悔，便將太子扶上馬，等於押著走，到了玄武門一路殺了進去。在迎仙院找到張易之兄弟，立予斬殺，喧囂之聲，武則天已經聽到了，走了出來，一見太子便說：

「乃是汝邪？小兒既誅（小兒指張易之兄弟），可還東宮。」

李顯懦弱，差點就要乖乖的離去，此時桓彥範、王同皎、李湛、張柬之等一看情勢不妙，一旦太子真的離開，那麼他們除了死，別無他路，所以桓彥範立刻說：

「太子不可能再回宮了，以往天皇（唐高宗曾稱天皇，時武則天稱天后）去世時，將愛子託付給你，現在太子已經年長，在東宮已經很久了。文武大臣懷念太宗、高宗的恩德，現在既

---

❶ 如李世民發動玄武門事件，殺兄弟李建成、李元吉逼唐高祖李淵立之為太子。半年後，李淵就禪位於李世民，顯然也是被逼的。

殺了凶豎張易之兄弟，兵不血刃肅清了內賊，這是天意要把社稷歸還李氏。何況你現在年事既高，身體也不好，應該明白宣示讓位於太子，以符天下民心。」

武則天一見情勢已無法控制，乃臥不語，一見有李湛參與其事，便對李湛說：

「張易之兄弟，就是你殺的嗎？我豢養你們，結果落得今天這個下場。」

李湛嚇得不敢回應，原來李湛是李義府的兒子，李義府曾為武則天所寵信。這下才算把武則天「請」下皇帝的寶座，這次大致上也算是一次和平的革位，主其事的張柬之當機立斷，就把武則天移居上陽宮，上陽宮屬於冷宮之類，也可能幽禁起來，不讓她與外界交通。李顯仍堅持只以皇太字名義監國，並告祭於武氏之廟。按武則天稱帝建「周」政權後，曾為武氏歷代祖宗建立太廟，這個李顯確實像蜀漢後主阿斗，居然向武氏太廟告祭，據說其日月都不明朗。這時御史崔渾奏稱：

「而今國命剛剛恢復，應該復稱大唐國號，以順百姓的期望，怎麼可以向武氏之廟告祭？這座武太廟應立予摧毀，恢復大唐盛業，則天幸甚。」

這段話總算點醒了李顯，即位稱帝史稱中宗，據說此際天上烏雲立消，萬里晴空，認為這是天上感應。

當張柬之、桓彥範等發北軍入玄武門，斬殺張易之、張昌宗等人後，把武則天遷往上陽宮。張柬之統兵到景運門，將要引兵殺武氏家族，以期除惡務盡，但桓彥範認為中宗復位大唐重現，大功既已告成，不要多事殺戮，就把已抓來的諸武都鬆綁放掉，張柬之雖與爭辯，但還是沒有結果。沒想到後來武三思又獲得大權，武三思這一夥人認為以前要殺我們的就是桓彥範。事為桓彥範所悉，桓彥範說：皇上以為英王時，慎謀能斷，我留下諸武活命，是要皇上自行判斷。而今事已至此，這是天命，人力是無法扭轉的。結果桓彥範被流放邊地，被武三思派人予以殺害，沒想到前一念之仁，饒了諸武性命，卻為自己留下殺身之禍，一時內心懊悔傷痛不已。

武則天被強制移居上陽宮，形同幽禁，試想之前貴為帝王，操滿朝文武大臣生殺之權，何等威風，而今被監禁於一隅之地，享慣權力之人一旦權力被剝奪形同階下囚，內心之鬱卒絕非筆墨所能形容。在中宗神龍初（中宗即位後，初仍以神龍為年號共三年，七〇五~七〇七年），武則天鬱卒而死，原先要將之與高宗李治合葬乾陵，給事中嚴善思上疏諫之以為不可，他認為：

「漢時諸陵，皇后多不合葬。魏、晉以來，始有合葬。伏願依漢朝故事，改魏、晉之頹綱，於乾陵之旁，更擇吉地。」

可惜奏疏上後，朝廷沒有採納，但當時有識之士多認為嚴善思之奏有理。武則天雖與高宗合葬於乾陵，雖也立碑，碑上卻未著一字，史稱無字碑。

大地叢書介紹

作者：火焰塔
定價：300 元

驕傲中迷失・絕望中驚醒

匈奴、鮮卑、羯、羌、氐、史稱「五胡」

兩漢以來，就有胡人不斷向中原內地遷徙，逐漸盤踞中國北部地區，勢力不斷壯大。在漫長的中原文明發展史中，曾有長達約150年的時間，被漢人稱為「夷狄」、「五胡」是勇武剽悍的馬背民族，征服了黃河以北的中原腹地，第一次將優越感極強的漢民族打得落花流水，一敗塗地，驅趕著漢民族狼狽南逃，喘息度日，史稱「五胡亂華」。

對這段「五胡亂華」的歷史，中原文明一直諱莫如深，鮮有史錄………

五胡是指匈奴、鮮卑、羯、羌、氐等五個少數民族，後來被當作西元300年~440年這段時期中國北方民族的代稱。現在這些民族大多已經不存在了，據說只有匈奴還有些人跑到了歐洲建立了匈牙利。今天我們只能在歷史的陳跡裡，去尋找他們昔日帶給當時中華大地的喧囂和劫難了。

大地叢書介紹

作者：姜狼
定價：320 元

漢化的鮮卑皇帝 VS 鮮卑化的漢族皇帝
中國歷史上政權更迭最頻繁時期的風雲史話

西元六世紀初時，曾威震天下的北魏帝國在內憂外患的打擊下，最終徹底崩潰，只留下一堆華麗的歷史碎片。千里北方大地上，狐兔狂奔，胡沙漫天，各路軍閥勢力為了獲得北方天下的統治權，大打出手。

真正從群雄中殺出重圍的，是鮮卑化的漢人高歡和鮮卑化的匈奴人宇文泰，震撼歷史的雙雄爭霸拉開了序幕，此後，河橋之戰、沙苑之戰、邙山之戰、玉壁之戰，歷史銘刻了屬於他們的驕傲。

一切總會被時間終結，但幸運的是，在高歡和宇文泰的子孫們的堅持下，脫胎於東魏的高氏北齊帝國，和脫胎於西魏的宇文氏北周帝國，延續著父輩的熱血與鐵血，上演了一齣齣精彩的攻防戰。

但讓他們都沒想到的是，他們並不是最終的勝利者。笑到最後的，卻是一個名叫普六茹那羅延的漢人，他就是楊堅。

歷史總是充滿著不可預知的神秘色彩。

歷史原來是這樣 / 劉學銚著. -- 一版.-- 臺北市：
大地, 2017.08
面：　公分. --（History：97）

ISBN 978-986-402-273-1（平裝）

1. 中國史　2. 通俗史話

610.9　　106012448

歷史原來是這樣

HISTORY 097

作　　者	劉學銚
發 行 人	吳錫清
主　　編	陳玟玟
出 版 者	大地出版社
社　　址	114台北市內湖區瑞光路358巷38弄36號4樓之2
劃撥帳號	50031946（戶名：大地出版社有限公司）
電　　話	02-26277749
傳　　眞	02-26270895
E - mail	vastplai@ms45.hinet.net
網　　址	www.vastplain.com.tw
美術設計	普林特斯資訊股份有限公司
印 刷 者	普林特斯資訊股份有限公司
一版一刷	2017年8月

大地

定　　價：300元